G20의 탄생과 세계경제

G20의 탄생과 세계경제

강동호 지음

www.book21.com

탄생한 지 불과 2년이 지난 G20 정상회의는 오늘날 세계경제의 흐름을 주도하는 최상위 국제기구로 급부상했다. 이에 비하면 G7이나 G8, 또는 국제통화기금(IMF)과 세계무역기구(WTO) 등 그동안 세계경제를 주름잡아왔던 각종 국제기구의 위상과 역할은 뒷전으로 물러난 듯하다.

잘 알려진 대로 G20 정상회의는 글로벌 금융위기와 불가분의 관계에 있다. 2008년 9월 월가발 금융위기가 터지자 미국의 조지 W. 부시 대통령은 그 해 11월 임기를 얼마 남겨놓지 않은 상태에서 미국 워싱턴에서 G20 정상회의를 긴급 소집했다. 이것이 그동안 대중의 관심 밖에 있던 G20 회의를 역사적인 국제기구로 자리매김하게 된 제1차 G20 정상회의다.

글로벌 금융위기는 흔히 1929년의 대공황에 비유된다. 미국 뉴욕의 월가에서 터진 금융부실의 도미노는 순식간에 세계 각국으로 번져 주가 폭락, 금융회사 파산, 금융시스템 마비를 가져왔고 뒤이어 각국에 경기침체, 실업과 물가불안을 불러왔다. 그 위기는 아직도 해소되지 않은 채 지구촌 곳곳에서 심각한 후유증을 남기고 있다. 금융위기를 진정시키기 위해 각국이 쏟아부은 천문학적 규모의 유동성과 이로 인한 정부 재정의 출혈 지출은 각국에 재정 파탄에 대한 어두운 그림자를 드리우고 있다. 2010년 초 그리스 등 남부유럽을 휩쓴 이른바 '피그스(PIIGS) 위기'는 이러한 정부 재정 파탄에 대한 두려움의 결과였다.

이런 맥락에서 글로벌 금융위기는 G20 정상회의가 역사의 전면에 등장하게 된 배경이자 직접적인 모태가 되었다고 할 수 있다. G20 회의는 그 이전에도 10여 년간 지속돼왔지만 각국 정상들이 만나는 자리가 아니라 주요국의 재무부 장차관과 중앙은행 총재들이 정기적으로 만나 주요 경제문제를 논의하는 일종의 사교클럽 성격이 강했다. 이들의 합의는 각국이 이행해야 하는 의무나 구속력이 없었기 때문에 민간의 어느 세미나나 심포지엄 등과 하등 다를 바가 없었다.

그러나 글로벌 금융위기 이후 G20 회의는 주요국의 정상들이 만나는 자리가 됐을 뿐 아니라 여기서 합의된 내용은 어떤 형식으로든 각국 정책에 반영해야 하는 구속력을 갖게 되었다. 물론 아직도 명시적인 제재 규정이 있는 것은 아니지만 G20 정상회의 합의사항을 이행하지 않는다는 것은 세계경제가 하나로 통합된 현재 지구촌 경제에서 스스로 고립을 자초하는 일이나 마찬가지가 됐다. 이렇게 볼 때 G20 정상회의와 글로벌 금융위기는 동전의 양면과 같은 상호 의존관계에 있다고 해도 과언이 아니다.

워싱턴에서 열린 제1차 G20 정상회의에서는 금융시스템 붕괴의 위기감 속에서 각국이 정책금리 인하와 유동성 공급을 확대하기로 합의해 금융위기 확산을 차단하는 데 주력했다. 또 실물경제 활성화를 위한 경기부양정책도 함께 추진키로 함으로써 글로벌 경제의 동반 침체 위협에서 벗어나고자 하는 의지를 담았다.

1차 정상회의는 위기 재발방지를 위해 금융시장 개혁을 위한 5개 공통원칙과 47개 세부 중단기 실천과제도 마련했다. 특히 합의에 대한 각국의 이행 실적을 차기 정상회의에 보고하고 점검키로 함으로써 G20 정상회의의 지속성을 담보하는 단초를 마련했다.

1차 정상회의에서 설정된 과제의 이행상황을 점검하는 2차 회의는 2009년 4월 영국 런던에서 열렸다. 제2차 런던 정상회의에서는

세계 경제위기 극복을 위한 구체적인 처방을 마련하려는 시도가
이뤄졌다. 참가국들은 2009년과 2010년 경기부양을 위해 총 5조
달러의 재정지출을 단행키로 합의했으며, 금융부실 자산의 처리,
보호무역주의를 저지하기 위한 시스템 구축 등을 골자로 한 29개
항의 정상선언문을 채택했다. 여기에는 국제통화기금 재원을
7500억 달러로 종전의 3배로 확충하고 다자개발은행 등을 통해 신
흥 개발도상국에 총 1조 1000억 달러를 지원하자는 방안도 포함됐
다. 런던회의에서는 금융규제 시스템 개선을 위한 국제적인 합의
이행 결과를 G20 재무장관 회의에 보고하고 추인받도록 하는 절
차를 마련함으로써 합의에 대한 점검 기능을 강화했다.

 2009년 9월 세 번째로 미국 피츠버그에서 열린 3차 G20 회의에
서는 G20 정상회의의 연례화 방침이 합의됐다. 버락 오바마 미국
대통령을 비롯한 각국 정상들은 G20 정상회의가 기존의 서방 선
진 7개국(G7)의 기능을 대체해 세계 경제협력을 도모하는 최상위
포럼(the Premier Forum)임을 공식적으로 천명했다. 이 자리에서 한
국은 2010년 6월 토론토 4차 회의 때 캐나다와 함께 공동의장국을

맡고, 11월 서울 5차 회의에서는 단독의장국을 맡는다는 결정이 이뤄졌다. 또 기후변화와 에너지안보, 최빈개도국에 대한 식량지원 방안 등으로까지 의제 범위가 확대됐다.

2010년 6월 캐나다 토론토에서 열린 제4차 정상회의는 주목할 만한 특별한 이슈가 부각되지 않아 서울 5차 회의로 가기 위한 징검다리 성격이 짙었다는 평가를 받았다. 그나마 주목할 만한 성과는 연초 그리스에서 시작된 유럽 재정위기 상황에 대처해 재정 건전화를 위한 구체적 목표를 설정했다는 점이었다. G20 정상들은 2013년까지 자국의 재정적자를 절반으로 감축하고 2016년까지 국내총생산(GDP) 대비 부채비중을 줄여 재정안정화 노력을 강화키로 했다.

2010년 11월 11~12일 서울에서 열리는 제5차 G20 정상회의는 금융규제와 IMF의 개혁, 글로벌 금융안전망 구축 등 그동안 논의돼왔던 핵심적인 이슈들에 대한 결론을 내는 자리다. 또한 은행의 자본금 기준 강화와 유동성 규제, 은행세 도입 여부 등 각국의 찬반의견이 팽팽하게 맞서고 있는 논의과제 역시 이 회의에서 다뤄질 전망이다. 이에 따라 서울회의는 그 성과에 따라 지금까지 신자유주의가 주도해왔던 세계경제의 흐름을 바꾸는 획기적인 전환점이 될지, 다시 말해 새로운 자본주의의 미래를 여는 돌파구를 마련할 수 있을지 귀추가 주목되고 있다.

정부는 서울 G20 정상회의가 한국이 세계경제 중심으로 도약하는 계기가 될 것이라며 이 기회에 선진국으로서의 대한민국 위상을 전 세계에 알리고자 하는 노력에 박차를 가하고 있다. 해방 이후 처음으로 더 이상 국제무대에서 '들러리'가 아닌 의장국으로서 선진국과 개도국의 중재자 역할을 맡게 됐다는 것이다. 일부에서는 G20 회의 개최로 한국의 국가 인지도와 브랜드 이미지가 크게 높아져 경제적 파급효과가 1988년 서울 올림픽과 2002년 한·일 월드컵을 능가하는 약 21조 원에 달할 것이라는 전망을 내놓고 있다.

하지만 일반인들의 관심은 아직 그다지 높지 않은 것 같다. 물론 개인적인 생업과 일상사에 쫓겨 세계경제 질서라는 거창한 화두에 관심을 가질 여유가 없기도 하겠지만 그보다는 회의 결과에 대해 마냥 낙관만 할 수는 없기 때문일 것이다. 서울 회의 의장국인 한국은 선진국과 개도국 사이에서 조정자, 또는 균형자로서의 역할을 하며 역사적인 '서울 컨센서스'를 도출하는 주역이 될 수도 있겠지만 그 반대로 양쪽 진영의 첨예한 갈등과 상반된 요구에 내밀려 샌드위치 신세로 전락할 수도 있을 것이다.

이 책은 언론인의 관점에서 지난 2008년 제1차 워싱턴 G20 정상회의에서 2010년 제5차 서울 G20 정상회의까지의 경과를 되돌아보고 역사적인 G20 체제가 어떻게 탄생했는지 그 배경과 과정을 살펴보고 있다. 여기에는 월가발 금융위기를 촉발한 계기가 됐던 서브프라임 사태와 월가의 금융 붕괴 과정, 그리고 그 위기가 남긴 후유증까지 간략하게나마 다루고 있다. 아울러 G20 체제가 앞으로 엮어낼 세계경제의 방향과 내용에 대해서도 우리가 예상할 수 있는 한도 내에서 개략적으로 유추해보았다.

군데군데 사실 근거가 부족하고 논리적 비약이 있다거나 또는 견강부회(牽强附會)하는 오류가 있다면 이는 전적으로 필자의 책임임을 밝혀두는 바다. 혹시 실수가 있다면 언제든 기회가 있을 때마다 반드시 고칠 것을 약속드린다. 그럼에도 불구하고 이 책이 G20 체제의 등장과 그 배경, 그리고 앞으로의 전망에 대해 국내에서는 거의 처음으로 체계적인 소개를 하고 있다는 점에서 자그마한 자부심을 갖는다.

아무쪼록 이 책이 국제기구론, 경제체제론 등 사회과학을 공부하는 학생들이나 경제관련 강의를 하고 있는 대학 교수와 연구소 연구원들, 그리고 현재 금융가에서 활동하고 있는 애널리스트 또는 정부와 지방자치단체의 정책 담당자 등 여러분들께 G20 체제를 이해하는 데 다소나마 도움이 되기를 바라마지 않는다. 아울러 새롭게 사회생활을 시작하는 초보 직장인들에게나 이제 국내외 경제 현상에 대해 막 눈을 뜨게 된 중견 직장인들에게도 일독을 권한다. 약육강식이 횡행하는 경제 투기장(Arena)에서 어떻게 돈을 벌고 어떻게 성공할 것인지 고민하기에 앞서 우리를 움직이는 거대한 힘의 실체가 무엇인지 제대로 파악하는 것은 매우 중요한 일이기 때문이다.

이 책이 나오기까지 여러모로 도움을 주신 서울경제신문과 한국

관광문화발전연구소 관계자 여러분, 그리고 정기남 한국사회여론 연구소 부소장께 깊은 감사의 인사를 드린다. 아울러 항상 존경해 마지않는 대학 선배이신 이해영 한신대 국제관계학부 교수, 대학 시절부터 희로애락을 같이 했던 김근수 경희대 국제대학원 교수, 김태황 명지대 국제통상학과 교수 등 여러 친구들에게도 심심한 사의를 전한다. 또한 촉박한 일정에도 책 출간에 애써준 21세기북 스 직원 여러분과 김영곤 사장께도 감사의 인사를 드린다. 이 밖 에 사랑하는 부모님과 아내, 두 아들 및 주변 여러분께도 깊은 애 정이 담긴 인사를 전한다.

2010. 9. 25
북한산이 바라다보이는 창가에서
강동호 씀

G20
SUMMIT

제1부

G20의 탄생과 도전

01

격변의 시작, 월가발 금융위기

국제공조체제의 필요성

최근 들어 국제무대에서 G20(Group of 20)의 활동이 눈부시다. 지난 3년간 네 차례나 각국 정상들이 모인 회의가 개최됐고 2010년 11월에는 한국 서울에서도 G20 정상회의가 열린다. 교통이나 정보기술이 발달한 오늘날에도 20개국이나 되는 나라의 정상들이 한 자리에 모이는 것은 결코 쉬운 일이 아니기 때문에 G20의 주기적 개최는 매우 이례적인 일로 꼽힌다.

G20 국가에는 선진국인 미국·일본·영국·프랑스·독일·캐나다·이탈리아 등 G7 국가들과 한국·중국·인도·호주·브라질·멕시코·인도네시아·아르헨티나·러시아·터키·사우디아라비아·남아프리카공화국 및 유럽연합(EU) 의장국이 포함돼 있

〈표 1〉 세계경제협의체의 변천

G5

미국, 일본, 영국, 프랑스, 독일

1974년 오일쇼크를 계기로 선진경제국들이 경제정책 협력을 위해 구성

↓

G6

G5+이탈리아(1975년)

↓

G7

G6+캐나다

1976년 7개국으로 확대, 매년 정상회의 및 재무장관회의 개최

↓

G8

G7+러시아

1997년 정치 분야에서 러시아가 참여하는 G8이 설립되었으나, 경제 분야는 G7 체제
유지. 1997년 아시아 외환위기 이후, 국제금융시장 안정을 위해 선진경제국과
신흥경제국이 포함되는 국제적인 협력체제 발족의 필요성이 제기됨

↓

G20

재무장관 및 중앙은행 총재의 모임으로 출범

1999년 금융위기 예방과 해결 방안, 세계화 및 고령화 등
포괄적인 경제 현안 등 협의

2008년 미국발 금융위기 이후, 국제적인 경제위기 극복을 위해
선진경제국과 신흥경제국 간 긴밀한 정책공조의 필요성 인식이 확산됨

↓

G20 정상회의

2008년 국제적인 경제위기 극복을 위해서는 기존 G20의 활용이 가장 효과적이라는
공감대가 형성돼 재무장관 및 중앙은행 총재 모임에서 정상회의로 격상됨

다. 국제통화기금(IMF), 세계은행(WB), 유럽중앙은행(ECB), 국제통화금융위원회(IMFC) 등도 참가한다. 유럽연합(EU) 의장국은 임기 6개월씩 순번제로 운영하는데, 2010년 상반기 현재 스페인이 의장국이다. G20은 선진국만으로 구성된 기존 G7과 달리 선진국(10개국)과 신흥국(10개국)이 골고루 포함된 국제협의체란 점에서 지금까지의 어느 국제회의와도 다른 독특한 특징을 가진다.

G20이 국제무대에 등장한 것은 사실 어제 오늘의 일은 아니다. 영문으로 Group of 20, 언론들이 흔히 '주요 20개국'으로 표기하는 G20은 이미 10여 년 전부터 존재해왔다. 국제무대에 G20이 처음 등장한 것은 1999년까지 거슬러 올라간다. 선진국들은 1999년 9월 국제통화기금(IMF) 연차총회에서 2년 전 발생한 아시아 외환위기 이후 국제 금융시장의 안정과 세계경제의 지속가능한 성장을 논의하기 위해 이전의 G7, 또는 G8 회의의 참석 범위를 신흥국(Emerging Market)[1]으로까지 확대하기로 결정했다. 이에 따라 1999년 12월 독일 베를린에서 20개 주요 선진국 및 신흥국의 재무장관 및 중앙은행 총재가 모여 국제사회의 주요 경제·금융 이슈를 폭 넓게 논의하는 자리가 마련됐다. 이것이 '제1차 G20 재무장관·중앙은행 총재회의'다.

원래 G20 재무장관·중앙은행 총재회의는 연 1회 10~12월경 정례적으로 개최되는 회의가 전부였으나 2008년 글로벌 금융위기가 발생해 G20 정상회의가 창설되자 이의 개최 직전 별도 회의가 추가적으로 열리게 됐다. 이 회의의 주 목적은 세계경제 체제에서 중요한 국가간의 경제 및 금융정책 현안에 관한 대화를 확대하고 안정적이며 지속가능한 세계경제 성장을 위한 협력을 증대하는 것이다. G20 재무장관·중앙은행 총재회의는 별도의 사무국이 없으며, G20 정상회의 의장국이 임기(1년) 동안 사무국 역할을 수행한다. 의장국은 그룹별 순환방식에 따라 그룹 내에서 우선 선정 후, 실무(Deputy) 회의에서 결정하고 본 회의에서 공식 발표한다. 한국은 중국, 일본, 인도네시아 등과 함께 제5그룹에 속해 2008년 11월 워싱턴 G20 정상회의에서 이미 2010년도 공식 의장국으로 선정됐다. G20 의장국은 수임년도는 물론 전후 각 1년씩 G20 의장국단(Management Troika)의 일원으로 회의 의제 및 발표자·토론자

---

1) 신흥국(Emerging Countries) 또는 신흥시장(Emerging Market)이란 용어는 1998년 아시아 외환위기 이후 세계금융시장이 통합되면서 증시 주변에서 널리 사용하기 시작한 용어다. 그 이전에는 이와 유사한 개념으로 NIES(신흥공업국)나 DAES(Dynamic Asian Economies) 등의 표현이 주로 사용되었다. 신흥국 등의 용어는 '2차 세계대전 이후 급속도로 경제가 성장하여 후진국 대열을 탈출한 국가' 로 정의되며, 여기엔 한때 '아시아의 4마리 호랑이' 로 불렸던 한국·싱가포르·대만·홍콩 등 아시아 신흥경제국들과 자원부국인 브라질·러시아·인도·중국으로 대표되는 브릭스(Brics) 혹은 친디아(Chindia) 등이 포함된다. 최근에는 아시아, 남미, 아프리카 대륙 끝에 위치한 세 나라를 가리키는 입사(IBSA : 인도, 브라질, 남아프리카 공화국)라는 용어도 종종 등장하고 있다. 이들 나라들은 발생 순서상 두 개 부류로 나누기도 한다. 1990년대 구소련 붕괴를 기점으로 이전에 발전을 이룬 한국·대만 등 신흥경제개발국가(Developing countries)군과 이후에 등장한 중국·러시아·브라질·인도 등 브릭스 국가군이다. 전자는 2차 세계대전 종료 이후 미국이 주도하는 냉전체제에서 인적자원을 기반으로 경제개발을 시작했다는 특징이 있으며, 후자는 원유와 천연가스 등 풍부한 자연자원을 기반으로 냉전 종료와 함께 대외 개방을 통해 경제성장을 시작했다는 특징이 있다. 여기에는 과거 공산주의 체제에 묶여 있던 베트남과 우즈베키스탄, 카자흐스탄, 키르기스스탄, 투르크메니스탄, 타지키스탄 등 중앙아시아 5국 등도 포함된다. 신흥국은 또 지금도 자주 쓰이는 개발도상국(Developing Countries)이란 용어와는 발전 수준을 암시하는 뉘앙스에서 큰 차이가 있다. 즉 신흥국은 선진국에 가깝지만 개발도상국은 후진국(Undeveloped Countries)에 가깝다는 점이다. 그러나 선진국의 기술이나 지식을 기반으로 근대화와 산업화를 통해 점차 선진국을 지향하고 있다는 점에서는 공통된다고 할 수 있다.

선정, 커뮤니케 작성, Steering 그룹 활동 등과 관련한 실무 및 자문 역할을 수행한다.

이처럼 G20 회의의 등장은 1980~90년대 급속히 진전돼온 세계화와 경제발전 속에서 신흥국들이 세계경제에서 차지하는 비중이 커진 데 따른 결과다. 다만, 출범 초기에는 정상들이 아닌 각국 재무장관과 중앙은행 총재가 모인 각료회의의 성격이었기 때문에 긴급한 현안 해결보다는 중장기적 과제를 논의하는 데 초점이 맞춰졌다.

그러나 2008년 9월 월가발 금융위기가 발생하자 G20은 각국 정상들이 직접 참석하는 정상회의로 격상됐다. 금융위기의 신속한 해결을 위해서는 각료 회의로서는 불충분하고 정상들이 직접 만나 큰 틀의 국제 재정금융정책에 대해 긴급히 대처해야 했기 때문이다. 당시 세계적으로 정책 공조가 필요했던 분야는 경제침체를 막기 위한 저금리 기조의 유지, 보호무역정책의 배격, 금융위기의 재발방지를 위한 금융규제 강화 등이었다. 마침내 미국의 조지 W. 부시 대통령은 2008년 11월 15일 미국 워싱턴으로 전 세계 주요 20개국 정상들을 긴급 소집했다. 이것이 역사상 처음으로 등장하게 된 제1차 워싱턴 G20 정상회의다.[2]

G20 정상회의 태동에는 유럽계 선진국들의 역할이 컸다. 프랑스의 사르코지 대통령은 미국 월가에서 리먼브라더스 파산사태가 일어나자 2008년 9월 23일 UN에서 G8 국가들에게 신흥경제국들을 포함한 새로운 국제공조체제의 창설 필요성을 공식적으로 언급했다. 미국발 금융위기 극복에 적극적이었던 그는 기존의 선진

국 중심 체제로는 이 위기를 효과적으로 극복할 수 없다는 점을 잘 인식하고 있었다. 실제로 지난 30년간 신흥개도국들이 세계경제에서 차지하는 비중이나 역할은 급격히 확대되었으나 당시 국제금융체계는 이러한 변화를 제대로 반영하지 못하고 있었다.

하지만 처음부터 신흥국들을 포함한 G20이 거론된 것은 아니었다. 처음에 미국, 프랑스, 영국 등 선진국들은 새로운 국제금융 공조체제로서 G20이 아니라 G13, G14 등을 검토한 것으로 알려졌다. 특히 프랑스, 이탈리아 등은 처음에 G20보다는 G13, G14 등을 선호했다. G13은 기존 G7에 브라질·러시아·인도·중국 등 이른바 브릭스(BRICs)와 남아프리카공화국·멕시코 등을 참여시키자는 안이며, G14는 여기에 중동 지역 대표로 사우디아라비아를 포함시키자는 방안이었다. 그럼에도 불구하고 주요국들은 그간 각료회의 수준에서 나름대로 잘 운영되었다고 판단한 G20을 최종적으로 채택하자는 데 공감대를 형성했다. 소집 이후 10여 년간 운영돼온 G20 재무장관총재회의의 성과와 경험이 높이 평가된 것이다.

---

2) 국제협력체제의 구축 필요성은 G7이나 G8이 처음 만들어질 때도 마찬가지였다. 1974년 오일쇼크가 터져 국제 유가가 천정부지로 치솟자 미국 등 선진국들을 중심으로 각국 경제정책을 조율하기 위한 G5(미국, 일본, 영국, 프랑스, 독일)가 출범했다. 그리고 곧이어 이탈리아(1975), 캐나다(1976)가 포함되면서 오늘날까지 세계경제에 광범위한 영향을 미치고 있는 G7이 성립됐다. 당시 세계는 미국과 구소련을 축으로 하는 냉전체제 아래 있었으며, G7 국가는 미국 등 서방 선진국들이 주로 포함됐기 때문에 '서방 7개국'으로 불렸다. G7은 현재도 매년 정상회의 및 재무장관회의를 개최하며 세계 리더국들의 사교 클럽으로서의 면모를 유감없이 발휘하고 있다. 1990년대 냉전체제가 붕괴한 이후 러시아의 참여는 G8을 탄생시켰다. 구소련을 대체한 러시아는 1997년 G7과 합류하면서 G8의 일원이 됐다. 그러나 G8은 주로 정치 분야에 관련된 문제를 다루며, 경제 분야에서는 주로 G7 체제가 유지되고 있다는 점에서 성격상의 차이가 있다.

이와 같이 국제무대에서 G20 정상회의가 등장하게 된 것은 순전히 월가발 금융위기와 이에 대한 적극적인 대처 필요성 때문이었다. 2차 세계대전 이후 세계경제 무대에는 수많은 국가간 협의체가 명멸했지만 G20 정상회의의 탄생은 1990년대 구소련과 동구권의 몰락으로 냉전체제가 붕괴된 이후 나타난 최초이자 최대 규모의 정치경제적 구조 변화라고 할 수 있다. 이런 점에서 G20 정상회의는 앞으로 살펴보게 될 2008년 9월 리먼브라더스 파산, 메릴린치 매각으로 촉발된 월가발 금융위기가 남긴 세계사적 유산이다.

시스템 붕괴의 공포

역사상 처음으로 G20 정상회의를 탄생시킨 월가발 금융위기는 도대체 무엇이고 왜 발생한 것인가. 1장의 나머지에선 이에 대해 살펴보기로 한다.

흔히 금융위기라 불리는 월가발 금융충격은 2008년 9월 14일 일요일 밤(현지시간) 찾아왔다. 그날 월가 굴지의 투자은행 메릴린치가 유동성 위기를 이기지 못하고 뱅크오브아메리카(BOA)에 전격 매각됐으며, 다음 날인 15일 리먼브라더스 역시 파산 보호를 신청했다. 그리고 그다음 날 미국 최대 보험사 AIG가 미국 정부로부터 대규모 공적자금(850억 달러)을 받아 사실상 국유화됐다. 이로부터 1

주일간 미국의 금융 중심지, 아니 세계의 금융중심지 월스트리트에는 생사를 가르는 사상 유례없는 긴박한 시간이 흘렀다.

파산보호 신청 이후 몇 달간의 정리 절차를 거쳐 공중분해된 리먼브라더스는 당시 자산규모 6910억 달러에 달하는 미국 역사상 최대 규모의 파산으로 기록됐다. 그 이전부터 유동성 부족에 시달리던 미국 최대 상업은행 씨티그룹도 그 해 11월 23일 AIG와 같은 처지로 국유화됐다. 월가 투자은행 순위 1, 2위라 자부하는 골드만삭스와 모건스탠리도 은행 지주회사로의 전환을 통해 간신히 목숨을 부지했다.

월가를 대표해온 메릴린치와 리먼브라더스 두 투자회사의 붕괴는 즉각 전 세계 금융시스템에 거센 후폭풍을 몰고 왔다. 두 회사와 거래했던 월가 금융사들은 물론 다른 나라의 금융사들까지 한꺼번에 파산 공포에 휩싸였다. 세계 각국의 증시는 폭락했고, 자금시장은 철저히 마비돼 돈을 주고도 돈을 구할 수 없는 공황(Panic) 상태가 빚어졌다. 안전자산 선호 경향이 극에 달하면서 미국 채권시장에서는 미국채 가격이 천정부지로 치솟아 수익률이 제로(0) 또는 마이너스(−)가 되는 웃지 못할 촌극이 벌어졌다. 이는 전대미문의 금융위기 앞에서 신용 불안에 내쫓긴 투자자들이 만기시까지 이자 없이 오로지 본전만 되찾아도 좋겠다는 의사표시였다. 미국 역사상 이 같은 일은 처음이었다. 극도의 신용 공포 속에서 내로라하는 전문가들은 미국뿐 아니라 세계경제가 1930년대 대공황 이후 최대 위기에 직면했다는 분석을 쏟아냈다.

그 해 연말까지 세계 각국의 주가는 반토막이 났다. 미국의 뉴욕 증시가 연초 대비 33.84% 폭락했으며, 런던 주가가 31.3%, 프랑스 파리 주가가 42.7%, 독일 프랑크푸르트 주가가 40.4%, 일본 도쿄 증시가 42.1%, 중국의 상하이지수가 65.39%, 한국의 코스피가 40.7% 각각 폭락했다. 월가 투자자들의 공포감을 반영한다고 하는 VIX(Volatility Index) 변동성지수도 그 해 연말까지 수시로 90%를 넘나들었다.

최악의 주가 폭락 속에서 파산설에 휩싸이던 영국 최대 모기지 은행 핼리팩스뱅크오브스코틀랜드(HBOS)가 9월 18일 로이즈TSB 은행에 인수됐으며, 9월 25일 미국의 워싱턴뮤추얼 은행도 결국 파산보호를 선언하고 JP모건체이스에 긴급 매각됐다. 10월 3일에는 미국 내 4위 상업은행 와코비아도 라이벌 은행인 웰스파고(Wells Fargo) 은행에 151억 달러에 팔렸다. 이밖에도 중소 지방은행들이 줄줄이 무너졌다.

씨티그룹과 AIG 국유화를 통한 구명은 즉각 '대마불사(too big to fail)' 논란을 불러왔다. 미국 정부가 두 대형 금융회사를 파산시키지 않고 살린 것은 그동안 미국 정부가 누차 강조해왔던 '도덕적 해이(Moral Hazard)'를 스스로 무너뜨린 것이나 마찬가지라는 지적이었다. 그도 그럴 것이 두 회사는 리먼이나 메릴린치에 비할 수 없을 정도로 규모가 커서, 파산할 경우 전 세계적으로 엄청난 파장을 불러올 것을 미국 정부는 두려워했던 것이다. 미국 연방준비제도이사회(FRB)는 9월 16일 AIG에 최장 6년 기한으로 850억 달러의 구제금융을 제공해 지분 79.9%를 인수하는 방법으로 '대마'를 살렸으며, 11월 23일에는 미 재무부와 공동으로 200억 달러의 현금과 3060억 달러에 이르는 지급보증을 내용으로 하는 구제책으로 씨티그룹을 살렸다. 하지만 두 회사는 이듬해 봄까지 '밑 빠진 독에 물 붓기' 식으로 미국민들의 혈세를 빨아들여 AIG는 총 1800억 달러, 씨티그룹은 총 450억 달러의 구제금융을 받고 나서야 간신히 명맥을 유지할 수 있었다. 씨티그룹은 2009년 1월 굿뱅크와 배드뱅크인 씨티코프와 씨티홀딩스로 분할돼 10년 만에 기존의 백화점식 확장모델을 접었으며, AIG 역시 2009년 3월 아시아 담당의 AIA 등 여러 개 회사로 분리되는 수모를 당했다. 이즈음 메릴린치 인수로 승승장구하던 미국의 대형 상업은행 뱅크오브아메리카 역시 이미 지원받은 250억 달러 외에 200억 달러의 공적자금과 1180억 달러의 지급보증을 추가로 지원받아 간신히 회생했다.

국가, 시장을 대체하다

월가발 금융위기가 터지자 미국 정부는 개별 금융회사에 대한 지원뿐 아니라 시장을 살리기 위한 필사의 작전을 펼쳤다. 개별 금융회사를 살리기 위한 긴급구제금융안(TARP)이 재빨리 입안됐고, 파산 직전의 중산층을 구제하기 위한 소비자금융지원대책(TALF) 및 대규모 경기부양책과 부실자산인수펀드(PPIP) 등의 조치들이 취해졌다. 미국 중앙은행인 연방준비제도이사회(FRB)도 제로 (0) 수준으로의 기준금리 인하와 무차별적인 유동성 공급을 통해 붕괴 직전의 금융시스템을 구하기 위해 처절한 사투를 벌였다.

미 재무부가 입안한 총 7000억 달러에 이르는 '부실자산구제프로그램(TARP : Troubled Asset Relief Program)', 즉 공적자금 투입안은 속전속결 절차를 밟아 10월 3일 확정됐다. 이 법안에 따라 미 재무부는 월가의 대형은행 9개사의 우선주를 매입하는 방식으로 공적 자금을 집중 투입했다. JP모건체이스와 씨티그룹, 뱅크오브아메리카-메릴린치, 웰스파고 등 4개사가 각 250억 달러, 골드만삭스, 모건스탠리가 각 100억 달러, 뱅크오브뉴욕멜론, 스테이트스트리트 등 5개사가 각 30~50억 달러씩이었다. 나머지 월가 62개 은행들도 재무부에 총 1730억 달러의 TARP 구제 자금을 신청했다. 해가 바뀐 2009년 3월에는 AIG 등 보험회사들이 대거 구제금융을 신청했으며, TARP 자금지원이 끝난 그 해 6월 30일까지 미 전역에서 633개 은행, 보험사, 카드사 등이 총 1995억 7000만 달러의 TARP 자금을 지원받았다. 이들 지원받은 회사 수는 미국 전역의 크고 작은 5000여 개 금융회사들 중 10%가 넘는 수치였다.

FRB는 금리인하 카드를 꺼내들었다. FRB는 그때까지 2%대였던 기준금리를 2008년 말까지 순차적으로 인하해 사실상 제로(0) 수준인 0~0.25%로까지 낮췄다. 제로 금리의 허용은 FRB 역사상 처음 발생한 일로 기록됐다.

FRB는 2008년 11월 25일 미 재무부와 함께 8000억 달러에 이르는 대규모 소비자금융지원대책(TALF)도 발표했다. 이는 모기지대출을 받은 주택소비자를 비롯해 연체율이 높아지고 있는 신용카드사 및 자금난에 직면한 중소기업들을 지원대상으로 한 것이었다. 이듬해 FRB는 이 계획에 따른 부실채권 매입 규모를 1조 달러 이상으로 늘리고 매입대상 범위도 회사채 및 기업어음(CP) 등으로 확대했다. TALF는 중앙은행 발권력을 동원한다는 점에서 이전의 국민 세금을 재원으로 하는 재무부의 TARP 계획과는 본질적인 차이가 있었다. 그것은 '헬리콥터 벤(Helicopter Ben)'[3]에 비유되는 무차별적인 통화공급, 즉 화폐증발을 의미했다.

해가 바뀐 2009년 1월 새로 들어선 오바마 행정부는 점점 악화되고 있는 실물경기 침체를 막기 위해 약 8000억 달러의 대규모 경기부양책을 마련했다. 이어 2월에는 가이트너 재무장관 주도로 민관공동의 부실자산 투자펀드(PPIP)까지 내놓았다.[4] 이쯤 되면 그야말로 '유동성의 홍수'를 일으켰다고 해도 과언이 아니었다. 월가

---

3) 벤 버냉키(Ben Shalom Bernanke) FRB 의장이 2002년 FRB 이사로 선임되기 전 한 대중연설에서 "물가 하락을 막기 위해서는 정부가 헬기에서 돈을 뿌릴 수도 있다"고 말했던 데서 유래한다. 경제가 불황에 직면할 경우 헬리콥터로 돈다발을 뿌려서라도 디플레이션과 싸우고 경기를 부양해야 한다는 의지의 표현이었다. 원래 시카고 경제학파의 거두였던 밀턴 프리드먼이 사용한 말이었지만 버냉키는 이로 인해 '헬리콥터 벤(Helicopter Ben)'이란 별명을 얻고 유명인사가 되었다. 조지아주 출신으로 하버드 대학을 졸업하고 매사추세츠공과대학(MIT)에서 대공황 연구로 박사학위를 받은 그는 2006년 2월부터 앨런 그린스펀의 뒤를 이어 FRB 의장을 맡으면서 전임자들이 뿌려놓은 금융 거품의 유산 속에서 전후 최악이라는 월가발 금융위기에 처절하게 맞서 싸운 '현대자본주의 수호의 투사'였다. 하지만 금융위기 초기에 그는 디플레이션과 경기침체보다는 물가상승을 경계하며 '인플레이션 파이터'가 될 것을 고집해 금리인하 등의 선제적인 조치를 취하지 못함으로써 시스템 붕괴의 위험을 자초했다는 비판을 받기도 했다.

는 물기가 전혀 없이 흙먼지가 풀풀 나던 사막에서 갑자기 유동성이 넘쳐나 대홍수를 만난 격이 되었다. 유동성에 젖어 거의 익사할 지경에 이르렀다고 해도 틀린 말이 아니었다.

　유럽중앙은행(ECB)과 영란은행(BOE) 등 각국 중앙은행들도 미국의 뒤를 따랐다. 금융위기 발발 이후 긴급 유동성을 시장에 쏟아붓는 동시에 기준금리를 속속 낮춰 제로 금리 시대로 진입했다. ECB는 2009년 5월까지 기준금리를 일곱 차례에 걸쳐 연속적으로 인하해 1% 수준으로 끌어내렸다. 영국 역시 2008년 10월부터 4개월간 기준금리를 0.5%로 끌어내렸다. 일본 역시 이미 바닥에 근접한 기존 0.3%의 기준금리를 2008년 말 또다시 0.1%로 낮췄다. 이뿐만 아니라 각국 중앙은행들은 미국 FRB와 정부 조치를 따라 '은행간 채무보증 확대', '소비자 예금보장 한도 확대', '은행에 대한 직접 자본 투입', '공매도(Short-selling) 금지' 등의 금융위기 대응책을 잇달아 쏟아냈다.

　FRB는 2008년 12월 '제로 금리'를 선언하면서 중대한 발표 하나

---

4) 오바마 행정부의 첫 재무장관으로 임명된 팀 가이트너가 의욕적으로 출범시킨 민관공동투자프로그램(PPIP : Public Private Investment Program)은 2009년 3월 23일 출범했다. 이 프로그램은 정부와 민간이 공동으로 출연하는 투자펀드(PPIF)를 통해 은행권의 부실자산을 최대 1조 달러까지 매입한다는 구상이었다. 오바마 정부 출범 초 윤곽이 드러난 이 계획은 2월 10일 발표된 미 재무부의 '2차 부실자산구제계획(TARP2)' 또는 '금융안정계획(FSP)'을 바탕으로 했다. 그러나 이 계획은 기존에 제시됐던 TARP나 TALF 등의 계획과 연계한 것이 많아 순수한 신규 계획만은 아니었다. 이는 시장의 실망감을 불러와 그 해 7월 처음 모집된 민관공동펀드는 겨우 200억 달러로 출범하는 초라한 모습을 보였다. 일부에서는 그 해 6월부터 이미 긴급한 상황은 끝나가고 있어 더 이상의 자금이 필요하지 않았다고 지적한다.

를 덧붙였다. 앞으로 시중 실질금리를 더 낮출 필요가 있을 때는 중앙은행의 발권력을 동원해 금융권의 장기 국채 및 자산담보부증권(ABS) 등을 대거 매입하는 이른바 '양적 완화(Quantitative Easing)' 정책을 활용하기로 했다고 밝힌 것이다. 기준금리 인하를 통해 더 이상 시중 실세금리가 낮춰지지 않자 공개시장 조작을 통한 직접적 유동성 공급으로 전환한다는 얘기였다. 이는 시장의 자율조정 기능이 완전히 마비돼 있다는 자기 고백이었다. 이와 관련해 미 FRB는 2009년 3월, 48년 만에 처음으로 3000억 달러에 이르는 미국의 장기 국채를 매입하겠다고 선언하기도 했다.

전문가들은 이즈음 중앙은행의 위상이 최종 대부자(Lender of last resort)에서 최초 대부자(Lender of first Resort)로 변질됐다고 꼬집었다. 중앙은행이 더 이상 금융안정의 최후 보루 역할을 하는 '은행의 은행'이 아니라 처음부터 시장 전면에 나서 기존의 은행 역할을 대신하고 있다는 비판이었다.

그러나 보다 근본적인 변화는 국가에 의한 시장 기능의 대체였다. 미국 정부는 이미 금융위기 발발 직전인 2008년 9월 7일 2000억 달러의 구제자금을 투입해 국책 모기지업체인 패니메이와 프레디맥을 국유화시켜버렸다. 특히 TARP 구제자금 투입은 국가가 주요 대형은행들의 우선주를 취득해 사실상 경영권을 장악한 것을 의미했다. 미 최대 보험사 AIG의 지분 80%를 확보(2008년 9월 16일)한 것이나 BOA의 지분 6%(2009년 1월)를 획득한 것, 그리고 구제금융을 받은 씨티은행의 우선주를 보통주로 전환해 36%의 지분을 획득하고 추후 40%까지 늘리기로 합의(2009년 2월)한 것 등이 대표적인 예다. 영국도 2008년 10월 HSBC, 바클레이스, 로이드TSB, 로열뱅크오브 스코틀랜드(RBS), 스탠다드차타드(SCB) 등 8개 은행을 전격 국유화시켰으며, 이에 앞서 모기지은행 노던 록과 브랜드포드&빙글리(B&B)를 공적자금을 투입해 국유화시켜버린 전례가 있었다. 이후 은행국유화 조치는 아이슬란드, 독일 등 유럽 각국으로 빠르게 확산돼 나갔는데, 다만 프랑스 정부만 애써 은행 국유화를 자제하는 데 성공(?)했다.

이 같은 금융기관의 국유화 조치는 나중에 금융시장이 안정되면 다시 지분을 되팔아 민영화를 보장한다는 시나리오를 가정한 것이지만, 이것은 고도로 발달한 자본주의 사회에서도 체제 수호의 최후 보루는 역시 국가라는 점을 명확히 보여준 사건이라 할 수 있다.

서브프라임 대출의 함정

그렇다면 세계를 뒤흔든 월가발 금융위기는 왜 발생한 것인가. 다른 역사적 사건과 마찬가지로 월가발 금융위기 역시 처음엔 그저 그렇고 그런 작은 일에서 비롯되었다. 흔히 월가발 금융위기는 서브프라임(Subprime-Mortgage Loan)으로 불리는 부동산 대출에서 시작됐다고 지적된다. 이 대출은 주택을 담보로 신용도가 상대적으로 낮은 사람들에게 제공하는 미국의 대출 프로그램이다. 부실 위험이 큰 만큼 금리가 높아 2000년대 중반 미국의 금융회사들에게는 높은 수익을 보장하는 새로운 수익원으로 등장했다. 금융위기가 터지기 전 미국에서는 수년간에 걸친 유동성 호황 속에서 서브프라임 모기지 주택담보 대출이 무분별하게 진행됐다. 서브프라임 대출이 최고조에 이르던 2007년 초 미국의 모기지 업체들은 집 시세의 거의 100%에 이르는 수준까지 무차별적인 대출을 제공했다.[5]

대출 대상도 신용도가 낮은 미국 내 저소득층은 물론 멀리 남미의 히스패닉계와 아시아, 아프리카에서 온 이민자들에게까지 마구잡이로 확대됐다. 당시 조지 W. 부시 정권도 이들 저소득층에게 내 집 마련의 꿈을 심어주며 상환능력을 넘는 차입을 전제로 한 주택 구입을 부추겼다. 모기지업체들은 서브프라임 대출 만기가 돌아올 때까지 기다릴 필요 없이 당시 유행하던 주택저당채권(MBS)

---

5) 미국 연방준비제도이사회(FRB)는 2000년대 초 닷컴버블의 붕괴로 경제성장률이 1%대로 떨어지는 등 경기침체 조짐이 보이자 2000년 5월부터 단계적인 금리인하에 착수했다. FRB는 2001년 1월 두 차례의 연방공개시장위원회(FOMC) 회의를 열어 6.5%이던 기준금리를 1% 포인트 인하했으며, 이때부터 2003년 6월까지 기준금리를 무려 12차례나 인하하며 1.0%대로 낮췄다. 이로 인해 2001년 11월 이후 2% 이하의 저금리 시대가 3년간이나 지속됐다. 이 같은 저금리 정책은 세계 부동산시장과 주식시장의 호황으로 이어졌다. 시중에 돈이 넘쳐나면서 집값은 오르고 주가도 크게 상승했으며 물가도 대폭 올랐다. 실수요자뿐 아니라 돈을 빌려 주택 투기에 나서는 사람들이 늘어나면서 미국의 집값은 1997년 대비 93%나 올랐다.

주택시장이 과열 조짐을 보이자 미국 FRB는 2004년 6월 기준금리를 1.25%로 전격 인상했다. FRB는 이후 2년간 17차례나 금리를 올려 2006년 6월 미국의 기준금리는 5.25%로 수직 상승했다. 이로 인해 원금은커녕 이자도 내지 못하는 주택 구입자가 늘어나면서 주택차압(Foreclosure) 비율이 증가하고 모기지 대출의 부실이 발생하기 시작했다. 금리인상 초기엔 큰 영향이 없었지만 2006년 들어 금리인상 효과가 나타나면서 시중에 유동성이 고갈되고 주택시장은 점차 위축돼갔다. 이와 관련해 누리엘 루비니 뉴욕대 교수는 2006년 7월 '미국 경제 및 금융시장이 붕괴로 가는 12단계'라는 시나리오를 통해 주택시장 침체→서브프라임 손실 확대→대형은행 파산으로 이어지는 금융위기 가능성을 경고했다. 그러나 그의 경고는 다음 해인 2007년 8월 서브프라임 사태가 발발할 때까지 큰 주목을 끌지 못했다.

을 발행하는 금융기법과 연계해 막대한 수익을 올렸다. 시간이 흐르면서 고위험-고수익을 노리는 투자은행이나 헤지펀드 등이 대거 참여하면서 MBS는 크레딧디폴트스와프(CDS), 채권담보부증권(CBO) 등 각종 파생상품과 복잡하게 연결되며 금융권 내 비중이 점차 높아졌다. 그러나 서브프라임 대출 비중은 2007년 여름까지 1조 달러 규모의 미국 주택담보 대출 시장에서 약 10%를 차지했을 뿐이고, 미국 전체 금융시장 규모에 비하면 겨우 1.2%에 지나지 않았다.

하지만 2006년 들어 미국의 집값이 하락세로 전환하자 서브프라임 모기지 대출자들 중 원금은커녕 이자를 내지 못하는 사람들이 생겨나기 시작했다. 서브프라임 대출의 부실은 이와 연계된 MBS와 파생상품의 부실로 이어지면서 금융권 전체에 불안감이 확산됐다. 이것이 금융위기의 전 단계인 서브프라임 위기다.

서브프라임 위기는 2007년 2월 유럽 최대이자 세계 3위인 영국의 HSBC 은행이 전년도 모기지 대출의 부실 규모가 전체의 약 20%에 달한다고 밝히면서 본격적인 모습을 드러냈다. 각국의 주가 폭락과 채권가격 하락 속에 주요 금융기관들이 잇따라 서브프라임 부실을 고백했고 일부는 디폴트(지급불능)를 선언하기도 했다. 당시 미국 모기지 시장의 연체율은 4.95%였지만, 서브프라임 모기지 연체율은 13.33%에 달했다.

그 해 4월 2일, 미국 2위의 서브프라임 모기지업체인 뉴센추리 파이낸셜(New Century Financial)이 드디어 서브프라임 부실로 인해 파산 보호를 신청했다. 곧이어 GM의 금융자회사 GMAC도 경영 부실을 신고했다. 2007년 여름에 접어들면서 서브프라임 위기는 더욱 증폭돼 모기지 회사는 물론 이들이 발행한 파생증권에 투자했던 은행, 보험사, 펀드 등이 줄줄이 부실의 늪에 빠져들었다. 미국의 대표적인 증권업체 베어스턴스가 7월 31일 서브프라임 부실로 2개 헤지펀드의 환매를 중단했고, 미국계 보험사인 CAN파이낸셜, 미국 최대의 보험그룹 AIG 등도 잇달아 부실을 자백했다. 8월 9일엔 프랑스 최대이자 유럽 2위 은행인 BNP파리바(Paribas)가 자사의 3개 자산유동화증권(ABS) 펀드에 대한 환매를 중단했으며, 8월 16일에는 급기야 미국 최대 모기지업체였던 컨트리와이드가 붕괴했다. 9월엔 영국의 노던록 은행에 뱅크-런(Bank-run)이 발생해 영국 정부가 긴급 자금을 투입하고 이듬해 이를 국유화시켜버렸다.

해가 바뀐 2008년에도 서브프라임 부실로 미국의 컨트리와이드 파이낸셜(2008년 1월), 베어스턴스 증권(2008년 3월), 인디맥 뱅코프 모기지 회사(2008년 7월) 등이 도미노 무너지듯 줄줄이 쓰러졌다. 이 중 미국 5위의 투자회사였던 베어스턴스의 몰락은 국제금융시장을 일대 충격에 빠뜨렸다. 이 회사가 많은 헤지펀드들의 플랫폼 역할(=자금관리원)을 했기 때문이었다. 서브프라임 대출의 부실은 이보다 우량한 대출인 알트 에이(Alt-A)나 프라임(prime) 모기지 등 상위 주택담보 대출 시장으로도 번져나갔다.

이런 분위기 속에 미국은 물론 전 세계 주식, 채권시장 등 금융시장 전체가 차츰 작동불능 상태가 돼갔다. 주가 폭락은 계속됐고 채권 거래는 거의 마비돼버렸다. 꼬리에 꼬리를 무는 식으로 연결된 글로벌 금융시스템에서 어느 한 분야의 부실은 투자자들의 불안감을 증폭시키며 곧바로 다른 분야의 연쇄 부실로 이어졌다.

2008년 9월 미국의 국책 모기지업체 패니메이, 프레디맥의 붕괴는 바야흐로 다가오는 본격적인 시스템 붕괴의 예고편이었다. 리먼브라더스 파산에 앞서 딱 1주일 전에 벌어진 패니메이와 프레디맥에 대한 구제금융 조치는 전 세계 금융시장을 아연 혼란 속에 몰아넣었다. 9월 7일 미 재무부는 두 업체에 대해 각각 1000억 달러씩, 최대 2000억 달러의 공적자금을 투입해 선순위 우선주를 매입하는 방식으로 사실상 국유화시켰다. 패니메이와 프레디맥의 부채는 당시 1조 5000억 달러에 이르고, 보유하거나 보증한 모기지 규모는 5조 달러, 모기지 관련 리스크 헤지를 위해 다른 기관들과 맺은 계약은 2조 달러가 넘은 것으로 집계됐다. 모기지 시장의 최후 보루로 여겼던 두 회사의 몰락은 대파국이 이미 목전에 닥쳐왔음을 의미하는 것이었다.

02

발등의 불을 꺼라
제1차 워싱턴 G20 정상회의

실물경기 침체로 번지다

앞에서 우리는 월가발 금융위기의 원인과 전개과정에 대해 간략히 살펴보았다. 그러나 월가발 금융위기는 일회성으로 끝난 이벤트가 아닌 30년대 대공황에 비견되는 위기로 2차 세계대전 이후 최대의 경제적 충격으로 평가된다. 2008년 이후 다섯 차례의 G20 정상회의는 바로 이 월가발 금융위기의 드높은 파고 속에서 개최됐으며, 그 여파는 아직도 지구촌 곳곳에 영향을 미치고 있다. 이번 장에서는 제1차 G20 정상회의가 어떻게 개최됐고 어떤 합의를 이뤘는지 개괄해보도록 하자.

월가발 금융위기는 2008년 들어 침체 국면에 들어선 미국 경제를 더욱 빠르게 수축시켰다. 리먼브라더스 파산 사태를 계기로 주

택가격 하락과 신용경색이 광범위하게 확산되며 미국의 실물경기
는 붕괴 직전에 이르렀다.

미국의 전미경제조사국(NBER ; National Bureau of Economic Research)은
리먼 사태가 터지고 최악의 금융위기가 한창 진행되던 2008년 12
월 1일 미국이 이미 2007년 12월부터 본격적인 경기침체 국면에
진입했다고 공식 선언했다. 민간기구이긴 하지만 미국의 경기침
체 여부를 판단하는 공신력을 가진 NBER은 이날 "73개월간 지속
된 미국의 경기확장 국면이 2007년 12월 종료됐다는 결론에 도달
했다"고 밝혔다.

미국의 경기침체 여부가 1년 후에나 가서 판명된 것은 경기지표
가 모호한 움직임을 보였기 때문이었다. 미국의 실질 국내총생산
(GDP) 성장률은 2007년 4분기 전년동기대비 −0.2%를 기록했으며
2008년 1분기(0.8%), 2분기(2.3%) 일시적으로 플러스(+)로 반전했다
가 3분기부터 다시 마이너스(−)로 돌아섰다. 통상 경기침체는 2분
기 연속 실질 GDP 성장률이 마이너스(−)가 돼야 인정된다. 그러
나 NBER은 실질 GDP뿐만 아니라 일자리 수 감소 등 경제활동의
전반적인 동태를 고려해 2007년 4분기 이후 미국 경제가 침체에
접어들었다고 판정한다고 설명했다.

이후 미국의 GDP 성장률은 2009년 2분기까지 지속적인 마이너
스(−)를 나타내 분기 수로 7분기째, 무려 21개월째 경기 후퇴를 기
록했다. 이것만으로도 미국은 2차 세계대전 이후, 또는 30년대 세
계 대공황 이후 가장 긴 경기침체를 겪은 것으로 평가됐다. 세계경

제에 큰 파장을 불러왔던 1차 오일쇼크(1973. 11~75. 03)나 2차 오일쇼크(1981. 7~82. 11) 때도 경기침체 기간은 각각 16개월에 불과했다.[1]

미국의 경기침체는 미국 제조업의 상징인 자동차업계에 직격탄을 날렸다. 주택 시장 침체와 함께 소비 감소로 고전하던 제너럴모터스(GM), 크라이슬러, 포드 등 이른바 '자동차 빅3'는 2008년 말 완벽한 몰락의 길로 내몰렸다. 판매 감소에다 비용증가로 고전하던 빅3는 금융위기에 따른 신용경색으로 자금조달 길이 막히자 2008년 말 백악관과 의회에 긴급 구조신호를 보냈다. 하지만 자금을 지원받는 대신 공장 폐쇄, 감원 등 혹독한 구조조정이 조건으로 내걸렸다. GM과 크라이슬러는 수백억 달러의 자금 지원으로

---

1) 경기침체(Recession)와 불황(Depression)의 개념에 대해서는 다양한 정의가 있다. 대체로 실질 GDP 성장률이 2분기 연속 마이너스(−)를 기록할 때 경기침체라 부르고, 불황은 이보다 상황이 더 악화됐을 때 사용한다. 이렇게 볼 때 글로벌 금융위기가 터진 2007년 12월부터 현재까지의 경기침체는 당연히 불황이라고 불러야 옳은 표현이다.

하지만 현대의 경제학자들은 불황이라는 표현을 극도로 삼가고 있다. 이는 불황을 피하고 싶다는 희망을 반영한 것이지만 심리적으로 지레 위축되는 것을 피하기 위한 정치사회적 고려로도 보인다. 영국의 시사주간지 〈이코노미스트〉는 2009년 1월호에서 1930년대 이전에는 일반적으로 모든 경기하강(slowdown)을 불황이라고 불렀으나 대공황(Great Depression) 이후 좋지 않은 기억을 떠올리기 싫어 경기침체라는 순화된 표현이 등장했다고 설명했다. 〈이코노미스트〉에 따르면 불황을 경기침체와 구분하는 두 가지 범주는 실질 국내총생산(GDP)의 마이너스 성장이 3년 이상 지속되거나 10% 넘게 감소하는 경우다. 미국의 1930년대 대공황은 두 가지 범주에 모두 해당하는 경우로, 이때 미국의 GDP는 1929~1933년 동안 30% 이상 감소했다.

하지만 ANZ은행의 수석 연구위원인 솔 에슬레이크는 "GDP 감소 정도나 마이너스 성장의 지속기간으로써 불황과 경기침체가 구분되는 것이 아니라 경기 하강을 초래하는 원인에서도 그 차이를 찾을 수 있다"고 주장한다. 이 분석에 따르면 미국의 1930년대 대공황은 확실히 불황 범주에 속하지만 1998년 아시아 금융위기는 불황으로 볼 수 없다. 대공황 때 물가는 25%나 하락했지만 아시아 금융위기 때는 펀더멘털이 대체로 양호한 상태에서 극심한 인플레이션이 발생했기 때문이다. 반면 90년대 후반의 일본의 경기침체는 명목 GDP가 하락하고 디플레이션이 발생한 점을 감안하면 불황 범주에 넣을 수 있다.

몇 달간 연명하는 데 성공했지만 해가 바뀐 이듬해 결국 파산보호라는 항복문서에 도장을 찍고 말았다. 2009년 4월 30일 크라이슬러가 파산보호를 신청한 데 이어 6월 1일에는 GM마저 같은 길을 걸었다. 오로지 포드만이 정부의 구제금융에 의존하지 않고 독자생존하는 데 성공했다. 전미자동차노조(UAW)에 대한 건강보험 출자금 전환, 99억 달러 전환사채 출자전환 등의 우여곡절이 있었지만 90년대 위기를 경험하면서 빅3 중 가장 건강한 체력을 유지한 덕분이었다.

이 중 101년 역사의 GM 몰락은 가히 드라마틱했다. '자동차왕' 헨리 포드가 1903년 포드 자동차를 설립한 지 5년 후인 1908년 창립한 GM은 한때 미국 시장 점유율 70%를 차지하며 무려 77년간 세계 자동차 시장 1위에 군림했다. 그러나 GM의 몰락은 이미 2000년대 중반부터 예고되던 터였다. 퇴직자에 대한 의료비 지급 등 과도한 복지 지출로 2005년부터 3년 연속 적자를 낸 GM은 2007년 창사 이래 최악의 적자(433억 달러)를 내면서 결국 파국의 길을 걸었다.

2008년 들어 GM은 감원 및 생산량 감축 등 대대적인 구조조정에 착수했지만 역부족이었다. 엎친 데 덮친 격으로 금융 자회사 지맥(GMAC)이 속을 썩었다. 2008년 3분기까지 5분기 누적 적자가 79억 달러에 달했던 지맥은 휘청거리던 모회사에 결정타를 날렸다. 리먼 사태로 하루하루 유동성이 말라가던 GM의 금고는 11월 중순 바닥을 드러냈고, 부품업체 대금 결제와 임금 및 이자 지급

조차 버거운 상태가 됐다. 결국 GM은 독자 생존을 포기하고 미 정부에 자신들도 부실자산구제계획(TARP)에 따른 구제금융을 받을 수 있도록 해달라고 요청하기에 이르렀다. 원래 TARP로 조성된 7000억 달러는 미 재무부가 금융권을 구제하기 위한 자금이었던 만큼 GM의 요구는 생떼나 마찬가지였지만, 11월과 12월 두 차례나 미 의회를 찾아 지원을 요청한 GM 등 자동차 빅3 최고경영자(CEO)들은 미 재무부로부터 174억 달러의 자금지원을 받아내는 데 성공했다. 하지만 2009년 들어서도 자동차 회사들의 유동성 위기는 계속됐고 GM은 미 정부와 줄다리기 협상 끝에 모두 네 차례에 걸쳐 198억 달러를 지원받아 생명을 연장했다. 그러나 완전한 회생은 불가능했다. 마침내 6월 1일 GM은 뉴욕 맨해튼의 연방법원에 파산보호를 신청해 101년의 화려한 역사를 마감했다. 당시 자산규모 823억 달러, 부채 1728억 달러로, 이것은 미 역사상 네 번째, 제조업체로는 최대 규모의 파산이었다.[2]

---

2) 이후 GM과 크라이슬러는 간신히 회생하는 데 성공한다. 크라이슬러는 GM보다 한 달 빠른 2009년 4월 30일 파산보호 절차에 들어갔다가 42일 만인 6월 10일 파산보호를 졸업했다. 파산보호 졸업 후 새로 출범한 '크라이슬러그룹 LLC'는 이탈리아 피아트가 20% 지분을 갖고 세르지오 마르치오네 피아트 CEO가 크라이슬러의 CEO를 겸임하게 됐다. 또 미국 정부와 캐나다 정부가 각각 9.85%와 2.46%의 지분을 보유하고, 전미자동차노조(UAW)는 67.69%의 지분을 확보해 최대주주가 됐다. 크라이슬러는 피아트와의 제휴로 세계 6대 자동차로 재탄생하게 됐으나, 경영권이 피아트사로 넘어가 주인이 바뀌었다.
GM도 파산보호 신청 40일 만인 7월 11일 시보레, 캐딜락, 뷰익, GMC 등 우량한 4개 브랜드를 새로운 GM(뉴 GM)에 넘기고 미 정부로부터 300억 달러를 추가 지원받는 등의 절차를 거쳐 파산보호를 졸업했다. 오펠, 새턴, 사브, 허머, 폰티악 등 나머지 브랜드와 공장은 즉각 매각 또는 청산됐다. 하지만 뉴 GM 역시 미 정부가 지분 60.8%를 보유하고, 캐나다 정부가 11.7%, 전미자동차 노조(UAW)가 17.5%, 채권단이 나머지 10%를 각각 확보하면서 지배구조가 완전히 바뀌었다.

세계금융시장 붕괴의 도미노

월가의 금융위기는 미국뿐 아니라 전 세계로 확산됐다. 세계 각국의 주식시장은 뉴욕 증시와 더불어 덩달아 경련을 일으켰고 자금시장 역시 꽁꽁 얼어붙었다. 월가의 내로라하는 금융기관들이 속속 스러져갈 때마다 세계 각국의 금융회사들도 연달아 파산 공포에 휩싸였다. 지난 10여 년간 미국 주도의 세계화 바람에 휩쓸려 급속한 금융시장 개방을 이뤄온 아시아와 유럽의 소국들은 썰물처럼 빠져나가는 국제자금 이동에 따라 국가부도 위기에 직면해 있었다. 이는 과거 '아시아의 네 마리 용'이라 불리던 한국, 홍콩, 싱가포르, 대만은 물론 유럽연합(EU) 가입 이후 급속한 고도성장을 이뤄온 동유럽의 소국들도 마찬가지였다. 2차 세계대전 이후 IMF(국제통화기금)와 GATT(관세 및 무역에 관한 일반협정)체제에 이어 세계무역기구(WTO)가 설정한 세계경제질서에 깊숙이 편입돼 있던 신흥국들이 대거 위기 선상에 오른 것이다. 말하자면 이들 나라들은 세계 자본주의 체제의 약한 고리였던 셈이다.

가장 먼저 월가 금융위기 희생양이 된 나라는 아이슬란드였다. 아이슬란드는 리먼브라더스 사태가 난 지 한 달이 채 안 돼 국가부도 위기에 휩싸였다. 외국 자본이 빠져나가면서 주가가 폭락하고 은행의 예금 지급이 중단되어 '크로나' 가치가 연초 대비 절반 가까이 추락했다. 2008년 10월 7일 게이르 하르데 아이슬란드 총리는 비상사태를 선언하고, 환율을 조정하고 파산 위기에 내몰린 은행들에 긴급 구제자금을 투입했다. 이후 아이슬란드 정부는 국내 1~3위 은행인 카우프싱와 란즈방키, 글리트니르를 모두 국유화하는 조치를 취했으나 사태는 진정되지 않았다.

아이슬란드 정부는 결국 러시아에 손을 내밀어 54억 달러를 지원받았다. 이어 국제통화기금(IMF)에도 구제금융을 신청했다. 10월 19일 IMF는 아이슬란드 등 자금난에 빠진 신흥시장 국가들에게 무제한 긴급 융자를 내주겠다고 발표하고, 아이슬란드에 100억 달러를 지원했다. 이후에도 아이슬란드는 영국과 네덜란드로부터 57억 달러의 구제금융을 받아 겨우 국가부도 사태를 막았다.[3]

이 무렵 파키스탄과 인도, 베트남은 물론, 루마니아, 헝가리, 불

---

[3] 아이슬란드는 원래 인구 32만 명, 국내총생산(GDP) 140억 달러 규모의 한적한 어업국가였다. 10년 전만 해도 수출의 40%가 어업에서 나올 만큼 개발이 덜 된 상태였다. 그러나 1990년대 중반 증권시장 개설, 은행 산업 규제 완화 등을 통해 금융업 부문을 급속히 성장시켜 2007년 1인당 국민소득이 세계 8위인 5만 4000달러에 달했고, 이로 인해 한때 '북유럽의 금융허브'라 칭송받으며 강소국이자 금융선진화의 대표적인 모델 국가로 꼽혔다. 미국 헤리티지재단 보고서에 따르면 당시 아이슬란드는 기업자유지수 94.5점(100점 만점 기준), 무역자유지수 85점으로 경제 자유도가 세계 최상위권이었다.
하지만 아이슬란드는 금융산업 외에 제조업 등 다른 분야의 경쟁력이 극히 낮았고 식량 등 생필품 대부분을 수입에 의존했다. 인구가 적고 자원도 거의 없던 아이슬란드가 금융허브로 발돋움하는 데는 금융 세계화 추세에 맞춰 자본시장을 개방해 외국 돈을 끌어들이고 이 돈으로 장사를 하는 전략이 주효했다. 규제를 없애고 금리를 올리자 영국, 벨기에, 룩셈부르크 등에서 자금이 물밀듯이 흘러들어왔고 아이슬란드 은행들은 이 돈으로 유럽의 부동산과 기업들을 대거 사들였다. 규제가 거의 없다시피 하자 러시아 및 유럽의 '검은 자금'도 상당 부분 아이슬란드로 흘러가 투기자금으로 변질됐다. 정부도 '금융 자유화'의 명분을 내세워 은행 투기를 용인했다. 하지만 금융위기가 터져 외국 자본이 썰물처럼 빠져나가자 크로나 가치가 급락하고 수입물가가 폭등하면서 경제의 실상이 드러났다. 경제학자 가우티 크리스트만손은 〈뉴욕타임스〉 기고에서 "온 국민이 거대한 카지노에 들어갔다 나온 것 같다"며 "무비판적으로 자본주의 시스템을 받아들인 아이슬란드인들은 새로운 공산당선언이라도 내놓아야 할 판"이라고 개탄했다. 실제 아이슬란드는 이듬해인 2009년 1월 18년간 장기 집권했던 정부 여당이 총사퇴하고 4월 총선에서 좌파 정당이 압승을 거두면서 금융위기로 정권이 교체되는 첫 국가가 되었다.

가리아, 크로아티아 등도 대거 국가부도 위기에 빠졌다. 전통적인 외환위기 빈발 국가로 꼽히는 아르헨티나, 에콰도르, 베네수엘라 등 남미국가들도 자금사정이 급격히 나빠졌다. 외신들은 연일 주식시장이 폭락하고 있는 러시아, 브라질, 인도 등 자원부국에 대해서도 의혹의 눈초리를 보냈다. 외환보유액만으로는 러시아가 5800억 달러로 세계 3위, 인도가 2953억 달러로 세계 4위, 브라질이 2051억 달러로 세계 7위였지만, 그럼에도 불구하고 이들 나라는 금융시스템과 위기관리 능력이 취약해 위기에 빠질 가능성이 높다고 분석됐다. 특히 러시아의 경우 미국발 금융위기가 무르익던 그 해 8월 그루지야와 전쟁을 일으키면서 외국자본들이 대거 빠져나가 경제위기가 심화됐다. 러시아의 주수입원인 국제유가도 당시 70달러 밑으로 떨어져 원유판매 대금이 격감하고 외환수급에 차질이 생겼다.

아이슬란드에 위기가 터진 지 불과 하루 뒤인 10월 8일 미국의 지원으로 '테러와의 전쟁'을 수행중인 파키스탄도 국가부도 가능국으로 거론됐다. 6일 국제신용평가사 스탠더드앤드푸어스(S&P)는 파키스탄 국채의 신용등급을 투자등급인 B에서 정크본드 수준인 CCC⁺로 낮추고 등급 전망을 부정적(Negative)으로 제시했다. 파키스탄의 당시 외환보유액은 81억 4000만 달러로 1년 전 163억 9000만 달러에 비해 절반으로 줄어 있었다. 파키스탄의 외환보유액 고갈은 자국 통화인 루피화의 하락을 저지하고 석유수입 자금을 결제하기 위해 달러를 대량으로 판 데서 비롯됐다. 파키스탄도 결국 그

해 11월 IMF와 총 76억 달러 규모의 구제금융에 합의하고, 45억 달러의 자금 지원을 받아 급한 불을 껐다.

여기서 한국도 예외는 아니었다. 월가 금융위기에 따라 한국의 주가는 급속히 추락했다. 2007년 가을 사상 처음 2000선을 돌파하며 기염을 토했던 코스피지수는 2008년 새해 들어 바닥을 알 수 없는 심연으로 굴러떨어졌다. 10월 한 달간 코스피지수는 외국인들의 매도 공세 속에 1400선에서 900대로 무려 35% 이상 추락했다. 이는 전고점에 비하면 무려 50% 이상 폭락한 것이었다. 외국인들의 주식 투매와 더불어 외환시장도 요동쳤다. 달러 값은 치솟고 한국 원화는 폭락했다. 주식을 팔자마자 이를 달러로 바꾸려는 수요가 폭증한 데다 극심한 달러 사재기가 극에 달했기 때문이었다.

---

4) 10월 위기설 확산에는 외신들의 부정적인 보도가 크게 작용했다. 미국의 〈월스트리트저널〉은 2008년 10월 아이슬란드가 첫 희생양이 되자 9일자에서 '한국은 아시아의 아이슬란드인가' 라는 제목의 기사를 실었다. 기사 내용은 그렇지 않다는 것이었지만, 이것은 한국이 10년 전 외환위기 기억에서 자유롭지 않다는 것을 보여주기에 충분했다. 앞서 6일 영국의 〈파이낸셜타임스〉는 "한국은 아시아에서 금융위기 감염 가능성이 가장 큰 국가"라고 지목했으며, 14일에는 거의 한 면을 할애해 '가라앉는 느낌' 이란 제목의 한국관련 기사를 실었다. 여기에 〈월스트리트저널〉은 23일 IMF가 구상하고 있는 새로운 긴급 유동성지원창구(SLF : Short-term Liquidity Facility)에 한국이 포함돼 있다는 기사를 또 내보냈다(원래 이 제도의 취지는 재정 상황이 비교적 건실하나 일시적인 유동성 악화에 처한 나라들에게 IMF 대출 승인을 신속히 처리해주자는 것이었다. 그러나 이 창구를 개설한 주체가 IMF라는 이유 때문에 시장에 '제2의 구제금융' 이라는 인상을 심어줬다. 일종의 낙인효과stigma effect였다). 비관적 경제전망으로 유명한 미국 뉴욕대의 루비니 교수도 22일 자신의 홈페이지에 올린 '신흥시장 : 누가 위험한가' 라는 글에서 "한국은 갑작스런 금융 흐름의 경색으로 아시아국가들 가운데 가장 공격받기 쉬운 국가"라고 경고했다. 아시아 경제에 정통하다는 블룸버그통신 칼럼리스트 윌리엄 페섹도 24일 "올 3월 베어스턴스를 파산시킨 악명이 한국을 휘감고 있다"고 썼다. 그는 "아이슬란드를 쓰러뜨린 헤지펀드 등 국제 투기세력의 다음 목표는 한국"이라면서 "베어스턴스에 대한 과장된 파산설이 실제 위기로 연결된 것처럼 한국경제의 취약성을 부풀리는 부정적인 소문이 실제 파국으로 번질 수 있다"고 주장했다.

원-달러 환율은 10월 초 1180원에서 28일 1400원대를 돌파하고 11월 24일에는 1513원까지 치솟았다. 한국 정부나 은행이 발행하는 외화채권의 신용위험도도 다시 높아졌다. 리먼 사태 이후 국제금융시장에서 한국물 채권의 CDS(신용부도스와프) 프리미엄은 9월 27일 사상 최고치인 7.91%를 기록했다. 하루가 멀다 하고 울려대는 사이드카와 서킷브레이커 속에 이른바 '10월 위기설'[4]이 증폭됐다. 10년 전(정확히는 11년 전) IMF 외환위기가 뇌리에 떠오르는 순간이었다.

새로운 국제금융질서의 요구

각국이 처한 위기 상황 속에서 국제공조의 필요성은 더욱 높아지고 있었다. 신흥국들뿐만 아니라 미국 등 선진국들도 시시각각 악화되는 신용경색과 실물로 번져가는 경제위기 앞에서 새로운 국제공조의 필요성을 절감하고 있었다. 각국 중앙은행들도 이미 제로(0)에 가까운 기준금리 인하와 대규모 유동성 공급으로 공조체제를 구축했지만 정부 차원에서 보다 광범위한 협력방안과 보다 탄탄한 제도 보완이 필요했다. 특히 그간 신자유주의의 득세에 따른 파격적인 규제 완화로 무분별하게 늘어난 파생상품과 투기적인 금융거래를 제어할 수 있는 장치를 만들어야 했다.

미증유의 경제 위기 속에서 각국이 취한 긴급 대책들은 이미 신자유주의에 대한 부정으로 여겨졌다.[5] 2008년 9월 미국이 취한 대규모 공적자금 투입 정책인 TARP 역시 이 같은 성격이 잘 드러나 있었다. 〈파이낸셜타임스〉의 칼럼니스트 크리스티나 프리랜드는 20일 "(신자유주의 시대를 연) 로널드 레이건 시대가 공식적으로 막을 내렸다"고 선언했다. 그는 "미국 정부는 스스로 전방위 공적자금 투입을 공언함으로써 작은 정부를 지향해온 신자유주의의 마지노 선을 넘었다"고 평가했다. 이것은 결국, TARP 등은 시장을 구하기 위한 어쩔 수 없는 비상조치지만 '경제 작동은 최대한 시장에 맡기고 정부는 게임의 룰만 잘 관리하면 된다'는 지난 30년간 유지돼온 신자유주의 정신의 퇴장을 의미한다는 것이었다. 〈월스트리트저널〉도 "80년대 이후 규제는 약해야 한다는 신념을 고수하던 미국 정부가 적극적 행동주의로 선회했다"고 전했다.

글로벌 금융위기의 진행과 함께 신자유주의에 대한 비판은 전

---

5) 신자유주의(Neo-liberalism)는 당초 케인스식 경제 개입 정책에 대한 반발로 시작됐다. 정부의 적극적인 역할을 강조하는 케인스식 경제정책과 달리 신자유주의는 시장의 자율조정기능에 대한 무한한 신뢰를 바탕으로 시장불개입 또는 시장방임주의를 선호했다. 이는 경제학사상 하이에크의 자유주의 사상과 신고전파 경제학에 뿌리를 둔 것이었다. 신자유주의는 80년대 영국의 대처리즘(Thatcherism)과 레이거니즘(Reaganism)으로써 공식화되었다. 영국의 대처 총리는 1979년 집권하자마자 국영기업 민영화와 함께 감세 및 복지재정의 축소를 추진, 전 세계적으로 큰 반향을 일으켰다. 미국도 1980년 레이건 행정부의 등장 이후 규제 완화와 감세 등 '작은 정부와 큰 시장'을 핵심으로 하는 경제 정책을 채택했다. 레이건 이후 미국에서는 정부의 직접 개입은 금기로 여겨졌고, 시장규제를 거론하는 것 자체가 '사회주의 좌파'로 몰릴 정도로 신자유주의는 절대시되었다. 신자유주의는 이후 국제무대에서도 신흥국들의 무역 개방과 자본시장 개방의 기본 잣대로 적용되었으며, 특히 90년대 멕시코 사태 등 남미의 외환위기와 98년 아시아 외환위기를 계기로 세계화 바람을 타고 전 세계로 광범위하게 퍼져 나갔다. 하지만 서브프라임 모기지 부실에서 비롯된 월스트리트의 붕괴는 시장의 실패를 명확히 보여줬고 이전까지의 상황을 완전히 뒤집어놨다.

세계적으로 다양하게 터져나왔다. 클린턴 행정부에서 상무무 국제무역담당 차관을 지낸 데이비드 로스코프는 9월 29일 〈파이낸셜타임스〉와의 인터뷰에서 "세계경제는 전환점에 서 있다"면서 "작은 정부가 낫다는 25년간의 레이건-대처리즘이 종언을 고했다"고 주장했다.

교황도 신자유주의 비판에 동참했다. 교황 베네딕토 16세는 10월 6일 제12차 주교회의에서 '신의 말씀'이란 강론을 통해 금융위기가 금융시스템의 문제만이 아닌 인간의 탐욕이란 보다 근본적인 문제에서 비롯됐다고 지적했다. 그는 "성공이나 직위, 돈을 추구하는 사람들은 (자신의 인생을) 모래 위에 쌓아올리는 셈"이라면서 "물질이나 손에 잡을 수 있는 것만을 진실이라고 믿는 사람들은 자신을 속이는 것"이라고 강조했다.

이윽고 후안 소마비아 국제노동기구(ILO) 사무총장은 2009년 2월 10일 리스본에서 열린 유럽지역회의에서 "세계적인 금융위기로 인해 대규모 실업과 물가 폭등, 경제적 궁핍으로 사회불안이 야기됐다"면서 "이제 신자유주의와 이에 따른 세계화는 막을 내렸다"고 단언했다.

이런 분위기 속에서 그간 세계경제 근간이 돼왔던 브레턴우즈체제[6])에 대한 일대 변화의 바람이 일었다. 지금과 같은 체제로는 이번 금융위기와 같은 새로운 위기의 재발을 막을 수 없다는 자기반성이었다. 금융위기의 재발 방지를 위해서는 기존 체제를 보완하고 더 나아가 새로운 금융질서를 수립해야 한다는 요구가 높아졌다. 그것은 무분별한 위험 투자를 일삼는 은행 등 금융기관에 대한 규제감독을 강화하고 국가간 자본이동에 통제가 필요하다는 주장이었다.

유럽연합(EU) 이사회 순회의장국 대표인 니콜라 사르코지 프랑스 대통령은 고든 브라운 영국 총리, 앙겔라 메르켈 독일 총리 등 27개 EU 회원국 정상들과 함께 10월 15일(현지시간) 벨기에의 수도 브뤼셀에 모여 이틀간의 정상회담을 열고 기존 미국 중심의 브레턴우즈체제를 대체할 새로운 국제금융질서의 필요성을 재확인했다. 브라운 총리는 이 회의에서 "세계 금융시스템 규제에 도움이 될 수 있도록 국제통화기금(IMF)을 재건해야 한다"면서 "G8 주도의 금융정상회담을 열어 '제2의 브레턴우즈체제' 또는 '신(新)브레턴우즈체제' 구축을 위한 발판이 마련돼야 한다"고 강조했다. 브라운 총리가 구상하는 새로운 국제 금융질서 또는 제2의 브레턴우즈체제는 IMF를 포함한 새로운 국제 금융 감시기구를 만들어 글로벌 금융시장의 동향을 상시 모니터링하는 체제를 구축해야 한다는 것이었다.

---

6) 브레턴우즈(Bretton-woods)체제는 2차 세계대전 직후인 1944년 7월 미국 뉴햄프셔의 작은 도시 브레턴우즈에서 서방 44개국 대표들이 만나 국제 금융시스템을 안정시키기 위해 고안한 국제 협정을 말한다. 여기서 금과 달러 중심의 금환본위제를 도입하고 각국 환율은 달러에 연계시키는 고정환율제를 채택했다. 이에 따라 국제통화기금(IMF)과 세계은행(IBRD→WB)이 설립됐고 미국의 달러만 유일하게 금과 고정 비율(1온스=35달러)로 바꿀 수 있도록 허용됐다. 상세 내용은 제2부 1장 참조.

제1차 G20 긴급 회동

이러한 위기의식 속에서 선진국과 신흥국 등 세계 20개 주요 정상들은 드디어 2008년 11월 14~15일 미국 워싱턴에서 긴급 회동했다. 이것이 역사상 첫 번째로 개최된 G20 정상회의다. 금융위기 이후 처음 소집된 이 다자간 정상회의에는 미국의 조지 W. 부시 대통령을 비롯해 사르코지 프랑스 대통령, 고든 브라운 영국 총리, 앙겔라 메르켈 독일 총리 등 선진 7개국(G7) 정상과 유럽연합 및 중국, 인도, 러시아, 브라질 등 브릭스 정상들, 그리고 한국, 호주, 멕시코, 인도네시아, 아르헨티나, 터키, 사우디아라비아, 남아프리카공화국 등 신흥국 정상들이 대거 참가했다. 여기에 스페인, 네덜란드 등 특별 초청국 수반과 반기문 UN 사무총장, 도미니크 스트로스-칸 IMF 총재, 로버트 졸릭 세계은행 총재 등 국제기구 수장들과 G20 재무장관들도 대거 동반했다. 국제통화기금 회원국 185개국 가운데 영향력 있는 나라들과 주요 국제기구, 대륙별 대표국들을 안배한 결과였다.

회의에 참석한 G20은 국내총생산(GDP) 기준으로 세계경제력의 85%, 인구수에서는 전 세계의 3분의 2, 전체 교역량의 80%를 차지했다. 가히 지금까지 있었던 다른 어떤 국제회의와 달리 역사상 최대 규모의 '경제 정상회의'라 할만했다.

회원국들이 마련한 제1차 G20의 회의 의제는 ① 국제금융위기 원인과 그간의 조치에 대한 평가 ② 당면한 금융위기 해소를 위한

〈표 2〉 금융개혁 5원칙과 47개 중단기 실천과제

1. 투명성 및 책임성 강화

시기	과제내용
단기	• 복잡한 금융상품, 특히 위기시 유동성이 부족한 금융상품에 대한 가치평가 기준을 개선 • 부외 금융상품에 대한 회계 및 공시 기준의 취약점 개선 • 복잡한 금융상품에 대한 공시 개선 추진 • 국제회계 표준 개정기구의 지배구조 개선 • 민간 전문기관들이 자본흐름, 헤지펀드 등에 대한 최선의 방안을 제안하고 재무당국은 제안의 적정성 검토
중기	• 양질의 국제 단일회계기준 수립 작업 추진 • 양질의 회계기준 채택과 이행을 위해 민간분야와 지속적으로 작업 • 국제적인 최선의 방안에 부합하도록 위험에 대한 공시를 강화

2. 금융규제 감독의 개선

(1) 규제체제 개선

시기	과제내용
단기	• MF, FSF, 여타 규제감독 기관들은 자산평가, 레버리지, 은행자본 등의 경기순응성 완화를 위한 권고사항을 도출
중기	• 각국은 자국의 규제시스템의 원칙 및 구조를 글로벌화된 금융환경하에서 재검토 • 은행, 증권회사, 보험사간 규제차이 및 현재 규제가 미흡한 제도, 기관 등을 검토하고 필요한 개선조치를 위한 권고사항 마련 • 위기시 대형 다국적 금융기관의 단계적 축소가 원활히 진행될 수 있도록 파산제도를 검토 • 자본과 자본 적정성에 대한 일관성 있는 측정을 위해 '자본'의 정의에 대한 조화가 이루어질 필요

(2) 건전성 감독

시기	과제내용
단기	• 신용평가사의 이해상충 방지, 공시강화 및 금융상품에 대한 차별화된 신용평가 기준을 도입 • 신용평가사들의 준법 감독을 위해 채택한 기준과 체제를 검토 • 금융기관들의 시장신뢰를 유지할 수 있도록 충분한 자본을 유지토록 유도해야 하며, 금융기관의 구조화된 신용 및 증권화 활동에 대한 자본기준 강화 • 감독 및 규제당국은 신용부도스와프(CDS) 및 장외시장(OTS) 상품의 시스템 위험 감소를 위한 조치 마련
중기	• 공공에게 신용정보를 제공하는 신용평가기관의 등록 • 감독기관 및 중앙은행들은 유동성 감독과 관련, 국제적으로 일관성 있는 접근방식을 도출할 필요

(3) 위험관리

시기	과제내용
단기	• 은행의 리스크 관리를 강화하기 위해 개선된 가이드라인 개발 • 금융기관은 유동성 위험을 보다 잘 관리할 수 있는 이행조치 마련 • 금융기관은 위험집중도 및 거래상대방 위험을 시의적절하게 측정할 수 있는 프로세스 개발 • 금융기관은 위험관리 모델을 재검토하고 이를 규제당국에 보고 • 바젤위원회는 새로운 위험측정 모델개발의 필요여부를 검토하고 관련 활동 지원 • 금융기관은 자발적 노력이나 규제조치를 통해 과도한 단기이익 추구 또는 위험부담 행위를 회피하고 안전성을 증진시키는 내부 인센티브 마련 • 은행은 구조화 상품 및 증권화 상품에 대해 효과적 위험관리와 실사 노력 추진

시기	과제내용
중기	• 국제기준수립 기구들은 다양한 종류의 경제 금융기구들과 협력하며 금융규제 입안자들이 금융시장 상품의 혁신에 신속하게 대처할 수 있도록 조치 • 규제당국은 자산가격의 심각한 변동 및 거시경제 금융시스템에 대한 합의를 모니터링

3. 금융시장 신뢰성(integrity) 제고

시기	과제내용
단기	• 지역적, 국제적 수준의 정책당국간 규제 협력 강화 • 시장안정 위험요소에 대한 당국간 정보공유 및 위험에 적절한 대응이 가능하도록 법규 정비 • 각국은 기업행동규범 검토를 통해 시장과 투자자를 보호하고 불법행위로부터 국제금융시스템을 보호하기 위한 국제협력을 강화
중기	• 불법 금융행위 위험이 있는 비협조적, 불투명한 제도로부터 국제금융체제 보호를 위한 국가적, 국제적 조치 시행 • FATF(Financial Action Task Force)는 자금세탁, 테러자금 조달 등을 근절하는 업무를 지속, 세계은행과 유엔의 자금회수 이니셔티브(Stolen Asset Recovery Initiative)를 지지 • 주요 세무 당국들은 OECD 등과 연계하여 조세관련 정보 확대

4. 국제협력 강화

시기	과제내용
단기	• 감독당국들은 주요 다국적 금융기관에 대한 감시를 강화해야 하며 이들과의 장기적 교류를 추진할 필요 • 규제당국들은 국제적인 금융위기를 효과적으로 관리하기 위한 협의 등 모든 조치를 취할 필요
중기	• 규제당국들은 회계기준, 감사, 예금보호 등 조화가 필요한 분야의 진전을 위해 필요한 정보를 수집하는 노력을 강화할 필요 • 규제당국들은 금융시장 안정 및 신뢰회복을 위해 취한 일시적 조치들의 부작용을 최소화하기 위한 노력 필요

5. 국제금융기구의 개혁

시기	과제내용
단기	• FSF는 회원국을 주요 신흥국으로 확대 • 거시적인 차원의 정책대응 및 금융시장 불안에 대한 조기경보 기능 제고를 위해 IMF와 FSF 간 협력 강화 • IMF는 광범위한 회원국과 거시경제 및 금융 전문성을 기반으로 FSF 등과의 협력을 통해 현 금융위기의 교훈 도출 • IMF, 세계은행, 기타 국제금융기구의 재원 적정성을 검토하고 필요한 경우 재원확대를 준비 • 신흥경제국과 개발도상국들의 신용시장 및 민간자본 흐름에 대한 접근성 회복을 통해 지속가능한 성장을 위한 기반을 지원 • 시장상황이 심각하게 악화되는 경우에는 국제금융기구의 지원은 양호한 실적과 건전한 정책을 추진하는 국가에 제공될 필요
중기	• 세계경제의 변화를 적절히 반영하고, 다가오는 도전에 대응하기 위해 브레턴우즈체제를 포괄적으로 개혁하고, 국제금융 기구에서 신흥시장국과 개도국의 참여 확대 필요 • IMF는 모든 국가의 경제상황에 대한 감시체제를 강화하고 특히 금융부문에 대한 점검을 강화 • 선진경제국, IMF 및 기타 국제기구들은 국제기준에 부합하는 규제의 형성과 이행을 위해 신흥경제국과 개발도상국에 능력 배양 프로그램을 제공

정책공조 방안 ③ 국제금융체제 개편을 위한 기본원칙 ④ 향후 국제금융체제 개편방향 ⑤ 자유무역, 시장경제 기본원칙의 중요성에 대한 재확인 등이었다.

회담 결과 G20 정상들은 총론적 수준에서 세계경제 악화를 막기 위해 통화정책과 재정지출의 확대를 추진하고, 금융시장 개혁과 금융당국간 협력을 강화하자는 내용의 공동선언을 도출했다. 또 IMF의 역할과 기능을 강화하고 신흥국들의 국제금융기구 참여를 확대하며, 자유시장경제 원칙을 준수하고 향후 12개월간 일체의 무역투자장벽 신설을 금지하는 등의 보호무역주의 배제 원칙에도 합의했다. 특히 금융시장 개혁을 위해 5개의 공통원칙 및 47개 중단기 실천과제(Action plan) 추진도 약속했다.

금융개혁 5원칙은 ① 금융시장의 투명성, 책임성 강화 ② 금융감독 · 규제 개선 ③ 금융시장의 신뢰성 제고 ④ 금융당국간 국제협력 강화 ⑤ 국제금융기구 개혁 등이었으며, 중단기 실천과제는 이듬해 3월 31일 이전에 곧바로 추진할 수 있는 것들과 그렇지 않은 것들로 구분했다. 참가국들은 아울러 브라질(2008년), 영국(2009년), 한국(2010년)을 G20 의장국단으로 선정하고, 이들 주도로 중단기 실천과제 이행을 위한 구체적인 절차 및 시간계획을 G20 재무장관들과 함께 마련해, 이듬해 4월 말 이전에 열리는 차기 정상회의에 보고하도록 했다.

1차 정상회의 합의 내용을 분야별로 보면, 실물경제 활성화를 위해 자국 여건을 감안한 적절한 통화정책을 운용하고, 내수 진작을 위한 지속가능한 재정정책을 시행하며, IMF의 신흥국 지원을 위한 단기유동성지원창구(SLF)를 개설하고, IMF·세계은행 등 국제금융기구의 재원을 확충하기로 했다. 또 위기를 불러온 금융시장 관행을 개혁하기 위해 금융상품과 금융기관의 투명성 및 책임성을 강화하고, 과도한 위험추구를 방지하기 위한 은행 보너스체제를 개선하며, 금융 규제·감독 범위의 확대 및 개선을 추진하고, 신용평가사에 대한 관리·감독을 강화하며, 금융투자자 및 소비자 보호를 통한 시장의 신뢰성을 제고하고, 자본거래에 대한 규제당국간 협력을 강화하며, IMF·세계은행 등 국제금융기구의 지배구조를 개선하고, 금융안정포럼(FSF : Financial Stability Forum) 참가 대상에 신흥개도국을 포함하자는 등의 내용이 들어 있다.

외신들은 이 같은 합의안에 대해 국가별 구체적인 이행절차는 뒤로 미뤄져 아쉬움을 남겼다면서도 향후 글로벌 금융 개혁의 기틀을 마련하는 데는 일단 성공했다는 평가를 내렸다. 특히 역사상 처음으로 중대하고 긴급한 세계경제 현안에 대해 선진국과 신흥국이 함께 모여 공동의 해결방안을 모색하고, 금융시장 개혁을 위한 5개 원칙에 합의함으로써 사실상 전 세계가 이행할 '금융개혁법안' 의 기초를 마련했다는 데 의의를 뒀다.

하지만 1차 정상회의는 구체적인 이행 방안과 함께 과제 불이행에 따른 제재방안도 마련되지 않아 주요 국가들의 실질적 공조를 위해서는 아직도 넘어야 할 산이 많음을 여실히 보여줬다. 이는 금융위기 초기 상태에서 각국의 이해관계가 서로 달랐고 주도국인 미국의 조지 W. 부시 대통령이 퇴임을 얼마 남기지 않고 있어서 강력한 드라이브를 걸 수 없는 상태였기 때문으로 이해됐다. 개최 당시 차기 미국 대통령으로는 지난 2009년 11월 4일 선거에서 승리한 민주당의 버락 오바마 후보가 확정된 상태였다.

또한 1차 정상회의에서는 개최 전까지 초미의 관심사였던 신브레턴우즈체제 창설 문제는 거의 다뤄지지 않았다. 이는 지난 60여 년간 지속된 경제적 패권의 위축을 달가워할 리 없는 미국의 반대와 더불어 경제 규모에 걸맞은 위상을 요구하는 중국, 러시아 등 신흥국들이 유럽 주도의 새로운 경제질서 수립에 회의적인 태도를 보였기 때문이었다. 특히 미국은 기존 체제 유지를 강조하면서 금융시장 감독을 위한 초국가적인 금융감독기구의 창설 등은 아직 시기상조라는 입장을 분명히 했다.

그렇다 하더라도 1차 G20 정상회의는 세계경제 무대에서 선진국 중심의 G7이나 G8의 위상이 약화되고 중국과 브라질 등 신흥경제대국의 발언권이 한층 강화되고 있음을 보여준 최초의 역사적인 자리였다. 특히 기존 브레턴우즈체제를 대체할 새로운 경제질서를 세우기 위한 첫걸음을 뗐다는 평가도 나왔다. 로버트 졸릭 세계은행 총재는 "이번 워싱턴회의는 생산적 합의를 도출해낼 기반을 마련했지만, 정말 중요한 것은 다음 단계에 각국이 어떤 행동을 취할지에 달렸다"는 말로 추후 이뤄질 모임에 기대를 걸었다.

03

—

전격적인 합의

제2차 런던 G20 정상회의

꺼지지 않는 불씨

　미국발 금융위기에 따른 세계금융시장의 불안정은 해가 바뀌면서도 가라앉지 않았다. 동유럽 국가들의 유동성 위기는 2009년 들어 더욱 확산돼 헝가리, 우크라이나, 세르비아, 루마니아는 물론 러시아와 '발트 3국'으로 불리는 리투아니아, 에스토니아, 라트비아 등으로 번졌다. 유럽연합(EU)의 주변부를 형성하고 있는 동유럽 국가들은 불과 4~5년 전부터 서방 국가들의 투자 및 자금 지원 약속에 따라 집중적으로 EU에 가입하며, 스스로 '유럽의 뒷마당'을 자처했다. 이들 국가들은 처음에 세계 유수기업들의 대규모 투자에 따른 자금 유입으로 개방 이전보다 두 배 이상의 높은 성장률을 기록하며 '유럽의 새로운 성장동력'으로까지 평가받았다.

그러나 월가발 위기 앞에서 이들은 동시다발적으로 외환위기에 노출되며 세계금융시장에 '동유럽발 2차 금융위기'란 어두운 그림자를 드리웠다. 이들이 채무불이행(디폴트)을 선언할 경우 채권국인 서방 국가들마저 연쇄적인 신용 불안에 휩싸일 것이란 전망 때문이었다.

동유럽 금융시장의 불안감은 10년 전 아시아 외환위기 당시와 비슷한 양상으로 전개됐다. 당시 상황의 심각성은 이들 국가의 GDP 대비 해외채무 규모나 경상수지 적자 규모가 아시아 외환위기 때의 해당국가들보다 훨씬 높았다는 데서 잘 드러났다.

국제결제은행(BIS)에 따르면 당시 동유럽 지역의 전체 외채 규모는 1조 7000억 달러를 넘었으며, GDP 대비 해외채무 규모는 나라마다 차이는 있으나 대체로 100~500%, GDP 대비 경상적자 비율역시 두 자릿수를 넘었다.

동유럽 국가들이 위기에 노출된 것은 서유럽 경제에 대한 지나치게 높은 의존도가 결정적인 약점으로 작용했다.[1] 이들은 외환보유고 및 위기관리 능력 면에서도 취약했지만 중앙은행 등 자체

---

1) 당시 동유럽 국가들의 부채 중 90% 이상이 서유럽 은행이 빌려주거나 보증해준 것으로 집계됐다. 미국, 일본 등의 대출 비중은 각각 10.3%, 4.8%에 지나지 않았다. 동유럽 최대 채권은행인 오스트리아의 라이프아젠 첸트랄방크, 프랑스의 소시에테 제네랄, 스웨덴의 스웨드방크 등은 동유럽 국가들의 EU가입을 전후해 집중적으로 이 지역 금융회사들에게 대출을 제공하거나 때로는 이들을 포섭해 자회사 형태로 운영했다. 특히 오스트리아는 동유럽에 총 2776억 달러를 대출해주면서 그간 '동유럽의 금고' 역할을 자임해왔으나 이들 국가들이 한꺼번에 디폴트 위험에 빠지면서 가장 먼저 타격을 입을 '제1순위 위험국가'로 지목됐다.

금융시장 감독시스템이 미비해 월가발 금융위기로 유럽 국가들이 대거 자금 회수에 나서게 되자 별다른 대책을 세울 수 없었다. 유로화를 사용하지 않는 동유럽 일부 국가들은 경제 위기에 따른 통화 가치 하락까지 겹쳐 위기를 심화시켰다.

여기에다 각국 정부의 무능과 부패로 정부의 입지가 흔들린 점역시 위기를 가중시켰다. 동유럽 정부는 급격한 외화 유출로 통화 가치가 떨어지자 방어를 위해 공공 지출을 줄이고 긴축정책을 폈으나 이로 인해 사회적 안정망이 훼손되며 소요 사태가 빈번하게 발생했다.

우크라이나는 2008년 11월 IMF로부터 164억 달러의 구제금융을 약속받았으나 빅토르 유슈첸코 대통령과 율리아 티모셴코 총리 간 정쟁으로 인해 IMF의 대출조건인 정부지출 삭감 약속을 이행하지 않아 정치사회적 긴장이 고조됐다. 한때 '발트해의 호랑이'로 통했던 라트비아 역시 IMF 등의 권고에 따라 긴축정책을 펼치며 위기 극복에 나섰으나 2009년 2월 20일 내각이 총사퇴하며 무정부 상태가 초래됐다. 유럽부흥개발은행(EBRD)은 라트비아 최대은행인 파렉스 은행을 구제하기 위해 지원 협상에 나섰으나 대화 상대가 없어 협상을 수차례 연기해야만 하는 촌극을 빚었다. 이런 상황을 두고 2008년 노벨경제학상 수상자인 폴 크루그먼 프린스턴대 교수는 라트비아를 '제2의 아르헨티나'라고 불렀다. 지난 2001년 12월 930억 달러에 대한 디폴트(지급 불능)를 선언한 아르헨티나는 사실상 국제 자본시장에서 더 이상의 자금 조달이 불가능한 상태였다.

러시아의 위기도 해가 바뀌면서 더욱 증폭됐다. 러시아의 2009년 1월 경제성장률이 -8.8%를 기록한 것으로 전해지면서 러시아 경제 전체에 대한 불안감이 확산됐다. 러시아 기업들은 유럽 등 서구 은행에 최대 5000억 달러의 민간 채무를 안고 있으며 2009년도에만 1300억 달러 이상의 부채가 만기가 돌아오는 것으로 파악됐다. 러시아 정부가 2월부터 외환 보유 감소를 이유로 개별 기업들에게 구제금융을 더 이상 지원하지 않기로 했다는 소식이 전해지자 서구 은행들은 돈을 빌려준 러시아 기업들의 정부보증 여부를 확인하기 위해 북새통을 이뤘다. 러시아의 보유 외환은 지난해 여름 정점이었던 5800억 달러에서 유가하락과 외자 유출로 2009년 2월 3860억 달러로 급감했다.

파국으로 치달은 러시아와 동유럽의 금융위기는 국제통화기금(IMF)과 세계은행(WB, 기존 IBRD) 등의 연쇄 지원으로 가까스로 수습됐다. IMF는 2008년 말부터 2009년 초까지 라트비아 97억 달러, 벨라루스 25억 달러, 우크라이나 165억 달러, 보스니아 16억 달러, 그루지야 7억 5000만 달러, 헝가리 157억 달러, 세르비아 5억 2000만 달러, 스리랑카 26억 달러 등의 구제자금을 잇달아 지원했다. 또 루마니아에 3년 만기 대기성 차관 130억 유로, 역시 세르비아에 대기성 차관 30억 유로 등을 제공했다.

세계은행과 유럽부흥개발은행(EBRD), 유럽투자은행(EIB) 등도 2009년 2월 27일 긴급 회동해 3자 공동으로 동유럽에 2년간 245억 유로(312억 달러)를 지원키로 합의했다. 세계은행은 신용이 불안해진 중앙아시아 국가들에게도 75억 유로를 지원하고, 비금융 분야에도 125억 유로를 추가 지원키로 했다. 구소련과 동유럽권의 경제개발 지원에 초점을 맞추고 있는 EBRD 역시 중앙아시아에 대한 투자와 대출을 60억 유로로 확대하고, EU의 장기금융기관인 EIB도 110억 달러를 추가 제공키로 했다. 이러한 동시다발적인 지원책과 더불어 미국 등 선진국의 신용위기가 진정되고 국제유가가 회복세를 보이면서 그 해 5월 이후 러시아 등 동유럽의 외환위기는 차츰 진정국면으로 접어들었다. 그러나 그 해 연말 그리스 등 남부 유럽의 신용위기(=소위 PIIGS위기)[2]에서 보여지듯 유럽의 금융위기가 완전히 해소된 것은 아니었다.

한국경제, 달러 우산 속으로

외국 언론들의 '한국 때리기'는 2009년 들어서도 지속됐다. 2009년 '10월 위기설'에 이어 2010년에도 동유럽 국가들의 부도 가능성이 제기되면서 이른바 '3월 위기설'이 다시 고개를 들었다. 동유럽 위기가 가속화되자 〈파이낸셜타임스〉는 한국이 아시아에서 금융위기 감염 가능성이 가장 높고 97년 외환위기와 비슷한 상황을 맞

---

2) 상세 내용은 2부 3장 참조

고 있다는 분석을 또 내놓다. 영국 〈이코노미스트〉와 〈BBC 방송〉
도 이 같은 주장에 가세했다. 영국 〈파이낸셜타임스〉 등의 한국 때
리기는 모종의 의도가 있는 것이 아니냐는 지적이 나올 만큼 심상
찮은 수준이었다.

이들이 한국을 지목한 원인은 은행권의 과도한 단기외채와 가계
부채, 은행의 비정상적인 예금대비 대출비율 등이었다.[3] 특히 동
유럽발 금융위기로 인해 서유럽 은행들이 자금부족 상태에 빠지
면 한국 등 아시아시장에서 맨 먼저 자금을 빼내갈 것이기 때문에
취약한 금융구조를 가진 한국은 직격탄을 맞을 수 있다는 분석이
었다. 10년 전 외환위기 원인이었던 대외의존도가 지나치게 높은
경제구조, 즉 수출 의존도가 높고 내수 비중이 적어 대외 위기에
대한 대응력이 떨어지는 문제점도 역시 해결되지 않고 있었다. 실
물경기 침체도 가속화돼 2008년 4분기 경제성장률이 전년 동기 대
비 −3.4%를 기록한 데 이어, 2009년 1분기에는 다시 −4.2%까지
급락하는 등 큰 타격을 입고 있었다.

---

3) 한국 증시의 취약성은 국제통화기금(IMF) 자료를 통해서도 잘 확인된다. 2009년 7월 IMF가 내놓은
'선진국이 신흥국에 미치는 금융스트레스' 보고서를 보면 전 세계 주요 신흥경제국 가운데 선진국에
서 금융위기가 발생할 때 한국이 상대적으로 큰 타격을 받는 것으로 분석됐다. 이 보고서에서 한국은
18개 주요 신흥경제국 가운데 선진국 금융스트레스에 따른 동행성지수가 0.706으로 신흥경제국 평균
0.4~0.5보다 훨씬 높게 나타났다. 동행성지수는 어떤 현상이나 대상에 대해 영향을 받는 정도를 0~
1까지 측정하는 것으로 '1'이면 절대적인 영향을 받는 것이며 '0'이면 영향이 없음을 의미한다. 이
보고서에서 동행성이 가장 높은 국가는 멕시코(0.830)였으며, 이어 페루(0.819), 남아프리카공화국
(0.803), 파키스탄(0.771), 헝가리(0.761), 말레이시아(0.749), 태국과 필리핀(0.748), 한국(0.706),
이집트(0.703)가 뒤를 이었다. 반면 중국(0.662), 브라질(0.649), 폴란드(0.492) 등은 선진국의 금융위
기에 따른 여파가 상대적으로 적은 것으로 평가됐다.

위기의 한복판에서 한국 금융당국의 실망스런 행태도 외국인들의 억측과 투자자들의 불안 심리를 자극하는 기폭제로 작용했다. 외국인들이 긴급히 주식자금을 털어내고 만기 도래하는 채권을 일제히 빼내가던 상황에서도 정부 관료들은 "우리나라가 다시 국가부도 사태에 빠지는 일은 없을 것"이라는 말만 되풀이했다. 당시 한국의 외환보유액은 외환위기 때의 204억 달러의 12배인 2397억 달러에 이르고 단기외채비율 역시 718.8%에서 66%대로 낮아져 있다는 게 그 근거였다. 하지만 2008년 9월 뉴욕 월가에서 시행한 외국환평형기금 채권 발행의 실패 이후 해외 시장에서의 정상적인 외환 차입은 완전히 불가능해졌다.

살얼음판을 걷는 불안이 지속되던 2009년 1월 8일 인터넷 논객 '미네르바'가 검찰에 긴급 구속되는 사건이 일어났다. 그의 구속은 당시 불확실성에서 표류하던 한국경제의 혼란과 당혹감을 그대로 반영해준 사건이었다. 미네르바로 지목된 박대성씨(31세)는 전기통신기본법상 허위사실유포죄가 적용됐다. 그러나 100여 일이 지난 1심 공판에서 법원 재판부는 박씨에게 무죄를 선고했다.[4]

결과적으로 한국경제는 월가발 금융위기가 던진 파장 속에서 두 차례나 위기 국면을 맞았으나 10년 전 IMF 위기 때와는 달리 결국 이를 극복하는 데 성공했다. 여러 가지 성공 요인에도 불구하고 한국이 위기를 극복할 수 있었던 가장 큰 요인은 단지 한국이 미국의 달러 우산 속에 있다는 사실이 한미간 통화스와프 협정 체결로 재확인됐기 때문이었다. 한미간 통화스와프가 없었다면 다른 신흥국들과 더불어 외환위기는 계속됐을 것이고 제2의 IMF가 정말 현실화됐을 수도 있었다고 필자는 생각한다.

한국 정부와 미 연방준비제도이사회(FRB)는 2008년 10월 30일 300억 달러 규모의 통화스와프를 체결했다. 통화스와프는 상대국에 자국 통화를 맡기는 대신 해당국 통화나 달러를 빌려오는 계약으로서, 처음엔 이로 인한 반응이 신통치 않아 보였지만 서서히 그 효과가 입증되면서 이것이 바로 특효약임이 분명해졌다. 당시 한미간 통화스와프는 한국의 외환보유고로 볼 때 규모가 큰 것은 아니었지만 달러 유동성이 극도로 고갈돼가던 참이라 시장 심리에 미친 영향은 지대했다. 원-달러 환율이 1500원대를 오가는 상황에서 한미간 통화스와프 체결은 시장 참가자들에게 '한국 정부는 위급할 때 언제든 달러를 가져올 수 있다'는 심리적 안전판을 제공하는 역할을 했다. 위기가 고조되던 2008년 10월 이후 연말까

---

4) 미네르바 사건은 연륜만큼이나 천박한 한국 자본주의의 속성을 다시 한 번 일깨워주는 계기가 됐다. 한 소박한 네티즌이 독학으로 이룬 독자적인 경제관념에 대해 민심을 정확히 파악하지 못하던 정부는 사회불안 조장이라는 공안적 시각에서 접근하고 말았다. 인터넷 상에 발표된 그의 주장에 수많은 네티즌들이 열광했던 것은 극심한 금융 불안 속에서 정부의 뜨뜻미지근한 대응을 불신하던 네티즌들이 그만큼 새로운 시각의 경제관에 목말라 있었다는 반증이었다. 정부는 기존 '강단 경제학자'들의 고리타분한 안정론에 맞서 독자적 입장에서 새로운 인식의 지평을 열어가던 '온라인 경제학자(?)'의 등장의 싹을 무참히 잘라버린 것이었다. 그러나 미네르바나 정부가 200여 년의 역사를 지속해온 자본주의의 무한한 자기치유력을 과소평가했다는 점은 공통적인 실수였다. 미국의 TARP와 TALP에서 나타난 것처럼 국가가 필요하면 강제력을 동원해서라도 민간 경제에 깊이 개입해 위기를 제거하는 것이 자본주의 최후의 보루라는 사실을 미처 깨닫지 못한 것이다. 미네르바는 경제 위기를 치유하는 정부의 힘을 과소평가했으며, 정부 역시 금융 불안을 진정시킬 가장 강력한 도구를 손에 쥐고서도 스스로의 힘을 믿지 못하고 한 개인의 표현의 자유를 억누르는 방식으로 문제를 해결하려 했던 것이다. 미네르바는 석방된 4월 20일 모 언론과의 인터뷰에서 "경제학을 좀 더 공부해야겠다"며 "필요하면 유학도 준비하겠다"는 등의 말로 자신의 실수를 간접 시인했다.

지 정부와 한국은행은 550억 달러의 외화 등 모두 130조 원이 넘는 유동성을 시장에 쏟아냈지만, 시중에는 돈이 돌지 않는 이른바 '돈맥경화'가 심화되고 있었다. 특히 은행들은 연말 결산을 앞두고 12월 말 기준 국제결제은행(BIS) 자기자본 비율을 높이기 위해 주던 돈도 회수하는 실정이어서 기업들은 극심한 돈가뭄에 시달리고 있었다. 이런 상황에서 한미간 통화스와프의 체결은 '제2의 외환보유고'를 확보하는 효과를 내며 신용위기를 잠재우는 결정적인 백신 역할을 했다고 볼 수 있다.[5]

한미간 통화스와프협정 체결은 당시에도 전문가들로부터 매우 이례적인 일로 평가됐다. 왜냐하면 통화스와프협정은 그때까지 미국이 주로 유럽이나 영국, 스위스나 일본 등 극히 제한적인 국가들하고만 행해온 것이었기 때문이었다. 당시 한국과의 통화스와프 체결은 신흥국들 중에서는 첫 번째 사례로 꼽혔다. 물론 미국 정부는 곧이어 뉴질랜드, 브라질, 멕시코, 싱가포르 등 4개 신

---

5) 한국은행은 이 협정에 따라 12월 4일 FRB에서 40억 달러를 차입하는 등 2009년 1월까지 다섯 차례에 걸쳐 모두 163억 5000만 달러를 국내로 들여와 시중에 풀었다. 이어 경제가 안정되면서 2010년 4월까지 차입한 스와프 자금을 전액 상환하는 데 성공했다. 한미간 통화스와프협정 기간은 1년간으로 당초 2009년 10월 30일 만료될 예정이었으나 세계 금융불안의 여진이 계속됨에 따라 그 시한이 2010년 2월 1일까지 3개월 더 연장됐다. 한국은 또 2008년 12월 12일 중국과 일본과도 기존의 통화스와프 거래 규모(각각 40억 달러, 130억 달러)를 각각 300억 달러로 확대하는 합의를 이뤄냈다. 이들 국가와의 협약은 대외결제 통화중 달러가 차지하는 비율이 워낙 커서 그 의미가 크게 떨어지지만 시장에 외환 유동성의 공급원이 넓어졌다는 상징적인 의미를 추가하는 데는 일단 기여했다. 이 같은 경험에서 영감을 받은 한국의 이명박 대통령은 2009년 9월 피츠버그 3차 G20 정상회의에서 신흥국들의 금융위기를 방어하기 위한 항구적인 조치로 '글로벌 금융안전망(Global Safety Net)' 구축을 제안했고, 이는 이듬해 제5차 서울 G20 정상회의의 정식 의제로 채택되었다.

흥국과도 달러스와프협정을 체결해 대상국을 기존 9개국에서 14개국으로 확대했다. 통화스와프 자금은 IMF의 구제자금과 달리 공여국(또는 기관)의 통제와 간섭을 받지 않고 자국의 경제운용의 독자성을 유지할 수 있다는 장점이 있다. 이 점에서 달러 피공여국 입장에서 볼 때 IMF의 구제금융은 후진국적 외환(=달러) 확보 방식이라면 통화스와프는 선진국적 유동성 확보 전략이라 할 수 있는 것이다. 10년 전 아시아 외환위기 때 IMF 구제금융에만 의존했다가 재정축소, 금리 인상 등 혹독한 구조조정 대가를 치른 한국으로서는 이번 금융위기를 계기로 훨씬 안전하면서도 새로운 달러 유동성 확보 창구를 하나 더 확보한 셈이 되었다. 결과적으로 월가발 금융위기 극복 과정에서 한국이 얻은 최대 성과는 결국 기존의 군사적 측면에서의 '핵 우산'에 이어 경제적 측면에서의 '통화스와프 우산'을 하나 더 받은 것이라 평가할 수 있다.

오바마의 새로운 리더십

2009년 1월 20일 버락 오바마가 미국의 제44대 대통령으로 정식 취임했다. 그에게 부여된 과제는 미국발 금융위기로 인한 세계금융시장의 불안을 해소하고 하락세로 접어든 글로벌 경기침체의 장기화를 막는 일이었다. 아울러 허술한 금융감독 시스템을 개선해 금융위기 재발을 막기 위한 국제적 공조체제를 확고히 다지는 일도 필요했다. 이미 대내적으로는 약 8000억 달러에 이르는 경기 부양안의 의회 통과를 마치고 난 뒤였다.

마침내 2009년 4월 2~3일 영국의 수도 런던에서 역사적인 제2차 G20 정상회의가 열렸다. 2008년 11월 워싱턴에서 열린 제1차 정상회의에 이어 금융위기 발발 후 두 번째였다. 이 회의에는 G20 외에 EU의장국인 체코와 특별초청국인 스페인과 네덜란드, 그리고 아세안(ASEAN) 의장국인 태국, 아프리카개발신파트너십(NEPAD) 의장국인 이디오피아가 UN, IMF, WB 등 주요 국제기구와 함께 참가했다. 이 자리는 오바마 대통령에게는 세계 초강대국 미국을 이끌 차세대 리더로서의 모습을 국제사회에 보여주는 첫 무대이기도 했다.

2차 회의의 의제는 ① 재정확대 등 거시경제정책 공조 ② 보호주의 저지 ③ 신흥 · 개도국에 대한 자금지원 ④ 부실자산 정리 등 금융안정 조치 ⑤ 금융규제 및 감독 강화 ⑥ 국제금융기구 개혁 등이었다. 2차 회의는 개최 전부터 미국, 유럽, 신흥경제국 등 참가국들이 자국의 이해관계를 반영하며 뚜렷한 불협화음을 노출했기 때문에 큰 기대가 있었던 것은 아니었다.

그러나 런던 G20회의에서 정상들은 당초 예상과는 달리 국제통화기금(IMF)의 재원확충을 통한 위상 강화 등을 골자로 하는 29개 항의 정상선언문과 3개 부속서를 채택하는 데 성공했다. 따라서 회의 내용이 1차 회의 때보다 훨씬 구체적이고 실질적이었을 뿐더러 포괄적이고 깊이 있는 것들로 채워졌다는 평가가 나왔다.

정상들은 우선 글로벌 경제위기에 신속하게 대응할 수 있도록 IMF의 위상과 역할을 강화한다는 차원에서 IMF와 세계은행의 재원을 총 1조 1000억 달러로 확충하기로 했다. 특히 IMF 재원을 현재의 2500억 달러에서 7500달러로 3배 증액하고 특별인출권(SDR : IMF가 유동성 확보를 위해 자체 발행할 수 있는 달러 대용 화폐)의 발행 한도도 2500억 달러 늘리기로 했다. 아울러 최빈국을 지원하기 위해 IMF가 보유중인 금을 판매해 재원으로 활용하고 IMF도 창설 이래 처음으로 1500억 달러 규모의 채권을 발행하는 방안을 검토하기로 했다. 이 같은 조치는 도미니크 스트로스-칸 IMF 총재의 "기존 회원국들 간의 깡통 돌리기(tin-cup Approach)만으로는 금융위기에 효과적으로 대처할 수 없다"는 소신이 반영된 결과이기도 했다. IMF의 재정 강화 소식은 당시 디폴트(채무불이행) 위험에 시달리고 있던 동유럽 국가들에게 단비와 같은 청량제가 됐다.[6]

정상들은 신흥국과 개도국의 참여가 확대되는 방향으로 국제금융기구의 기능과 체제를 개편하자는 방안에도 합의를 이뤘다. 주

---

6) 이즈음 돈줄이 마른 신흥국가들이 앞 다퉈 IMF에 구제금융을 신청하는 바람에 국제통화기금의 재원도 고갈되고 있었다. 〈더 타임스〉 온라인판에 따르면 2009년 2월 24일 IMF의 대출가능 자금은 목표액보다 훨씬 적은 3204억 달러로 실제 지원 가능한 자금은 1920억 달러에 불과했다. 이마저도 1차 G20 정상회담 이전 일본이 출연키로 한 1000억 달러의 자금을 합한 액수였고, '젯 코가 석자'인 미국이나 유럽연합 등은 더 이상 출연할 여유가 없었다. 실제로 IMF가 2008년 말부터 2009년 초까지 구제자금을 지원한 나라는 라트비아 97억 달러, 벨라루스 25억 달러, 우크라이나 165억 달러, 보스니아 16억 달러, 그루지야 7억 5000만 달러, 헝가리 157억 달러, 세르비아 5억 2000만 달러, 스리랑카 26억 달러 등으로 파악됐다. 또 루마니아에 대해 3년 만기 대기성 차관 130억 유로, 역시 세르비아에 대한 대기성 차관 30억 유로 지원 등의 합의가 이루어졌다.

요 국가들 간에 이견을 보여온 경기부양책과 관련해서도 회원국들이 이듬해까지 모두 5조 달러를 투입해 1900만 개의 일자리를 창출하고 GDP의 4% 증대효과를 내자는 데 의견일치를 보았다. 또한 개도국을 위해 500억 달러를 지원하기로 하는 등 글로벌 경제위기 극복을 위한 현실적인 대책을 마련했다.

금융개혁 분야에서도 의미 있는 결론이 나왔다. 파생상품은 물론 세계금융시장을 교란하는 헤지펀드와 조세피난처 등 '검은 돈'에 대한 감독 및 감시를 강화하고, 이를 위해 기존의 금융안정포럼(FSF)을 금융안정위원회(FSB)로 격상시키기로 합의했다. 국제무대에서 헤지펀드나 조세피난처, 파생상품 등에 대한 규제강화 방침을 천명한 것은 역사상 처음 있는 일로 평가됐다. 그간 국제적인 금융거래는 지나칠 정도로 시장주의에 매몰된 채 막대한 투기자본이 아무런 제약 없이 국경을 넘나들며 이윤추구를 할 수 있도록 수수방관해왔다는 비판을 받았다. 가장 관심을 모았던 조세피난처에 대한 규제 강화 조치는 회담 전부터 제재 대상국들의 '백기투항'이 이어지는 성과를 거뒀다. 경제협력개발기구(OECD)가 조세피난처로 규정한 스위스 등 30여 개 소국들은 런던 회담에 앞서 은행 비밀주의를 포기하고 금융정보를 제공하겠다는 입장을 밝혔다. 사르코지 대통령은 "은행 비밀주의의 시대는 이제 끝났다"면서 더욱 더 이 부문의 강도 높은 개혁 추진을 요구했다.

정상들은 또 파생상품에 대한 잘못된 평가로 '묻지마 투자'를 부추겼던 신용평가기관에 대한 규제를 강화하고 과도한 리스크 투자를 유발하는 금융회사의 급여와 보너스체계, 회계 규정도 뜯어 고치기로 했다. 참가국들은 이행 강제력을 높이기 위해 국제통화 기금(IMF)과 금융안정위원회(FSB)로 하여금 경제협력개발기구(OECD) 의 협조를 얻어 금융시장 감독 및 규제 강화에 대한 개혁 진척 상 황을 수시로 체크하도록 했다. 사실상 두 기구가 국제금융과 관련 된 위기관리, 조기 경보, 다국적 금융기관 감독 등의 역할을 떠맡 게 된 것이다.

2008년 11월 1차 G20회의에서 합의한 보호주의 배격 조치도 앞 으로 1년간 더 연장키로 했다. 각국의 무역금융을 지원하기 위해 2500억 달러를 추가로 갹출하자는 데도 합의했다. 이를 위해 세계 무역기구(WTO)는 자유무역을 저해하는 사례 등을 조사해 분기별 로 보고하기로 했다. 경기침체 국면에서 자국산업 보호를 위한 과 도한 장벽 설치를 막기 위한 이 조치는 금융위기 후유증으로 세계 무역이 25년 만에 처음 감소했으며 세계 각국의 수요 감소 현상이 한층 심화되고 있다는 우려를 반영한 것이었다.

그럼에도 불구하고 2차 G20회의는 부분적으로 미흡한 점도 눈 에 띄었다. 무엇보다 아쉬운 것은 정상들 간의 합의가 이행에 대 한 강제력을 부여한 것이 아니어서 이를 위해서는 각국이 내부적 인 법제화를 통해서 개별적으로 추진해야 한다는 점이었다. 또 이 듬해까지 경기부양에 5조 달러를 투입하자는 발표는 새로운 투자 를 약속한 게 아니라 각국이 지금까지 해온 경기부양책을 '종합 정리'해놓은 것에 불과했다. 이는 재정적자 부담을 이유로 추가 경기부양 요구를 강하게 반대해온 독일과 프랑스의 입장이 반영된 것으로 분석됐다.

갈등 잠재운 '역사적 합의'

런던의 G20 정상회의가 누구도 예상치 못한 풍성한 합의를 쏟아낸 것은 금융위기 악화와 세계경제 위축으로 각국이 저만 살겠다고 각자도생(各自圖生)의 길을 갈 경우 세계경제 전체가 파국을 면치 못할 것이란 위기감이 작용한 결과였다.[7] 이것은 각국 정상들 사이에 세계경제의 파국을 막기 위해서는 76년 전 런던 세계경

---

7) 2차 G20 회의가 열렸던 런던 엑셀센터는 대공황 기간중인 1933년 6월 12일 대공황 타개책을 호소한 영국 국왕 조지 5세의 연설이 있었던 지질박물관에서 수킬로미터 떨어진 곳이어서 역사적인 의미가 더했다. 당시 미국, 영국, 프랑스 등 세계 각국의 관리들과 금융가 수천 명이 런던에 모여 대공황을 타개하기 위한 방안을 무려 6주 동안 논의했지만, 아무런 성과도 내지 못하고 회의를 마쳤다. 이후 각국은 제 방식대로 살길을 찾아나섰고 결국 공멸을 자초했다. 대공황 때 열린 런던 회의는 시작부터 파경을 예고했다. 루스벨트 대통령은 자유무역을 신봉한 코델 헐 국무장관을 배편으로 보냈지만 레이먼드 몰리와 같은 더 많은 보호무역주의 성향의 관리들을 비행기로 런던회의에 보냈다. 그는 회의기간 내내 약달러 채택을 굽히지 않았고 이에 대해 유럽이 찬성하지 않는 데 이성을 잃고 격노하기도 했다. 그는 휴가를 즐기던 해상 요트 위에서 환율합의를 거부하는 전문을 보냈고 그것이 대공황 타개를 위한 국제공조에 종지부를 찍고 말았다. 회의가 끝난 후 영국은 파운드화를 대폭 절하함으로써 수출을 촉진하는 정책을 썼고 외국 수입물품에 대해 보호관세를 부과했다. 미국 역시 금본위제를 폐지하고 달러를 절하함으로써 수출을 장려하고 특히 농부들을 멍들게 하던 디플레이션과 싸우고자 했다. 반면 프랑스는 금본위제를 고집하고 강한 통화정책을 폈으며 다른 나라들도 이 같은 정책을 펴도록 요구했다. 《1929~1939년 유럽의 대공황》을 저술한 옥스퍼드 대학의 패트리샤 캘빈 교수는 "대공황 당시 런던 회의는 공조를 하겠다는 수사만 있었지 실질적인 협력은 없었다"고 지적하고, "각국이 고집을 꺾고 세계무역을 방해하는 관세 삭감조치에 합의했거나 공동이 환율 정책을 채택했더라면 사태가 그렇게까지 악화되지는 않았을 것"이라고 주장했다.

제회의의 실패를 되풀이하지 말아야 하며 이를 위해서는 반드시 가시적인 성과를 내야 한다는 공감대가 강하게 형성돼 있었기 때문이었다.

이와 함께 사실상 세계경제의 맹주인 미국의 오바마 대통령이 전임자인 조지 W. 부시 대통령과는 달리 적극적인 의지를 가지고 대화와 타협을 강조하면서 회의 분위기를 주도한 것도 효과를 냈다. 그는 특히 최악의 경제위기를 타개하기 위한 각국의 적극적인 노력을 촉구하면서 "듣기 위해 이곳에 왔다", "미국 혼자의 힘으로는 어렵다"고 몸을 낮추며 참가국들의 화합과 협력을 강조해 각국 정상들의 호의적인 태도를 이끌어낸 것으로 전해졌다.

런던 G20 정상회의는 전체적으로 보면 미국과 유럽국들의 대타협으로 끝났다는 평가를 받았다. 미국과 유럽은 전략적 공조 속에 신흥국들의 도전을 적절히 제어하면서 서로 원하는 것을 챙겼다는 것이었다. 중국과 러시아 등 소위 브릭스(Brics) 국가들이 기존의 브레턴우즈체제를 대신할 새로운 국제금융질서 수립을 요구했지만 각국 정상들은 새로운 모험보다는 기존의 틀 안에서 체제를 보수하고 고쳐 쓰는 방향으로 합의를 이룬 것이었다. 표면상으로는 국제 금융위기 진정과 경기부양을 위한 획기적인 합의를 쏟아냈지만 철저한 '힘의 균형' 논리가 관철됐다는 분석이었다.

하지만 속내를 살펴보면 미국보다는 유럽이 더 큰 실익을 챙긴 회의였음이 분명했다. 독일과 프랑스가 요구했던 국제 금융시장의 규제 강화가 사실상 모두 받아들여진 것이 대표적이다. 당초 미국은 신용평가사와 헤지펀드 등에 대한 강도 높은 규제안에 반대했지만 결국 유럽 측의 주장을 받아들였다. 이는 참가국 정상 대다수가 그간 세계경제를 풍미해왔던 미국식 '카지노 자본주의'가 실패했다는 점을 인정했다는 의미였다. 니콜라 사르코지 프랑스 대통령은 "앵글로 색슨이 주도하는 영미식 자본주의를 이제 버려야 한다"면서 이 문제에 관한 합의가 이뤄지지 않을 경우 회의장을 나가겠다고 배수진을 쳤다.

이에 따라 앞으로 전개될 자본주의는 사뭇 다른 모습으로 전개돼나갈 것이란 전망이 나왔다. 전문가들은 그간의 맹목적인 시장편향에 기초한 신자유주의에 대한 허상이 깨지고 사익과 공익 추구가 함께 균형을 이루는 새로운 자본주의, 즉 한층 더 관리되고 통제된 자본주의가 글로벌 무대에서 빠르게 형성돼나갈 것으로 예상했다.

〈뉴욕타임스〉는 "현재의 자본주의는 자유와 경제발전, 사회정의가 함께 진전을 이뤄야 한다는 인류의 공통된 믿음에 역행하고 있다"면서 "앞으로의 자본주의는 금융시스템 등의 개혁을 통해 궁극적으로 영미식 자유시장 모델을 보다 규제하는 형태로 발전시키는 데서 찾을 수 있을 것"이라 진단했다.

하지만 중국과 러시아와 브라질 등 브릭스 국가들은 기대만큼의 성과를 내지 못했다는 평가를 받았다. 중국은 회담 개시 전부터 달러화의 기축통화 독점에 반기를 드는 등 미국의 헤게모니에 강하게 도전했지만 미국의 노골적인 견제와 중국의 부상을 부담

스러워한 유럽국들의 공조로 기세를 펴지 못했다. 러시아도 회의 초 국제통화기금(IMF) 또는 G20 차원에서 새로운 기축통화의 도입을 검토하자고 제안했으나 이는 공식 의제로 채택되지도 못하고 회의는 끝났다. 브릭스 국가들은 회의 시작 전 미국 달러화에 대한 의존을 줄이는 구상에 대해 의견을 교환했으며 대체 가능한 수단으로 IMF의 특별인출권(SDR) 사용 확대 등을 요구했었다.

그렇다고 해도 2차 정상회의가 신흥국들의 패배로 끝난 것은 아니었다. 앞으로 재원이 크게 늘어나게 될 IMF 등 국제금융기구를 통해서 신흥국들은 발언권을 한층 강화할 수 있게 된 것이다. 합의대로 IMF의 5000억 달러 출자금 증액이 이뤄질 경우 이를 통한 의결권 확대를 시도할 나라들은 중국, 러시아 등 달러 보유고가 많은 신흥 경제대국들이 1순위였다.

중국은 벌써 G20회의에서 IMF에 400억 달러를 출자하기로 하는 등 자신의 국력을 대외에 과시하면서 국제무대의 새로운 강자로 급부상했다. 특히 이번 회담에서 달러 대용으로 사용할 수 있는 IMF의 특별인출권 사용 범위를 확대한 것은 지금 당장은 아니더라도 달러를 대체할 수 있는 새로운 화폐의 등장, 나아가 유로화 및 위안화 등 제3화폐의 기축통화 채택 가능성을 그만큼 높인 것으로 받아들여졌다.

금융안정포럼(FSF)이 신흥개도국들에 대한 문호 개방을 전제로 위원회로 확대 개편된 것이나 국제적인 경제 현안을 해결하기 위해 앞으로도 G20 정상회담을 정기적으로 열기로 합의한 것도 신흥국들의 위상을 강화하는 계기가 될 것으로 평가됐다. 한국도 영국, 브라질과 함께 2차 G20 정상회의의 '트로이카 의장국'을 맡으면서 의제 선정, 회의 운영, 일정 조율 등에 깊숙이 관여하며 세계 중심국가로 진입하는 발판을 마련했다.

G20을 정례화하다

제3차 피츠버그 G20 정상회의

잇따른 금융개혁 후속 조치

런던의 2차 G20회의가 끝나자 미국과 유럽 각국은 금융개혁 후속 조치에 착수했다. 경기 침체 장기화를 막기 위한 재정 투입과 금융 완화정책을 지속적으로 시행하는 한편 글로벌 금융위기를 초래한 주범으로 지목된 금융시스템에 대한 감독 강화와 조세피난처, 파생상품 및 헤지펀드 등에 대한 규제 강화를 위한 조치들이 쏟아졌다.

국제적으로 먼저 관심을 끈 것은 조세피난처 문제였다. 런던 G20 정상회의 개최에 앞서 스위스, 벨기에 및 세계 3대 조세피난처로 꼽히는 리히텐슈타인과 안도라, 모나코 등이 잇달아 은행 비밀주의를 포기하고 금융거래의 투명성을 확보하기로 했다고 발표했다. 이들의 '백기 투항'은 금융거래 투명성 확보에 비협조적인 조세피난처 국가들을 '블랙리스트'에 올린다는 OECD 압박에서 제외되기 위한 고육책이었다. OECD의 압박 카드는 블랙리스트에 오른 조세피난처 국가들로 이동된 자본에 대해서는 더 이상 소득에서 공제할 수 없도록 하는 것이었다. 미국과 프랑스, 독일도 국세청과 법무부를 통해 조세피난처의 비밀계좌로 송금된 자본에 대해 탈세혐의를 적용하며 해당 은행에 대한 고객 정보를 공개하라고 압박했다. 당시 미국은 자국민의 해외 비밀예금으로 인한 세수손실이 연간 1000억 달러에 달하는 것으로 추정했다.

OECD는 4월 G20 런던 회담 직후 탈세혐의자 정보 공개에 비협조적인 국가들을 블랙리스트 국가군과 '회색리스트(Gray list)' 국가군으로 따로 분류해 발표했다. 조세정보 공유에 관한 국제기준을 준수하지 않은 블랙리스트 국가에는 코스타리카, 말레이시아, 필리핀, 우루과이 등 4개국이, 국제기준에는 미달하지만 앞으로 개선하겠다고 약속한 회색 국가군에는 스위스를 비롯한 38개국이 각각 지정됐다. 수개월이 지난 8월 15일 런던 G20 개최 이전 조세 관련 정보 공개를 거부했던 버진아일랜드와 케이만군도가 조세 투명성을 강화한다고 밝혀 회색리스트에서 제외됐다. OECD는 이날 탈세 감시를 위해 84개국이 참여하고 있는 기존의 '과세 정보 공유를 위한 글로벌 포럼'을 '국제 탈세 공동 감시기구'로 격상한다며 조세피난처 국가들을 더욱 압박했다. 이즈음 벨기에와 룩셈부르크, 오스트리아, 아루바, 버뮤다, 바레인, 모나코, 네덜란드

령 앤틸리스제도, 산 마리노 등 11개 국가들도 금융·비밀법을 개정해 각국의 금융정보 제공 요구에 따를 것을 밝힘으로써 OECD의 회색리스트 명단에서 제외됐다. 스위스도 결국 국제적인 압력에 못 이겨 2009년 9월 23일 미국 등과 조세정보 교환 협정을 체결함으로써 회색리스트에서 제외되는 12번째 국가가 됐다. 미국과 스위스는 스위스 최대 비밀주의 은행인 UBS의 미국인 탈세혐의자 명단 공개를 둘러싸고 지난 6개월간 치열한 법적 공방을 벌이며 날카롭게 대립해왔다.

미국, 유럽 등 선진국들은 자국내 금융감독시스템 개편에도 착수했다. 미국의 오바마 행정부는 2009년 6월 17일 연방준비제도이사회(FRB)에 금융위기 재발 방지를 위한 거시적 감독기능을 부여하고, 규제 · 감독체계를 단순 · 투명화하는 동시에 금융시장에서 소비자보호 기능을 강화하는 내용을 골자로 하는 88쪽 분량의 '금융감독 시스템 개편방안'을 발표했다.[1] 이 개편안은 1930년 대공황 이후 미국 내 최대 규모의 금융규제 개혁안으로 인식됐다. 오바마 대통령은 이날 백악관 연설에서 "대공황 이후 최악의 금융위기가 발발한 원인은 월스트리트에서부터 워싱턴 정계, 메인스트리트(일반 실물경제 부문을 의미)에 이르기까지 퍼진 '책임지지 않는 문화'에 있다"고 지적하고, "개혁안의 목표는 오로지 탐욕과 무모함이 아닌 근면과 책임감, 혁신에 대한 보상이 이뤄지는 시장을 복원시키기 위한 것"이라고 밝혔다.

이와는 별도로 크리스토퍼 도드 미 상원 금융위원장을 중심으로 한 민주당 의원들도 9월 들어 FRB와 연방저축기관감독청(OTS), 연방통화감독청(OCC), 연방예금보험공사(FDIC) 등 4개 감독기관을 하나로 통합하는 '슈퍼 감독기관' 설립을 주요 내용으로 하는 새로운 금융개혁안(='도드안')을 의회에 제출했다. 이 방안은 오바마 행정부의 금융개혁안과 달리 금융위기를 악화시킨 책임이 있는 FRB의 권한을 키워주는 이른바 '슈퍼 FRB' 구상에 반대하는 동시에 금융회사들이 임의로 해당 감독기관을 선택하는 이른바 '감독 쇼핑'의 관행도 막겠다는 데 역점을 두었다. 두 개 법안은 우여곡절을 겪으면서 최종안으로 통합돼 결국 상하원 의결을 거쳐 2010년 7월 21일 오바마 대통령의 서명을 거쳐 공식 발효됐다.[2]

유럽국들도 미국과 비슷한 조처들을 취해나갔다. 유럽연합은 미국이 금융 개혁안을 발표한 지 이틀 만에 범유럽 금융감독기구

---

1) 개편안에 따르면 재무장관을 의장으로 하는 규제감독위원회(가칭)를 신설해 종전보다 한층 강화된 감독권을 부여받은 연방준비제도이사회(FRB)와 함께 금융시스템 전반을 위협하는 리스크를 포괄적으로 감시·감독하도록 했다. 새 감독기구는 연방 정부 관할 은행 및 금융기관에 대한 일차적인 감독을 맡고, 5000개 이상의 주 감독 관할 은행들에 대해서는 2차적인 감독자 위치에 서게 된다. 또 연방저축기관감독청(OTS)을 폐지하고 연방통화감독청(OCC)에 통합시켜 기존의 감독시스템을 단순화하되 규제의 틈새와 허점을 막도록 했다. 아울러 대형 금융회사들의 자본 및 유동성 기준을 강화하고 그동안 금융감독 사각지대에 있던 머니마켓 뮤추얼펀드와 신용평가회사 등에 대해서도 새로운 규제를 도입하고, 특히 헤지펀드에 대해서는 등록제를 실시하기로 했다. 또 신용디폴트스와프(CDS) 등과 같은 파생상품은 원칙적으로 증권거래소(SEC)와 상품선물거래소(CFTC)를 통해 거래토록 하며, 장외에서 거래되는 파생상품도 일일이 거래 내역을 보고토록 하는 등 강력한 규제·감독 체계를 도입키로 했다. 개편안은 또 보험사와 투자은행, 증권사 등 비(非)은행 금융기관이 부실에 처할 경우 연방예금보험공사(FDIC) 등을 통해 정부가 직접 나서 해당 금융회사를 인수해 정리절차를 밟을 수 있도록 했다. 이와 함께 금융소비자 보호를 위해 독립적인 소비자금융보호기구를 만들어 금융회사들이 소비자들에게 단순하고 투명하면서도 정확한 정보를 제공토록 하는 한편, 상환능력이 없는 소비자들에게 무분별하게 주택담보대출이나 카드 대출을 해줘 개인파산을 초래하는 일을 원천적으로 막도록 했다.
2) 최종 통과된 미국 금융개혁안의 상세 내용은 1부 5장 참조.

창설을 목표로 하는 금융개혁 방안을 내놓았다. 6월 19일 벨기에 브뤼셀에 모인 유럽 정상들은 금융위기 재발을 막기 위해 그 해부터 은행, 보험, 증권 등 분야별로 범유럽 규제기관을 설치하고, '유럽시스템리스크위원회'(ESRB)라 불리는 모니터 기관을 만들어 금융시스템 안정화를 도모하도록 하자는 데 합의를 이뤘다. 유럽 집행위원회(EC : European Commission)는 이어 7월 3일 은행의 자기자본 규정을 강화하고, 헤지펀드 및 사모펀드(PEF)의 인가제 도입, 장외파생상품 거래 규제 등이 포함된 금융개혁 초안을 발표했다. 헤지펀드 규제안에는 외부 차입금액 제한, 마케팅 허가제, 자기자본 규제 강화, 경영정보 공시 의무, 비(非)유로권 헤지펀드 규제 등이 포함됐다.

독일은 이즈음 별도의 금융개혁안을 내놓았다. 독일 연방금융감독청(Bafin)은 8월 14일 금융회사들의 이사회 권한을 확대해 경영진을 감독하고 과도한 보수 지급을 막는 한편, 부실은행의 경우 경영진 해고까지 가능토록 하는 '은행리스크 관리기준 강화안'을 발표했다. 또 은행들에 대해 수시로 유동성 부족 상황을 비롯한

---

3) 2009년 9월이 되면서 국제결제은행(BIS), 유엔무역개발회의(UNCTAD) 등 국제기구들도 각국이 참고할 수 있는 금융규제 강화안을 잇따라 발표했다. BIS는 9월 7일 스위스 바젤에서 열린 27개국 중앙은행 총재 회의에서 은행들의 시스템 리스크를 줄이기 위해 추가 자본을 확충하는 새 금융규제안을 제시했다. 이는 지난 2004년 체결된 바젤II 협약을 더욱 강화한 것으로, 은행의 투명성과 건전성을 높이기 위해 핵심자기자본(Tier I)의 대부분을 보통주와 내부 유보로 구성하고, 자기자본의 항목 대부분을 공개하도록 했다. UNCTAD도 이날 제출한 '2009년 무역개발보고서(TDR)'에서 기존 달러 기축통화 시스템의 허점을 보완할 다극 통화체제 도입이 필요하며, 이를 효율적으로 운용하기 위한 '세계 중앙은행' 설립이 바람직하다고 밝혔다.

모든 리스크 요인에 대한 스트레스 테스트(Stress test)를 시행할 수 있도록 했다.[3]

상설화된 G20 정상회의

버락 오바마 미국 대통령은 2009년 9월 14일(현지시간) 금융위기를 촉발시킨 리먼브라더스 붕괴 1주년을 맞아 뉴욕 맨해튼 월스트리트를 전격 방문했다. 대통령 취임 후 처음 방문한 이 자리에서 그는 '월가의 탐욕'에 대해 직격탄을 날렸다. 그는 이날 뉴욕 월가 증권거래소 인근의 페더럴홀에서 "책임감의 결여가 위기를 불렀다", "과거의 무모하고 방만한 행동으로 돌아가려고 하지 말라", "정부의 금융개혁에 저항하지 말고 협력하라"는 등 강력한 경고를 쏟아냈다.

오바마 대통령은 특히 "빠르게 변화하는 금융부문과 보조를 맞출 수 있는 상식에 입각한 규제의 부재가 이번 위기의 원인"이라며 "시장에 대한 정부의 개입이 기업가 정신과 창의를 막아선 안 되지만, 위기를 초래한 옛 방식은 더 이상 용납될 수 없다"고 강조했다. 이날 오바마의 연설은 위기가 서서히 진정되고 있는 국면에서 월가 한복판에 와서 던진 메시지로는 무척 강경한 것으로 받아들여졌다. 이 자리에는 수백 명의 월가 대형 금융회사 임원들과 연방 및 뉴욕주 상하원 의원들, 마이클 블룸버그 뉴욕시장 등이 참석했으나 박수는 딱 한 번 나왔다. 그만큼 월가의 금융가들은 물론 참석자들 모두가 긴장했다는 뜻이다. 공교롭게도 이날 오바마가 연설한 페더럴홀은 과거 미합중국 창업 1세대들이 민간 경제 활동에 대한 연방정부의 관여를 어느 정도까지 허용할 것인가를 놓고 치열한 논쟁을 벌였던 곳이기도 했다.

10여 일이 지난 2009년 9월 24~25일 오바마 대통령은 미국 피츠버그에서 열린 제3차 G20 정상회의에 참석했다. 글로벌 금융위기 이후 세 번째 열리는 회의였다. 이 회의에는 G20 국가들과 EU 의장국인 스웨덴 및 특별초청국인 스페인과 네덜란드 등이 참석했다. 회의 의제는 네 개의 세션으로 나눠 ① 국제금융기구 개혁 ② 세계경제 및 성장에 관련된 이슈 ③ 무역·기후변화 재원조성·에너지 안보 ④ 금융규제 개선 등이었다.

3차 피츠버그 정상회의는 이전 두 번의 회담과는 달리 처음부터 상당히 안도감을 가지고 개최됐다. 그도 그럴 것이 이즈음 세계경제를 옭죄었던 신용경색이 크게 약화되고 각국의 경기도 차츰 회복 기미를 보이면서 시스템 붕괴에 대한 위협이 크게 가라앉았기 때문이었다. 이에 따라 3차 회의는 위기 탈출 대책으로서 언제쯤 과도하게 풀린 유동성 회수에 나서야 할 것인지, 말하자면 제로(0) 수준(선진국 기준)으로 떨어진 기준금리를 언제쯤 인상해야 할 것인지, 즉 출구 전략(Exit Strategy) 시기를 본격 조율하는 자리가 될 것이란 관측이 제기됐다. 그러나 정상들은 출구 전략은 아직 시기상조라는 데 인식을 같이하고 다만 이에 대한 사전 준비의 필요성만을 강조하는 데 그쳤다. 대신 2차 회의에서 합의한 대로 세계경제위기 극복을 위한 재정·금융상의 거시 경제정책의 공조를 계속 이어가기로 했다. 이는 세계경제가 좋아졌다고는 하나 아직도 금융 불안과 경기하강에 대한 우려가 완전히 가시지 않았음을 잘 보여주는 것이었다.

G20 정상들은 회담 후 발표한 선언문에서 신흥국들의 국제통화기금(IMF) 의결권 지분을 5% 더 확대하고 세계은행(WB)의 투표권 개혁도 추진키로 합의했다고 발표했다. 이는 현재 60%인 선진국의 IMF 지분 비중을 앞으로 55% 이하로 낮추고, 세계은행의 투표권도 현재 과소 대표된 신흥개도국 등에 적어도 3% 이상을 더 이전한다는 내용이다. 이는 지난 2차 런던회의 때의 합의를 보다 구체화한 것이다.[4]

또 3차 피츠버그 회의는 그동안의 실무회의 결과를 반영해 월가의 무절제한 보너스 관행을 제한하고 은행들에 대해 보다 높은 수준의 유동성 확보를 요구할 것을 재확인했다. 또 장외파생상품 시

---

4) 세계은행(WB)의 투표권 조정은 2010년 4월 이뤄졌다. 25일 세계은행의 186개 회원국들은 워싱턴에서 열린 개발위원회 회의에서 신흥국과 개발도상국들의 지분을 종전보다 3.13% 증가한 47.19%로 확대하는 방안을 승인했다. 이 조정에서 중국의 지분이 2.77%에서 4.42%로 증대돼 미국과 일본에 이어 세 번째 투표권자가 되면서 최대 수혜자가 됐다. 반면 유럽 최대 경제국인 독일은 네 번째로 밀려났다. 로버트 졸릭 세계은행 총재는 이날 "이번 조정은 세계경제의 새로운 현실을 반영하는 것으로 세계은행의 정통성을 위한 중대 조치"라며 "개발도상국이 어느 정도 시간이 지난 뒤 (선진국과) 동등한 지분을 갖게 되기를 희망한다"고 말했다. 개도국이 선진국과 동일한 지분을 보유하려면 표결권 배분을 다시 논의하게 되는 2015년까지 기다려야 한다. 한편 국제통화기금(IMF)의 투표권(쿼터) 조정은 2010년 4월 열린 G20재무장관·중앙은행 총재회의에서 당초보다 2개월 빠른 2010년 11월 제5차 G20 서울 정상회의에서 마무리 짓기로 의견을 모았다.

장 개혁을 위해 늦어도 2012년까지 표준화된 장외파생상품을 중앙청산소를 통해 청산하자고 의견을 모았다. 특히 금융회사의 보수와 관련해서는 이를 장기적인 경영성과와 연계하자는 금융안정위원회(FSB)의 권고안을 채택했으며,[5] 다국적 금융기관의 정리방안과 시스템상 중요한 금융기관에 대한 감독방안을 내년까지 마련키로 했다. 은행의 자본규제 강화 방안은 바젤 은행감독위원회(BCBS)에 맡겨 2010년까지 기준을 만든 뒤 2012년부터 이행에 나서되, 다만 경기회복이 확실해졌다고 판단될 때까지 적용을 미루기로 했다.

피츠버그 3차 회동에서 또 한 가지 중요한 것은 G20 정상회의

---

5) 금융안정위원회(FSB)의 권고안은 은행의 장기 실적과 자본 규모에 연계시켜 전체 보너스에 한도를 두자는 것으로, 3차회의 개최 이전부터 제기된 프랑스, 독일의 순익대비 보너스 상한제 설정 주장과 이에 반대하는 미국과 영국의 의견을 조정하기 위한 일종의 절충안이었다. 이를 바탕으로 보너스에 대한 구체적인 규제 방안은 각국 정부에 위임됐다.
당시 금융개혁과 관련해 최대 관심사 중 하나였던 글로벌 투자은행들의 보너스 지급 관행은 일반인들의 상상을 초월했다. 2009년 8월 미국 뉴욕주의 앤드루 쿠오모 검찰총장이 밝힌 9개 대형 은행들의 2008년도 보너스 규모는 무려 326억 달러나 됐다. 골드만삭스와 모건스탠리, JP모건체이스가 총 180억 달러의 보너스를 지급했고, 씨티와 메릴린치도 각각 50억 달러 전후의 보너스를 지급했다. 개인별로는 JP모건체이스의 보너스규모 상위 200명이 수령한 금액이 11억 2000만 달러, 골드만삭스는 9억 9500만 달러였다. 메릴린치 역시 상위 149명이 8억 5800만 달러를 받았고 모건스탠리도 상위 101명이 5억 7700만 달러를 수령했다. 100만 달러 이상의 보너스를 수령한 직원수는 JP모건체이스가 1626명에 달해 가장 많았고, 이어 골드만삭스가 953명, 씨티그룹 738명, 메릴린치 696명, 모건스탠리 428명, 뱅크오브아메리카 172명, 웰스파고 62명 등이었다. 그러나 이 같은 보너스 잔치는 일종의 '빚 잔치'에 불과했다. 골드만삭스와 모건스탠리, JP모건체이스 등 3개 은행이 2008년도 벌어들인 이익은 겨우 96억 달러에 그쳤으며, 부실자산구제프로그램(TARP)에서 지원받은 돈이 450억 달러나 됐다. 세 차례에 걸쳐 450억 달러를 수혈받은 씨티그룹도 270억 달러의 손실을 냈고 메릴린치는 아예 BOA에 매각 처리됐다. 이 같은 과도한 보너스 지급은 이것이 파생상품 투자 등 고위험(high-risk)·고수익(high-return) 상품투자와 연동돼 있다는 점에서 금융권에 버블을 키우고 결국 금융시스템 전체를 위험에 빠트리는 원인으로 지목됐다.

를 지난 30년간 지속돼온 G7이나 G8을 대신해 공식적인 경제협력기구로 상설화하기로 합의했다는 데 있다. 이는 서방 국가 중심의 G7만으로는 더 이상 세계경제 문제를 해결하기 힘들며 아시아, 남미 등 이머징 마켓 국가들의 영향력을 인정해야 한다는 공감대가 참가국 간에 폭넓게 형성됐음을 의미했다. 이에 따라 정상들은 2010년 G20 정상회의를 6월과 11월, 캐나다와 한국에서 각각 한 차례씩 개최하되 2011년부터는 매년 한 차례씩만 정례화하기로 했다.

이로써 지난 1999년 아시아 외환위기 수습 과정에서 재무장관과 중앙은행 총재 회의로 처음 출발한 G20은 2008년 월가 금융위기를 계기로 정상회의로 격상된 뒤 그 세 번째 모임에서 연례 상설회의로 확정됐다. 발족 10년 만에 지구촌의 명실상부한 '국가간 최고 협의체(premier forum)'로 발돋움한 것이다. 이와 관련해 사르코지 프랑스 대통령은 피츠버그회의 이후 언론과의 인터뷰에서 "앵글로색슨 시대는 이제 막을 내릴 것"이라며 2차 세계대전 이후 영국과 미국 중심으로 구축돼온 세계경제질서의 종언을 선언했다. 브루킹스연구소의 수석 연구원 콜린 브래드포드도 "G20은 G7의 확장이 아닌 대체"라고 강조하고 "이제 서방 국가 중심의 G7을 벗어나 다자간의 의사결정이라는 새로운 국제경제 공조의 틀이 세워졌다"고 의미를 부여했다.

글로벌 균형성장론

피츠버그 3차 G20 정상회의가 개최되기 전까지만 해도 미국은 글로벌 임밸런싱(Global Imbalancing)의 해소, 즉 국가간 균형 성장을 최대 의제로 설정한 듯 보였다. 미국이 주창한 '글로벌 균형성장론(Theory of Global Balanced Growth)'의 골자는 각국의 거시정책이 '지속 가능하고 균형잡힌 성장(sustainable and balanced growth)'에 부합하는 방향으로 운용되도록 국제적 협력의 틀을 다시 구축하자는 것이었다. 이는 쉽게 말해 각국의 무역수지 불균형, 나아가 경상수지 불균형을 줄이자는 것이나 마찬가지였다. 지난 두 차례 회동을 통해 시급한 금융위기 해소 방안이 강구됐으니 이제 보다 장기적이고 근본적인 문제 해결에 나서자는 의도였다.

그러나 피츠버그 회의에서 각국은 서로간 이해 불일치로 무역 불균형 해소를 위한 구체적인 공동 노력에 대한 합의는 이뤄내지 못했다. 세계 무역구조상 가장 큰 비중을 차지하는 미국의 대중국 무역 불균형 해소를 위한 위안화 절상 방안과 일본, 독일 등 무역 흑자국의 내수시장 활성화에 대한 목소리가 흘러나오긴 했지만 흑자국들의 반대로 합의에는 이르지 못했다. 다만 참가국들은 세계경제의 지속적인 회복을 위해 무역 및 투자 개방을 지지하고 보호무역주의를 배격하며, 다자간 통상협상인 도하개발아젠다(DDA) 협상을 2010년까지 타결짓는다는 점을 거듭 확인했다. 아울러 심각한 무역적자를 겪고 있는 미국은 저축을 늘리고 재정적자를 감축하기 위해 노력하고, 중국·일본·독일 등 무역 흑자국들은 내수를 증진시켜 국가간 불균형을 해소하도록 촉구했다.[6]

그럼에도 불구하고 피츠버그 회의에서 '지속가능한 균형 성장(Sustainable Balanced Growth)'에 대한 화두가 처음으로 제시됐다는 점은 주목할 만했다. 이는 경제위기 이후를 대비해 회원국들이 중장기적으로 공유할 거시정책의 목표이자 방향을 재설정하고 이를 이끌어갈 후속 체계를 마련했다는 의미를 가지기 때문이다. 말하자면 국가간 정책 조율과 조화를 통해 금융위기의 먼 원인이 됐던 경상수지 흑자국과 적자국 간에 불균형을 시정함으로써 위기 이후를 대비하자는 포석이었던 셈이다.

G20 정상회의 개최 이전부터 미국의 재정적자와 무역적자, 이른바 '쌍둥이 적자'는 2008년 글로벌 금융위기의 근본 원인으로 지

---

6) 이에 따라 각국이 미국의 글로벌 불균형 해소(rebalancing)를 위해 달러 약세를 암묵적으로 용인한 것 아니냐는 관측이 제기됐다. 막대한 적자를 내고 있는 미국의 무역 수지가 흑자로 돌아서기 위해서는 미국 통화인 달러의 약세 유지가 불가피하기 때문이다. 미국은 이미 금융위기 이후 달러 약세를 묵인해온 결과 2009년 7월 무역수지 적자 319억 달러를 기록했는데, 이는 1년 전(648억 달러)에 비해 절반 이상 줄어든 것이었다. 일부에서는 3차 G20 합의가 선진국들이 '달러 약세, 엔고 용인'에 합의함으로써 종국에는 일본 경제를 장기침체로 몰아넣은 1985년의 '플라자 합의'의 속편이 되는 것 아니냐는 지적도 나왔다.

그러나 중국 정부가 쉽사리 위안화 절상에 동의하기는 어려웠다. 수출 감소로 인한 국내 생산 위축과 기업 도산, 실업자 증가 등 예기치 못한 사태에 직면할 수 있기 때문이다. 특히 지속적인 고도 성장을 하지 않으면 통치권 차원의 문제가 발생할 수 있다는 정치적 취약성도 위안화 절상을 어렵게 할 것으로 지적됐다. 위안화 절상과 달러 약세가 구조화되면 중국이 미국 국공채에 투자하고 있는 약 1조 달러의 가치 손실도 또 다른 걸림돌이 된다. 〈월스트리트저널〉은 당시 "중국은 위안화 절상을 막기 위해서라도 달러 자산을 지속적으로 사들여왔다"면서 "중국은 세계경제가 완전히 회복됐다는 확신이 설 때까지 위안화 절상을 용납하지 않을 것"이라고 분석했다.

적돼왔다. 미국이 대외적으로 자신이 생산한 것보다 더 많은 재화를 수입해 쓰고 내부적으로도 정부가 국채 등을 찍어 세수보다 더 많은 돈을 조달해 쓴 것이 결국 파산의 결과로 나타났다는 것이다. 금융위기 직전에도 미국의 경상수지 적자는 매년 1000억∼2000억 달러에 달했고, 재정수지 적자 역시 GDP의 4∼5%에 이르러 2007년 초 누적된 국가 채무만도 8조 7000억 달러나 됐다. 가계 차원에서도 미국인들 저축률은 1992년 일시적으로 7.6% 수준을 보였다가 2006년 이후 1% 이하로 다시 떨어져 고질적인 소비지향적 경제구조를 지속해왔다.

미국은 이러한 적자구조를 생산 증대나 수출 증대, 또는 재정적자 축소를 통해 해소하기보다 막대한 신용창출(부채)로써 지탱해왔다. 이로 인해 미국의 경제는 '생산 및 수출 증대 → 소득 향상 → 저축 증가 → 대출 증가 → 투자 확대'의 선순환 구조가 깨지고 대신 '생산 및 수출 감소 → 소득 정체 → 부채(신용)에 의한 소비 → 가수요와 거품 확대'로 이어지는 취약한 버블 경제가 고착화됐다.[7] 전문가들에 따르면 이런 경향은 신자유주의가 풍미하기 시작한 1980년대 들어 더욱 가속화됐다. 이 시기 경제의 급속한 금융화로 미국 경제 내 금융비중은 더욱 높아졌고, 금융회사들은 전통적인 예대마진을 벗어나 고위험 · 고수익 투자에 집중하며 돈놀이를 즐겼다. 무역적자 또는 경상적자로 인해 해외로 풀린 미국의 막대한 달러는 미 국채 투자 등으로 다시 역류해 들어와 주식시장은 물론 주택시장에 버블을 형성하고 있었던 것이다.

이와 관련해 〈뉴욕타임스〉는 피츠버그 정상회의 개최 이전인 4월 19일자에서 버락 오바마 미국 대통령이 미국식 자본주의를 재정의하겠다는 원대한 계획을 세우고 있다고 보도한 적이 있다. 〈뉴욕타임스〉는 그의 선거 공약을 들어 "오바마는 미국 경제가 가야 할 길을 과거 성장의 원천이었던 소비의 역할을 줄이고 저축과 투자를 장려하는 방향으로 정한 것으로 보인다"고 전했다. 이를 위해 오바마는 국가의 부를 중산층에 재분배하고 세계경제의 미국 시장에 대한 의존도를 낮추며, 소비의 비중을 낮추고 이것이 안 될 경우 부채에 바탕을 둔 소비수요를 억제할 수 있는 정책들을 도입하고자 한다고 신문은 보도했다. 그의 이러한 경제운용 기조의 방향 전환은 월가발 금융위기가 과도한 금융공학 때문에 초래됐고 성장의 결실이 일부 부유층에만 집중됐으며 해외 자본에 대한 과도한 의존이 미국 경제의 파탄을 불렀다는 뼈아픈 반성에서 비롯됐다고 신문은 지적했다.

---

7) 그럼에도 불구하고 이런 취약한 경제구조가 계속 유지될 수 있었던 것은 미국이 세계 유일의 기축 통화국으로서 간단히 돈을 찍어(정확히 말하면, 미국 정부는 미국 중앙은행인 연방은행들로부터 빚을 내 달러를 빌려오고 매년 이자를 지급한다) 부족한 돈을 메울 수 있기 때문이다. 2차 세계대전 이후 기축통화국이 된 미국은 그동안 '국내 제조업 기반 위축 → 수입에 의한 소비 → 경상수지 적자 → 달러 유출 → 미국 국채발행 → 주요 수출국(경상수지 흑자국)으로부터의 달러 회수' 라는 메커니즘으로 세계경제를 지탱해왔다. 그런데 2008년 9월 월가발 금융위기가 터져 갑자기 화폐유통 속도가 줄어 금융 시장 전반에 극도의 신용경색이 초래되자 미국은 또다시 엄청난 달러를 찍어 유동성을 공급하며 위기를 탈출하고자 했다. 그러나 2009년 하반기 들어 경제위기가 차츰 잦아들면서 신용경색이 해소될 기미를 보이자(이는 화폐 유통속도의 정상화과정으로 이해할 수 있다) 시중에 풀린 과잉 유동성은 인플레이션 압력을 높이며 또 다른 새로운 위기를 잉태할 주범이 되고 있다.

05

서울로 가는 징검다리
제4차 토론토 G20 정상회의

진통 겪는 금융개혁

글로벌 금융위기 재발 방지를 위한 금융시스템의 개혁 문제는 G20 정상회담에서 무엇보다 중요한 과제였다. 2차 런던 회의에서 큰 틀의 골격이 잡힌 금융개혁 방안은 3차 회의에서 그 원칙과 방향이 재확인됨으로써 국가별로 법제화하는 일만 남게 되었다. 아직까지 '세계 정부'가 없는 지구촌에서 국가간 합의나 국제기구의 권고는 곧바로 구속력을 갖지 못하고 각국 의회에서 별도의 절차를 거쳐 입법화되어야 하기 때문이다.

그러나 G20회의의 수장격인 미국의 금융개혁법안은 예상 외로 빠르게 진전되지 못했다. 2009년 6월 오바마 행정부가 제출한 미국의 금융개혁법안은 약간의 수정을 거쳐 12월 11일에 가서야 하원을 통과했다. '월가 개혁 및 소비자 보호법(Wall Street Reform and Consumer Protection Act)' [1]이란 이름의 이 법안은 금융개혁 입법화 과정의 중대한 교두보였음에도 불구하고 2009년 말까지 대통령이 최종 서명한다는 당초의 목표는 달성하지 못했다.

미국의 금융개혁법안 일정이 이처럼 지체된 것은 이것이 당시 미국 사회의 '뜨거운 감자'였던 건강보험 개혁 일정과 겹친데다 금융 규제에 대한 월가 은행들의 반대와 이를 좌절시키기 위한 로비가 만만치 않았기 때문이었다. 당시 하원의 표결 내용을 보면 공화당 의원들이 전원 반대했고 민주당 하원의원 27명도 반대표를 던졌다. 그 결과 찬성 223 대 반대 202 표로 가까스로 통과됐다.

그러나 오바마 대통령은 2010년 새해가 되면서 금융개혁법안을 더욱 강하게 밀어붙였다. 그는 금융위기 극복 과정에서 미국 금융회사들에 투입된 재정을 일반 국민이 아닌 금융회사들도 분담해야 한다는 원칙 아래 은행세(Bank levy) 부과를 제안했다. 자산 규모

---

[1] 하원을 통과한 금융개혁법안의 주요 내용을 보면 금융시스템 전반을 위기에 빠뜨릴 위험이 있는 대형 금융기관은 위기 시 정부가 분할, 청산할 수 있도록 했고, 이를 위해 금융감독기구간 협의체인 '금융안정위원회(Financial Stability Council)'를 신설해 시스템 위기 감독기능을 부여하기로 했다. 또 공적자금 투입에 대비해서 부실 회사 처리를 위한 1500억 달러 규모의 펀드를 금융기관 분담으로 조성키로 했다. 아울러 의회가 산하 회계감사원(GAO)을 통해 연방준비제도이사회(FRB)의 통화정책에 대한 감사권을 부활해 FRB를 견제하기로 했다. 법안은 또 '소비자금융보호국(CFPA)'을 신설해 신용카드·주택모기지 등 각종 소비자관련 금융에서 금융회사들이 불공정하고 불법적인 관행을 하지 못하게 감시, 규제하도록 했다. 이와 관련, 주택 차압 위기에 놓인 소비자를 지원하기 위해 수수료 부과 등으로 40억 달러의 펀드를 조성하기로 했다. 월가 보너스 잔치와 관련해서도 법안은 금융회사 주주들에게 회사 임원들의 급여에 대해 찬반 의견을 물을 수 있는 '권고 표결권'을 부여하기로 했다. 이 같은 내용의 하원 법안에 대해 비판론자들은 "과도한 금융 규제로 미국의 금융산업 경쟁력이 위축되고 신용경색과 소송사태 등 부작용을 불러올 소지가 있다"고 비난했다.

가 500억 달러 이상인 50여 개 대형 금융사(은행, 보험사, 증권사 등 포함)를 대상으로 각 사의 비예금성 부채에 대해 0.15% 세금을 물려 향후 10년간 900억 달러를 조성한다는 구상이었다. 은행들이 평상시 과도한 위험을 감수하면서까지 투자를 늘리고 고수익을 향유하다 막상 위기가 닥쳤을 때는 국민들이 낸 세금으로 구제자금을 받는 것에 대한 일종의 벌칙성 세금 성격이었다. 오바마 대통령은 "금융회사들이 로비스트들을 동원해 법안을 무력화시키려 한다면 거부권 행사도 불사할 것"이라고 배수진을 쳤다.[2)]

미국 상원도 '도드안'을 기초로 한 독자적인 금융개혁법안(= '수정도드안')을 2010년 3월 15일 상정했다. 이는 당초 1000억 달러 이상의 지주회사로 FRB의 감독권을 제한하고, 대신 FRB와 연방저축기관감독청(OTS), 연방통화감독청(OCC), 연방예금보험공사(FDIC) 등

---

2) 이즈음 뉴욕 월가에서는 골드만삭스 기소라는 강력한 '버블제트'가 발생해 글로벌 금융시장을 강타했다. 4월 중순 미국 증권거래위(SEC)가 골드만삭스를 파생상품관련 사기 혐의로 뉴욕 맨해튼 연방법원에 제소한 것이다. 이 소식이 전해진 16일 상승세를 타던 유럽과 미국 증시가 차례로 무너지고 안전자산 회귀 심리로 다시 달러 가치와 미 국채가격이 급등했다. SEC는 이날 골드만삭스가 2007년 봄 서브프라임 모기지를 기초로 한 부채담보부증권(CDO)을 판매하면서 이 상품 개발에 참여한 거물 헤지펀드인 폴슨앤코(Paulson & Co.)가 가격 하락에 베팅한 사실을 투자자들에게 알리지 않고 허위 정보까지 제공해 독일 IKB은행, 네델란드의 ABN암로 등 투자자들에게 10억 달러의 손실을 입혔다고 밝혔다. 반면 CDO 가격 하락을 예상하고 보험성격의 파생상품인 크레딧디폴트스와프(CDS)를 사들인 폴슨 펀드는 이 거래만으로 10억 달러를 챙기는 등 2007년 서브프라임 사태를 전후해 모두 150억 달러를 벌어들였다고 주장했다.
월가에서는 즉각 오바마의 사주를 받은 미 금융당국이 골드만삭스를 금융위기 주범으로 몰아 월가와의 전면전을 선포한 것이란 관측이 나왔다. 오바마 정부 입장에서 월가를 개혁하기 위해서는 어떤 형태로든 월가를 주름 잡아온 골드만삭스의 위세를 무너뜨려야 한다는 분석이었다. 〈월스트리트저널〉은 18일 인터넷판에서 "이번 사건은 1980년대 말 정크본드의 제왕인 드렉셀 번햄 램버트의 부당내부거래 조사 이후 월가에 대한 최대 공격"이라고 규정했다.

4개 감독기관을 하나로 통합해 '슈퍼 감독기관'을 설립한다는 당초 법안에서는 크게 후퇴한 것이었다.[3] 수정 도드안은 오바마 행정부가 제안한 소비자보호기구도 FRB 내에 설치하는 것으로 했기 때문에 이를 제3의 독립기구로 설립하도록 한 하원안과 상충돼 추후 절충이 불가피해졌다. 5월 5일 상원을 통과한 수정 도드안은 이후 하원 법안과 절충돼 통합된 뒤 각각 양원에서 다시 표결하는 절차를 거쳐 최종 확정됐다.

유럽연합은 최종적인 금융개혁 입법안이 제정되기까지 더욱 많은 시간이 소요될 것으로 관측됐다. 각국의 의회심의 절차상 10여 차례의 청문회를 거쳐야 하는데다 국가간 이해가 완전히 정리되지 않아 실제 법 제정이 완료될 때까지 상당한 시일이 걸릴 수밖에 없기 때문이다. 특히 범유럽 금융감독기구의 설치와 관련해서는

---

3) 이날 공개된 '수정 도드안'은 총자산 500억 달러 이상의 은행지주회사에 대한 연방준비제도이사회(FRB)의 감독권을 그대로 유지하고, 보험회사·투자은행 등 비은행 금융사를 감독할 수 있는 권한을 FRB에 신규로 부여하는 내용이었다. 당시 자산규모 500억 달러 이상의 은행지주회사는 40여 사로 파악됐다. 이에 따라 은행이 아니더라도 AIG처럼 금융시스템의 안정을 위협하는 보험회사 등도 FRB의 감독을 받도록 했다. 이 밖에 주립은행에 대한 감독은 FDIC(미 연방예금보험공사)가, 전국은행에 대한 감독권은 종전대로 미재무부 산하 통화감독청(OCC)이 맡기로 했다. 하원에서 통과된 법안과 마찬가지로 저축대부기관에 대한 감독기구였던 OTS는 OCC로 흡수합병됐다. 대형 은행들의 위험 투자와 덩치 키우기를 규제하는 이른바 '볼커 룰(Volcker Rule)'도 포함됐다. 이는 은행 위험행위 규제, 장외 파생상품에 대한 투명성 강화, 경영진 선임과 보수에 대한 주주입김 강화, 금융감독기구 협의회 설치 등을 주 내용으로 한다. 은행들의 자기자본 투자 금지, 헤지 및 사모펀드 소유·투자 금지 등은 법으로 강제하는 게 아니라 사안별로 규제 당국 재량에 맡기기로 했다. 은행들은 또 부실 금융사 정리기금으로 산하 금융사들로부터 미리 500억 달러를 조성할 수 있도록 했다. 수정 도드안은 또 FRB의 시장조작 실무를 도맡아 하는, 이른바 '리틀 FRB'로 불리는 뉴욕 연방준비은행에 대한 월가의 영향을 차단할 수 있는 장치를 도입했다. 뉴욕 연준은 이사회에 가맹은행 대표가 참여하는 것을 배제하고 뉴욕 연준 총재도 이사회가 아닌 대통령이 지명토록 한 것이다.

각국 정부의 규제권한을 침해해서는 안 된다는 주장이 많아 이 기구에 강력한 집행권한을 부여하기는 어려울 것이란 관측이 나왔다. 아울러 새로 설립될 감독기구의 의장을 누가 맡을지에 대해서도 의견 일치가 이루어지지 않았다. 현재 유럽연합은 유럽중앙은행(ECB)이 금융통화정책을 총괄하지만 금융감독과 재정정책은 각 소속 국가들의 권한으로 이원화돼 있다.

하지만 오바마 대통령이나 사르코지 프랑스 대통령 등 핵심 지도자들의 금융개혁에 대한 의지는 확고했다. 이들은 추진중인 금융개혁의 중요성을 잘 알고 있었고 금융위기 재발 방지를 위해서는 어떻게든 이를 관철시켜야 한다는 데 의견을 같이 했다. 특히 니콜라 사르코지 프랑스 대통령은 앞으로도 금융시스템 개혁과 국제 금융질서 개편을 위한 논의를 주도적으로 밀고 나갈 것으로 예상된다. 그는 글로벌 금융위기 발발 이후 맨 먼저 조지 W. 부시 전 대통령을 만나 금융 정상회담을 열어야 한다고 주장하는 등 사실상 G20 회담의 산파역을 맡은 것으로 유명하다. 사르코지는 2009년 6월 15일 스위스 제네바 국제노동기구(ILO)에서 열린 회의에서 "G20에서 합의한 금융규제안을 제대로 실천하면 역사에 결정적인 발전 단계가 올 것"이라면서 "금융자본주의를 개혁하는 데 어떤 집단이나 관료, 특수 이해관계자들도 장애물이 되지 않게 하는 것이 G20 정상 모두의 역사적 책임"이라고 강조했다.

은행세 국제공조의 보류

오바마 대통령이 제시한 은행세는 이후 '오바마 택스(Obama tax)'라 불리며 G20 재무장관 회의 등 각종 글로벌 회의의 최대 화두가 됐다. 과세 기간과 조성 펀드의 규모는 나라마다 달랐지만 지난 금융위기로 인한 국민들의 부담을 보전하고 미래에 다시 올지 모를 위기에 대비해 공적자금을 미리 조성해두었다가 필요시 은행권에 투입하자는 취지에 공감대가 형성됐다.

2010년 들어 처음으로 미국 워싱턴에서 열린 G20 재무장관 및 중앙은행 총재회의는 찬반으로 나뉜 각국 대표들의 공방으로 뜨겁게 달아올랐다. 더구나 국제통화기금(IMF)이 이 회의에 은행세 도입을 전제로 한 제안서를 제출하자 논란은 타는 불꽃에 기름을 붓는 격으로 확산돼 나갔다.

IMF의 제안서 제출은 글로벌 차원에서 은행세 부과가 기정사실화되고 있음을 보여주고 있다는 관측을 낳았다. IMF는 보고서에서 은행세를 부과하는 방식으로 금융안정분담금(FSC)안과 금융활동세(FAT)안을 제안했다. 전자는 비예금성 부채에 세금을 부과하는 것으로 오바마 대통령이 제안한 이른바 '오바마 택스'와 같았다. 후자는 일정 수준을 넘어서는 금융사의 이익과 보너스에 세금을 부과하는 것으로 가장 급진적이란 평가를 받았다. 다만 IMF는 EU 국가들이 거론하고 있는, 단기성 외환거래에 세금을 부과하는 이른바 '토빈세(Tobin's tax)'에 대해서는 부정적 의견을 내놨다. 이 경우 글로벌 금융시장이 위축되는데다 금융회사들이 추가비용을 고객에게 전가할 가능성이 크다는 이유에서였다.

2010년 6월 26~27일 토론토 메트로토론토컨벤션센터(MTCC)에서 열린 제4차 주요 20개국(G20) 정상회의는 '회복과 새로운 시작(Recovery and New Beginnings)'을 주제로 내걸었다. 이 회의의 의제는 금융구조 개혁의 지속, 경기부양책의 공조체제 유지, 세계무역과 경제성장 등 세 가지였다. 캐나다 정부는 "세계 금융위기의 회복 추세에 맞춰 이전 G20 정상회의에서 합의했던 사안들을 지속 가능하면서도 균형 있는 경제성장이라는 관점 아래 지속적으로 논의해 나가겠다"고 밝혔다.

하지만 제4차 토론토 G20 정상회의에서 이뤄진 합의사항들은 국가별 재정건전성 강화를 천명한 것 외에는 눈길을 끌 만한 내용이 거의 없었다. 상반기 중 국제사회 초미의 관심사였던 은행세의 국제공조에 대해서도 별다른 합의를 이루지 못했다. 참가국들은 은행세에 대해 다만 각국 사정에 따라 자율적으로 추진키로 했다고만 밝혔다. 이는 위기 상황에서 금융권의 분담 문제는 각국 상황에 따라 다양한 대안이 가능하다는 점을 인정하고 원론적인 원칙만 강조한 결과였다. 이에 따라 은행세가 필요하지 않은 국가들은 도입하지 않아도 되며, 도입이 필요한 국가들은 금융안정분담금, 금융활동세, 금융거래세, 조건부자본, 규제강화 등 자국 상황에 맞는 다양한 대안들을 찾을 수 있게 되었다.[4)]

대신 선진국 정상들은 2013년까지 각국의 재정적자를 절반으로 줄이자고 합의했다. 특히 국민총생산(GDP)에 대한 정부의 부채비율을 2016년까지 안정화 또는 하향추세로 전환하기로 했다. 다만 이 같은 재정긴축에 따른 수요위축이 경기 회복세를 저해하지 않도록 경제성장과의 조화도 고려해야 한다는 점이 강조됐다. 토론토 정상회담에서 각국의 재정건전성 강화문제가 가장 큰 이슈가 되었던 것은 당시 포르투갈, 아일랜드, 그리스, 이탈리아 등 이른바 '피그스(PIIGS)'로 불리는 남부유럽의 재정문제가 선진국들의 최대 골칫거리로 등장했기 때문이다. 당시 이들 국가들은 재정적자로 인한 국가 파산 위협으로 국제통화기금(IMF)과 유럽부흥개발은행(EBRD) 등 국제기구의 자금 지원에 의존하며 연명하고 있었다.[5]

토론토 정상회담이 끝난 후 발표된 '정상선언문(코뮈니케)'에 따르면 각국 정상들은 세계경제가 예상보다 빠르게 회복되고 있지만 높은 실업과 취약한 금융시장, 글로벌 불균형 등 위험요인이 상존하고 있다고 평가하고, 최우선 정책 목표를 세계경제 회복세 유지와 경제성장 토대 마련에 두기로 했다. 아울러 글로벌 재균형을

---

4) 은행세 도입이 합의에 어려움을 겪은 것은 월가발 금융위기로 금융권 부실을 경험한 국가들과 상대적으로 은행 건전성이 좋아 위기가 심각하지 않았던 국가들 사이에 의견차가 너무나 컸기 때문이다. 당시 미국, 영국, 프랑스, 독일 등은 은행세 도입을 적극 찬성한 반면, 호주, 캐나다, 일본 및 대다수 신흥국들은 이에 대해 반대하는 입장을 견지했다. 은행을 규제하기보다 대형화, 선진화 등을 염두에 두고 있던 한국 정부도 겉으로는 미국 입장을 지지하는 듯했으나 속으로는 은행세 도입에 부정적인 입장이었다. 다만 한국 정부는 주기적인 외환위기의 원인이 됐던 자본의 급격한 유출입을 막을 방법으로서 '은행부과금' 제도 등을 검토하기로 했다. 사공일 서울 G20 정상회의 준비위원회 위원장은 토론토 정상회의가 끝난 후 "캐나다, 호주 등이 국제공조를 통한 은행세 도입에 강력 반대해 각 나라 사정에 맞게 은행세를 도입하기로 (일종의) 봉합 결정이 내려졌다"고 평가했다.
5) 남부유럽의 재정위기에 대해서는 2부 3장 참조.

위해 선진 적자국은 시장개방 정책을 유지하고 수출 경쟁력을 기르는 한편 국내저축을 증대하는 방안을 찾기로 했다.

이 밖에 정상들은 은행의 자본 및 유동성 규제방안, 시스템상 중요한 금융회사에 대한 대응 및 정리방안, 국제통화기금 개혁방안, 글로벌 금융안전망(GFSN) 구축방안 등 중요 사항들에 대해서도 별다른 진전을 이루지 못했다. 도하개발아젠다(DDA)의 향후 추진방안, 저소득 국가 및 중소기업 지원방안, 반부패 정책권고안 등도 2010년 11월 서울 정상회의에서 매듭을 짓기로 합의했다. 또 IMF의 쿼타개혁 시한을 2011년 1월에서 2010년 11월 서울 G20 정상회의로 단축하기로 하고 다른 국제기구의 거버넌스(지배구조)의 개혁과제도 병행해 추진키로 했다. 이는 IMF 쿼타 비중 9.6%를 한국을 포함한 54개 신흥국으로 이전하자는 개혁안을 서울 정상회의에서 최종적으로 마무리한다는 방침이었다.

미국 금융개혁법안 통과, 다시 규제의 시대로

캐나다 토론토 G20 정상회의가 끝난 뒤 '금융위기의 진원지' 미국은 금융규제 측면에서 역사적인 전환기를 맞게 되었다. 1년여를 끌어온 금융개혁안이 최종 확정된 것이다.

대공황 이후 최대 규모의 개혁조치로 평가된 금융개혁안은 2009년 12월 하원을 통과한 뒤 2010년 5월 5일 상원을 통과한 '수정 도드안'과 통합돼 다시 하원 표결을 거쳐 5월 15일 상원에서 최종 확정됐다. 이날 상원은 찬성 60표, 반대 39표로 금융개혁안을 가결했다. 민주당은 반대하는 공화당 의원 3명을 설득하는 데 성공, 최종안 통과를 이끌어냈다.

법안을 기초한 의원들의 이름을 따서 이른바 '도드-프랭크법(Dodd-Frank Wall Street Reform and Consumer Protection Act)'으로 이름붙여진 미국 금융개혁법안은 1주일쯤 뒤인 21일 오바마 대통령의 서명으로 공식 발효됐다.

미국 언론들은 이를 두고 8000억 달러의 경기부양안(2009. 2)과 건강보험개혁안(2010. 3) 통과에 이은 오바마 내통령의 세 번째 정치적인 승리라고 보도했다. 일부 조항이 삭제(은행세)되거나 수정(볼커룰)되기는 했지만 큰 틀에서는 2009년 6월 17일 제시되었던 오바마 대통령의 금융개혁안 틀을 크게 벗어나지 않았다는 평가였다. 이 법안은 소비자 보호장치를 도입하고 대형 금융기관들에 대한 각종 감독 · 규제책을 강화함으로써 금융위기 재발을 막자는 데 초점을 맞추었다.

법안 마련을 주도한 크리스토퍼 도드 상원 금융위원장은 "금융기관들이 규제를 받던 방식이 근본적으로 변화될 것"이라면서 "월가의 고삐를 죄는 한편 우리 경제를 성장시키고 일자리를 창출하기 위한 건전한 기반을 마련하게 될 것"이라고 기대했다.

금융개혁법안의 발효로 미국은 30년간 이어져온 금융완화의 역사가 막을 내리고 금융규제 시대로 새로 진입하게 되었다. 투자은행과 상업은행의 뚜렷한 영역구분을 내용으로 하는 '글래스-스티걸법'이 1999년 공식 폐기되고 금융현대화법('그램-리치-브릴리법')이 제정된 지 10여 년 만이었다. 일부 언론에서는 새로운 금융개혁법안의 등장을 '2010년판 글래스-스티걸 법안의 부활'이라고 썼다. 1929년 대공황이 '글래스-스티걸 법안'을 탄생시켰다면 서브프라임발 금융위기는 '도드-프랭크 법안'을 탄생시켰다는 의미였다.

미국 금융산업에 대한 규제가 완화된 것은 1980년대 이후였다. 금융현대화법이 등장한 1999년 이전까지는 은행의 증권업 진출, 또는 투자은행의 은행 겸영에 예외조항을 확대시키는 과정으로 금융규제 완화가 시도되었다. 이때부터 미국 금융기업들의 수익이 급증하기 시작했다. 1980년대 후반부터 증가하기 시작한 금융업 수익은 투자은행과 상업은행의 칸막이를 제거하는 규제 완화가 이뤄진 2000년 이후 증가속도가 훨씬 가파르게 진행되었다. 특히 2001년부터 2007년까지 미국 등 주요국의 금융주 주가는 시장 대비 초과수익률을 기록하며 장기호황을 누렸다.

그러나 이제부터는 이런 모습에 일대 변화가 일어나게 됐다. 미국 내 금융감독체제의 수정과 함께 각종 투기적 금융거래에 대한 규제가 대폭 강화됐기 때문이다. 미국의 금융감독 변화의 중심에는 금융안정감독위원회(FSOC : Financial Stability Oversight Council)와 소비자금융보호국(CFPB)의 등장이 있었다.

금융개혁법에 따르면 10명의 위원으로 구성된 FSOC는 금융위기 진행과정에서 이른바 '대마불사'의 신화(?)를 창조했던 대형은행들을 대상으로 금융규제와 감독에 막강한 권한을 행사하게 된다. 경우에 따라서는 이들을 파산시킬 수도 있다. 여기에는 재무부장관을 의장으로 연방준비제도이사회(FRB) 의장, 연방예금보험공사 의장, SEC 위원장 등 연방 금융감독의 수장이 총망라되어 있다. 법안 발효 후 3개월간 FSOC의 조직과 규제대상 금융기관 선정, 자본규제 등 법조항에 담지 않은 세부 감독·규제 내용 등이 보완되는 절차를 밟았다.

아울러 은행들의 수수료를 받아 운영되는 CFPB는 FRB 내에 설치돼 금융소비자 보호를 위한 각종 규제를 마련하게 된다. 여기에는 소비자대출은 물론 신용카드와 주택담보대출 부문에서 불공정한 수수료나 약탈적 고금리 관행으로부터 소비자를 보호할 수 있는 규정을 담았다. 소비자들은 신용평가사로부터 매년 신용보고서를 무료로 제공받으며, 실업 상태지만 신용이 양호한 주택보유자들은 주택압류를 피할 수 있도록 저금리 대출을 받을 수 있게 된다. 정부는 이를 위해 10억 달러를 투입해 부실자산구제프로그램(TARF)을 통해 이를 지원하기로 했다.

고위험 금융거래를 규제하기 위해 파생상품 청산소도 설치하기로 했다. 파생상품 결제 창구를 청산소로 일원화해 거래상대방 위험을 낮추는 한편 시장 전반의 유동성 경색을 차단한다는 것이다. 다만 농산업체와 항공업체 등에 거래되는 일부 파생상품은 규제에서 제외했다.

헤지펀드와 사모펀드에 대한 감독도 강화되었다. 앞으로 1년 안에 자산 규모 1억 5000만 달러 이상의 헤지펀드와 사모펀드는 반드시 미 증권거래위원회(SEC)에 등록해야 한다. 신설되는 금융리서치국(OFR)의 지원을 받아 FSOC는 이들 펀드들의 구조적인 리스크 여부를 검토하며, 신용평가사들은 신용등급 부여 방법을 공개해야 한다. 또 모든 금융업체들은 고위직 연봉지급에 새로운 규제를 받게 돼 주주들이 연봉 결정에 대한 비구속적 투표권을 행사할 수 있게 됐다.

그렇다고 해서 새 금융개혁법안이 민주당과 오바마 대통령의 의도대로만 된 것은 아니었다. 오바마 대통령이 그렇게 역설했던 은행세 도입은 철저히 배제됐고, 파생상품 투자와 자기자본투자(PI)에 대한 투자 규제를 주 내용으로 하는 이른바 '볼커 룰(Volcker Rule)'도 '월가 로비의 승리'라는 말이 나올 정도로 크게 약화됐다. 당초 '볼커 룰'에 따르면, 은행들이 자기자본으로 헤지펀드, 사모투자펀드들에 투자하는 행위('프롭 트레이딩')는 전면 금지된다고 했으나 최종안에서는 기본자본(Tier 1)의 3% 이내에서 투자할 수 있도록 바뀌었다. 이에 따라 '볼커 룰'은 이미 '대마불사'급인 월가의 기존 대형은행을 겨냥한 것이라기보다는 국제적으로 외국 은행들에게 진입장벽을 제공하는 역할로 변질됐다는 비판을 받았다.

월가 대형은행들을 사색이 되도록 떨게 했던 파생상품 규제 역시 국제 상품투자와 CDS(신용디폴트스와프) 파생거래에만 적용되도록 대폭 축소됐다. 미국 상업은행들이 보유한 파생상품의 명목가치는 2010년 1분기 중 216조 5000억 달러에 달했지만 이 중 92%가 이번 규제를 피한 금리 및 통화 파생상품이라는 점에서 파생상품 규제는 유명무실화됐다는 지적도 나왔다.

나아가 금융개혁법안의 과도한 하향 위임에 대해서도 비판이 가해졌다. 정작 구체적인 규제 내용은 대부분 추후 규제 당국이 알아서 결정하도록 포괄적으로 위임됐다는 것이다. 〈뉴욕타임스〉에 따르면 규제의 구체적 조항들에 대해 의회가 정한 것은 25%에 불과하고 나머지 75%는 각 정부 기관이 정하도록 위임됐다. 그 결과 금융개혁법안이 글로벌 금융위기의 두 주범인 '월가 대형은행과 규제당국의 성찬'으로 끝날 것이라는 우려가 제기됐다. 〈뉴욕타임스〉는 "금융개혁안을 무력화시키기 위한 월가의 로비전은 이제부터 시작"이라면서 "'악마는 디테일(=세부사항)에 숨어 있다'는 격언이 이번에도 적용될 것"이라고 지적했다. 정말 중요한 이해관계가 달린 법안은 일반인들은 알기 어려운 '시행령' 단계에서 자의적으로 수정, 첨삭, 가감되면서 정체를 드러내는 일이 이번 법안에도 적용될 위험이 있다는 의미였다.[6]

---

6) 미국민들의 금융개혁에 대한 무관심도 문제로 지적됐다. 오바마 대통령의 서명 직후 실시된 여론조사에서 금융개혁에 대해 잘 알지 못한다고 답한 국민들이 3분의 2나 되는 것으로 나타났다. 여론조사 기관인 입소스에 따르면 응답자의 38%는 아예 '금융개혁안을 들어보지 못했다'고 답했고, 33%는 '들어는 봤지만 잘 알지 못한다'고 답한 것으로 나타났다. 결국 오바마 대통령이 총력을 다해 각종 개혁법안들을 통과시켰지만 정작 부진한 경기회복과 개선되지 않고 있는 실업률은 오는 11월 중간선거에서 민주당에게 얼마나 표를 가져다줄지 미지수라는 분석이 나왔다. 〈월스트리트저널〉은 "기존의 부양안이나 건보개혁안처럼 이번 법안 역시 오바마 정부에 정치적 수혜보다 정치적 책임을 더 많이 요구하게 될 것"이라고 강조했다.

06

―

세계경제의 방향을 논하다
제5차 서울 G20 정상회의

미뤄진 과제들

앞서 살펴본 대로 캐나다 토론토에서 열린 4차 G20 정상회의는 많은 이슈들을 미해결인 채로 남겨두었다. 그러고는 그 이슈들을 2010년 11월 서울에서 열리는 5차 G20 정상회의 과제로 던져두었다. 한국의 사공일 G20 정상회의 준비위원회 위원장은 캐나다 4차 회의가 끝나고 나서 기자들에게 "토론토 회의에서 점검한 이슈의 80% 정도가 서울 정상회의에서 결론날 것"이라고 말했다.

사실 캐나다 토론토 회의는 세계 각국이 직면한 경제적 현안들을 새롭게 제기하거나 결론을 내릴 상황이 아니었다는 것이 대체적인 평가였다. 캐나다는 미국의 지원 속에 G7 회원국으로 활동해왔었는데 G20의 위상과 역할이 커지면서 G7의 기능을 대체하는 것에 강력히 반대해온 탓에 미국이 일종의 '당근책'으로 4차회의 개최권을 준 것으로 알려졌다. 따라서 4차 캐나다 G20 정상회의는 주목할 만한 특별한 이슈가 없었던 징검다리 성격의 회의에 가까웠다는 것이다.

이와는 달리 오는 11월 11∼12일 서울에서 개최되는 5차 G20 정상회의는 토론토 정상회의에서 미뤄진 과제들을 총괄적으로 매듭짓는 자리가 될 것이란 관측이 유력하다. 특히 3차 피츠버그 정상회의에서 정례화된 G20 체제가 금융위기와 같은 비상사태가 아닌 평시에도 순항할 수 있을지 여부를 가늠하는 중대한 시험대가 될 것이란 전망이다.

서울 제5차 G20 정상회의에서는 무엇보다 금융규제 개혁에 관한 총론적인 기준안을 마련하는 것이 최대 이슈가 될 것으로 예상된다. 미국과 유럽국들이 자체적인 금융개혁법 입안을 통해 금융규제에 대한 기준을 마련하고 있는 터라 이와 비슷한 또는 이를 준용한 국제적 금융규제안이 채택될 것으로 보인다.

G20은 이미 2008년 말 금융안정위원회(FSB)와 바젤은행감독위원회(BCBS)에 은행의 자본적정성 및 유동성에 대한 새 기준을 만들 것을 지시하고 이에 대해 수시로 보고받아 왔다. 이 때문에 11월 서울 정상회의에서는 어떻게든 이 문제를 최종적으로 마무리하려는 시도가 있을 것으로 보인다. 자본적정성 기준은 보통주 자본금과 이익잉여금만으로 자본력을 따지는 핵심기본자본(Core Tier 1)이 될 가능성이 높은 것으로 전해졌다. 현재는 이것 외에도 우선주,

후순위채, 신종자본증권 등 부채 성격이 있는 것까지도 자본으로 간주하고 있다. 그리고 핵심기본자본을 위험자산으로 나눈 비율, 이른바 '바젤 III'의 자본비율은 4% 이상이 되고 은행의 유동성 기준은 위기가 닥치더라도 최소한 30일을 버틸 수 있는 수준으로 제시될 것이란 관측이 나오고 있다.

이와 함께 G20은 서울 정상회의에서 '시스템상 중요한 금융회사(Systemically Important Financial Institution · SIFI)'에 대한 위기시 대응 방안도 마련할 것으로 전해졌다. SIFI가 문제를 발생시킬 경우 시스템 위험이 훨씬 더 커지는 만큼 일반 금융회사에 비해 더 높은 수준의 규제가 도입될 것이란 전망이 나온다. 은행의 정리 문제도 이들이 위기시 정부의 지원을 받고 생명을 부지하는 이른바 '도덕적 해이'를 막기 위한 방편으로서 건전성 규제, 감독 요건 강화, 금융시장 인프라 강화 등의 권고안이 채택될 것으로 알려졌다.

국제기구 개혁 문제도 서울 회의에서 매듭지어질 것으로 관측된다. 국제통화기금(IMF) 개혁과 관련해 관심을 끌고 있는 쿼터(지분율) 재조정 문제는 9.6%의 지분을 중국, 러시아, 브라질, 인도 등 브릭스 국가들과 한국을 포함한 신흥국 54개국으로 이전하는 개혁안이 채택될 것으로 보인다. 국제금융시장에서의 발언권을 의미하는 IMF 쿼터는 현재 미국이 17.071%로 가장 많고, 그다음 일본(6.118%), 독일(5.978%), 프랑스(4.935%), 영국(4.935%) 등의 순으로 배정돼 있다. 2009년 기준 전 세계 국내총생산(GDP) 3위인 중국은 3.718%로 6위에 그치고 있고, 한국도 1.345%로 19위에 머물러 있다. 한국보다 GDP가 적은 벨기에도 2.116%나 되고 네덜란드도 2.372%나 된다.

세계은행(WB)의 개혁문제도 다시 논의될 것으로 보인다. WB는 지난 4월 회의에서 신흥국과 개발도상국의 지분을 종전보다 3.13%p 증가한 47.19%로 확대시키기로 했기 때문에 이사회 규모와 구성, 이사회의 효율성 제고방안, 총재와 고위직 선임 방식 개선 등이 주요 논의 과제가 될 것으로 보인다.

주최국인 한국 입장에서는 무엇보다 이명박 대통령이 제시한 '글로벌 금융안전망(GFSN)' 구축안의 채택 여부가 초미의 관심사다. 이명박 대통령은 2010년 6월 캐나다 토론토 정상회의에서 "글로벌 금융안전망 이슈는 급격한 자본 유출입으로 인해 심한 어려움을 겪은 많은 개도국들에게 매우 중요한 과제"라며 "서울 회의에서는 큰 진전이 있기를 기대한다"고 말했다.

'코리아 이니셔티브(Korea Initiative)'[1]라 불리는 GFSN 구축 문제는 한국이 3차 피츠버그 G20 정상회의에서 처음 제기한 것이지만 4차 토론토 G20 정상회의에서야 처음으로 정상선언문에 삽입되는 진전을 이뤘다. G20 정상들도 이에 대해 공감을 표시하고 5차 서울 정상회의 때 이와 관련한 정책대안들을 마련하기로 하자는 합의를 이뤄냈다. 글로벌 금융안전망 구축을 위한 구체적인 방안으로는 다자간 통화스와프 체제 마련, IMF의 긴급유동성지원 프로그램 개혁, IMF의 프로그램과 치앙마이 이니셔티브[2] 등 역내 안전망과의 연계 등이 다각도로 거론되고 있다.

이 밖에 G20 정상들은 제5차 서울 정상회의에서 보호주의 배격과 도하개발아젠다(DDA)의 향후 추진방안, 저소득 국가 및 중소기업 지원방안, 빈곤층의 금융 접근 확대를 위한 실행계획, 반부패 정책권고안 등도 다룰 예정인 것으로 알려졌다.

위상 강화하는 한국

한국은 2010년 11월 11∼12일 열리는 제5차 서울 G20 정상회의의 개최국이자 의장국이다. 의장국은 정상회의 개최 전에 재무장

1) '코리아 이니셔티브'란 '한국이 주도하는 국제적인 정치경제적 이슈'를 뜻하는 것으로, GFSN 구축과 개도국 지원 구상이 핵심 내용이다. GFSN 구축은 신흥국들의 금융위기를 영구히 막기 위해 전 세계 차원의 통화스와프 지원체제를 구축하자는 것으로, 2010년 4월 워싱턴 재무장관회의에서 G20의 공식 의제로 채택된 뒤 6월 부산 재무장관회의에서 2010년 하반기에 구축될 수 있도록 구체적인 정책대안을 마련하기로 했다. 이 구상은 아무래도 금융위기가 한창이던 2009년 말 한국의 '10월 위기' 국면에서 미국으로부터 지원받은 170억 달러의 긴급 달러스와프 자금으로 위기를 극복할 수 있었던 경험에서 강렬한 모티브를 받은 것으로 보인다. 앞의 제3장 참조.
한국은 또 금융위기로 인해 더욱 벌어진 개도국과 선진국 간의 개발 격차를 해소하기 위한 정책 마련을 토론토 정상회의에 제안해놓았다. 정상들은 이 회의에서 개발문제를 다루는 실무그룹을 만들어 개발재원 조달, 사전구매약정제도 혁신 등 수년에 걸친 행동계획을 서울회의에 제출토록 했다. 서울회의에서는 특히 전통적인 개도국 원조 차원의 개발 이슈가 아닌, 민간부문의 역량강화를 통한 경제 개발방안도 구체화될 것으로 전망된다. 개도국 지원 구상은 GFSN 구상과 함께 선진국과 개도국 간의 '가교' 역할을 자임하고 있는 한국 정부의 국제적인 위상을 반영한 의제다.
2) 치앙마이 이니셔티브(Chiang Mai Initiative, CMI)는 동남아시아 국가연합(아세안) 10개국과 한국, 중국, 일본 3개국이 외환위기 및 금융위기 발생을 방지하기 위해 1200억 달러 규모의 공동기금을 마련하는 것을 골자로 한 통화교환협정으로 2010년 3월 24일 공식 발표되었다. 2000년 5월 6일 태국의 치앙마이에서 개최된 아세안+3 재무장관회의에서 처음으로 체결되어 '치앙마이 협정'이라고도 불린다. 이것은 1997년 아시아 금융위기 이후 동아시아의 특정국가에서 외환 부족 사태 등의 금융위기가 발생할 경우 IMF 등의 국제금융협정 및 국제금융기관에만 의존하지 말고 아시아 국가들이 자체적으로 구제장치를 마련해 스스로 위기에 대응하자는 취지에서 도입되었다.

관·중앙은행 총재회의 등을 미리 열어 본회의에 상정될 의제를 조율하고 설정한다는 점에서 중요한 역할을 수행한다. 이런 점에서 한국은 G20의 단순 참가자가 아닌 글로벌 규칙 제정자로서의 지위를 확보하게 되었다고 볼 수 있다. 특히 G7, 즉 선진국이 아닌 나라로서는 처음으로 중국과 일본 등 경쟁국들을 제치고 G20 정상회의를 개최하게 된다는 점에서 서울 정상회의의 의미는 크다. 정부는 이런 차원에서 개최 1년 전인 2009년 11월부터 대통령 직속으로 G20 정상회의 준비위원회를 설립해 서울 정상회의를 준비해 왔다.

한국은 이미 2008년 11월 제1차 워싱턴 정상회의 때부터 2010년 의장국으로 지정돼 2008년도 의장국인 브라질, 2009년도 의장국인 영국 등과 함께 G20 정상회의에 실무적으로 관여해 왔다. 이 회의에서 한국은 보호무역주의를 막기 위해 앞으로 1년간 무역·투자 장벽을 추가로 쌓지 말자는 '스탠드 스틸(Stand-still)'을 제안해 공동선언문에 반영시키는 성과를 얻기도 했다.

그러나 한국이 G20의 일원으로서 보다 적극적인 역할을 수행한 것은 2009년 4월 2차 런던 G20 정상회의 때부터라고 할 수 있다. 한국은 2차 런던회의 개최 직전 금융안정위원회(FSB)[3] 및 바젤은행 감독위원회(BCBS) 등 주요 국제금융기준 제정기구에 가입해 국제기준의 일방적인 적용대상(rule-taker)에서 벗어나 능동적인 기준 설정자(rule-settler)로서의 위상을 확보했다. 특히 2차 정상회의 준비 과정에서 의장국인 영국과 긴밀히 조율하면서 의세 설정, 주요 안건 정리, 회의 방식 등을 주도적으로 이끌어 냈다. 그 결과 런던회의 정상선언문에 당시 한국의 관심사항이라고 할 수 있었던 보호무역주의 저지, 거시경제 공조, 부실자산처리 등 금융 안정화 방안, 신흥·개도국 지원 확대 방안 등을 삽입하는 성과를 거뒀다.

미국 피츠버그 3차 G20 회의에서도 한국의 역할은 도드라졌다. 이 회의에서 한국이 거둔 최대 성과는 2010년도 제5차 G20 정상회의를 유치한 일이었다. 이 자리에서는 또 G20이 세계경제 협력을 위한 '최상위 포럼(premier forum)'으로 격상됨에 따라 한국의 국제적 위상이 덩달아 높아졌다. 정상들은 회원국간 국제협력을 극대화하기 위해 G20을 상설화하고 2010년엔 캐나다와 한국에서 두 차

---

3) FSB는 국제통화기금(IMF)과 함께 금융규제 개혁의 중추적 역할을 수행하고 있는 글로벌 금융안정기구다. 월가발 금융위기를 계기로 1차 워싱턴 G20 정상회의에서 기존의 금융안정화포럼(FSF)이 격상돼 새로 설치됐다. G20이 제시한 개혁방향을 토대로 회원국 금융당국 및 국제기준제정기구와의 의견 조율을 거쳐 대안을 마련하고 이를 G20에 보고하는 일종의 사무국 역할을 한다. G20 체제 아래서 FSB는 IMF와 함께 국제금융과 관련된 위기관리, 조기 경보, 다국적 금융기관 감독 등에 관한 업무를 총괄하는 사령탑이라 할 수 있다.
런던 2차 정상회의 이후 은행거래의 투명성과 건전성을 강화하기 위해 BCBS의 역할도 강화되었다. BCBS는 1차 석유파동이 일어난 1974년 9월 독일의 헤르슈타트 은행의 파산사건을 계기로 국제신용 불안 해소를 위한 공조기구로서 출발했다. 그 해 12월 스위스 바젤에서 G10 회원국과 스위스 등 11개 국가의 중앙은행 총재들이 모여 결성했다. 헤르슈타트 은행의 파산은 2차 세계대전 이후 선진국에서 일어난 최초의 대형은행 파산으로, 71년 '닉슨 쇼크' 이후 불안정해진 국제금융 체제의 위기를 반영한 결과물이었다. BCBS는 설립 이후 은행 국제결제은행(BIS) 자기자본비율 등 은행감독관련 국제 표준을 제정하고, 은행 감독업무의 질적 수준 향상 및 가이드라인 개발, 각국 감독제도의 잠재적 애로요인에 대한 조기경보, 은행 및 외환시장 감독담당자간 협력 등의 업무를 수행해왔다. G20 정상회의 개최 이전까지 회원국은 미국, 일본, 독일, 영국, 프랑스, 이탈리아, 캐나다, 네덜란드, 벨기에, 스웨덴, 스위스, 스페인, 룩셈부르크 13개국이었으나 2008년 11월 워싱턴 G20회의에서 주요 국제표준제정기구의 회원 확대가 필요하다는 지적에 따라 2009년 3월 한국, 호주, 브라질, 중국, 인도, 멕시코, 러시아 등 7개 나라가 신규 회원국으로 추가됐다.

례 G20 정상회의를 개최하되, 2011년부터는 연 1회로만 정례화하기로 했다. 2011년 개최국으로는 프랑스가 결정됐다.

3차 피츠버그 회의에서 한국은 2009~2010년 각국의 재정확대 규모를 5조 달러로 하고 경기부양 효과를 GDP의 4%까지 확대하자는 데 앞장섰다. 당시엔 별 주목을 끌지 못했지만 한국과 같은 소규모 개방경제 국가들의 외화유동성 문제를 항구적으로 해결하기 위해 '글로벌 안전망(Global Safety Net)' 구축 사업을 처음으로 제안하기도 했다. 최빈개도국 지원을 위해 IMF 회원국에 배분된 특별인출권(SDR)의 일부를 IMF에 융자하는 방식을 통해 최빈국에 대한 저리의 양허성 대출재원으로 활용하자는 방안도 밝혔다. 또 2차 런던회의에서 합의된 IMF, 아프리카개발은행(AfDB)의 재원 조달에도 적극 나서고, 캐나다와 공동으로 요구불 자본(callable capital) 지원을 추진하자고도 제안했다.

한국이 이처럼 G20의 의제 설정과 운영에 적극 나선 것은 국가 수립 이후 단 한 번도 국제무대에서 제대로 된 역할을 수행하지 못했던 불운한 역사에 대한 반사작용이라는 분석도 있다. 한국은 2차 세계대전 이후 등장한 국제연합(UN) 등 정치기구는 물론이고, 국제통화기금(IMF)이나 국제부흥개발은행(IBRD→WB), 관세 및 무역에 관한 일반협정(GATT)이나 이의 후신인 세계무역기구(WTO) 등 주요 국제경제기구의 설립과 운영 과정에서 철저히 소외돼 주변부 국가에 머물러왔던 게 사실이다. 그만큼 한국은 그간 국제무대에서 후진적인 동방의 작은 분단국이라는 인식이 강했으며, 그 결과 지구촌을 구성하는 일원으로서의 역할에 너무나 목말라 있었던 것이다.

하지만 한국은 G20의 등장과 함께, 비록 이것이 21세기 들어 중국·인도·브라질 등 신흥국들의 부상과도 궤를 같이 하는 것이긴 해도, 해방 이후 처음으로 세계 중심국가 대열에 발을 들여놓았다고 볼 수 있다. 한국의 의지와 상관없이 주어진 국제질서에 순응할 수밖에 없었던 과거의 수동적인 입장에서 벗어나 국제사회의 주도국 일원으로서 우리의 의지와 선택을 통해 새로운 국제질서 형성에 참여할 수 있는 기회를 잡게 된 것이다. 이명박 대통령을 비롯한 한나라당의 집권층 역시 G20을 선진국 도약의 토대라며 정치사회적으로 이를 최대한 이용하려 했던 점도 한국이 G20 운영에 적극적으로 나선 배경이 됐다고 볼 수 있다.

서울 G20 정상회의 준비위원회는 "G20은 세계경제 논의의 최상위 협의체로서 일종의 지구촌 유지 모임"이라면서 "이 회의에 한국이 UN가입 후 19년 만에 지구촌 좌장의 역할을 맡게 된 것은 우리가 세계의 중심국가에 우뚝 서게 됐다는 것을 의미한다"고 강조했다.

신경제질서 탄생의 장(場) 되나

서울 제5차 G20 정상회의는 국내에서 열렸던 정상회의 가운데 가장 많은 정상급 인사가 참여하는 단군 이래 최대 규모의 외교행

사다. 2010년 11월 이틀 동안 서울 코엑스에서 열리는 이 회의에는 20개 회원국 정상뿐 아니라 지역대표와 국제기구 수장 등 30여 명의 정상급이 참석하고, 수행원과 경호원·취재진 등 1만여 명의 해외 인사들이 몰릴 것으로 예상되고 있다.[4]

이에 따라 당연히 세계의 이목이 서울에 집중되며, G20이 세계 국내총생산의 85%를 차지한다는 점에서 직접적인 경제적 효과도 상당할 것으로 보인다. 정부는 최대 6700억 원으로 추산됐던 2005년 APEC 정상회의의 경제효과를 넘어설 것으로 예상하고 있다.

정부가 제5차 G20 정상회의 날짜를 이 시기로 확정한 것은 바로 그다음 날인 11월 13~14일 일본 요코하마(橫浜)에서 열리는 아시아태평양경제협력체(APEC) 정상회의를 감안한 것으로 알려졌다. 2개 이상의 메이저급 정상회의가 가까운 지역에서 열릴 경우 정상들의 일정 편의를 고려해 날짜를 붙여 잡는 게 외교적 관례이며,

---

4) 서울 정상회의 일정은 관례대로 4~5개 정도의 세션으로 진행할 것으로 알려졌다. 세션은 세계경제, 균형발전 프레임워크(협력체계), 금융규제개혁, 국제금융기구 개혁과 금융안전망, 개발과 에너지 등으로 나눠질 것으로 보인다. 이들 세션 중에서는 토론토회의에서처럼 정상들만 모여 토론을 벌이는 이른바 '리더스 온리(Leaders' only)' 세션으로 진행하는 것도 있을 것으로 관측된다. 공식일정의 시작은 11일 저녁 리셉션이지만 본격적인 논의는 이날 업무 만찬을 통해 시작된다. 다음 날인 12일에는 오전 세션에 이어 업무 오찬이 이뤄지며 오후 회의를 거쳐 오후 4시를 전후한 때에 합의 결과가 성명서(statement) 형태로 전 세계에 발표된다.
한편 11월 서울 G20 정상회의에 앞서 10월중 미국 워싱턴과 한국 경주에서 한 차례씩 모두 두 차례의 G20 재무장관 및 중앙은행 총재회의가 열릴 예정이다. G20 회원국들은 이 회의 이외에도 워크숍과 재무차관·중앙은행 부총재회의, 셰르파(각국 교섭대표) 회의, 실무 그룹 워크숍 등 다양한 형태의 접촉을 통해 쟁점 현안들에 대해 치열한 의견 조율작업을 벌이게 된다. 또한 서울 정상회의 직전인 10~11일에도 'G20 서울 비즈니스 서밋(business summit)'을 열어 G20 각국 기업의 최고경영자(CEO)들을 불러모아 민간 부문의 의견을 청취할 예정이다.

이 경우 통상 앞에 열리는 회의가 더 주목을 받게 된다는 것이다.

회의 개최나 이에 따른 경제적 효과 못지않게 기대가 큰 것은 국가이미지 상승이다. 그동안 한국이 처한 지정학적 위험요소를 반영하는 '코리아 디스카운트(Korea Discount)'가 사라지고 우리 경제의 국제적 신인도가 높아지는 '코리아 프리미엄(Korea Premium)' 시대가 열리는 계기가 될 것이란 기대다. 한국은 그동안 북한 핵문제를 비롯한 한반도의 지정학적 리스크로 인해 해외 자본조달 비용이 높고 주식가치가 기업가치를 반영하지 못하는 이른바 '코리아 디스카운트'를 당해 왔다. 2008년 월가발 경제위기 초반에 외환보유고가 충분하고 경제의 펀더멘털이 비교적 건전했음에도 불구하고 1997년에 이어 또다시 서방 언론들의 비판적 보도에 외국 자본이 썰물처럼 빠져나가면서 새로운 위기에 직면했던 것이 대표적인 사례다. 한국의 경제규모는 세계 13위를 자랑하지만 국가 브랜드 순위는 이에 비해 한참 뒤처지는 33위에 머무르고 있는 것이 현실이다.

이에 일부의 부정적인 전망에도 불구하고 G20 서울 정상회담을 통해 한국의 국격이 한 단계 높아지고 국제사회 중심국가로서의 위상이 다시 한 번 높아질 것은 확실해 보인다.

더욱이 이번 회의의 의제는 앞서 논의됐던 글로벌 경제회복을 위한 거시정책 공조, 금융규제 개혁, 국제금융기구 개편과 함께 한국이 주도하고 있는 글로벌 금융안전망 구축(GFSN), 개도국 개발 지원 등으로, 굵직굵직한 이슈들이 한꺼번에 몰려 있다.

이 가운데 어느 하나만 합의에 이르러도 세계경제는 지금까지와는 질적으로 전혀 다른 새로운 전환기를 맞게 될 것이란 점에서 서울 정상회의는 '화룡점정(畫龍點睛)의 장(場)'이 될 가능성이 크다. 이 경우 제5차 서울 G20 정상회의는 21세기 새로운 경제·금융 질서의 탄생을 알리는, 즉 새로운 경제질서(new economic order)를 창출해내는 역사적인 무대가 될 것이다.

세계 각국은 그동안 G20을 통해 금융위기에 대처하고 미래의 위기 재발을 방지하기 위한 방안들을 모색해 왔다. G20은 특히 '지속가능한 균형성장을 위한 협력체계(framework)' 구축을 위한 포괄적인 실천계획 수립에 공을 들여왔다.

지금까지 미국은 2차 세계대전 이후 저축보다는 소비에 중점을 두는 경제구조를 유지해옴으로써 구조적인 무역적자를 발생시켜 개도국들의 경제성장을 견인하는 동시에 전 세계에 달러를 무차별적으로 확산시키는 성장 전략을 추구해 왔다.

만약 서울 정상회의에서 이 같은 세계경제의 순환구조를 역전시키는 큰 틀의 합의가 이뤄진다면 이는 세계경제질서의 새로운 태동을 의미하는 역사적인 사건이 될 것이다.

그러나 중국, 일본 등 흑자국들과 미국 및 유럽국들의 이해가 첨예하게 뒤얽혀 있어 세계 각국이 기존의 방식을 뒤집는 합의를 전향적으로 이뤄낼 수 있을지는 미지수다. 특히 서울 정상회의는 세계경제가 월가발 금융위기에서 벗어날 수도 있다는 기대와 또다시 더블딥의 침체에 빠질 수 있다는 우려가 교차하는 미묘한 시기에 개최된다는 점에서 그 결과를 예측할 수 없다는 지적도 나오고 있다. 과거 네 차례의 정상회의에서는 세계경제의 위기 국면 속에서 각국이 대동단결해야 한다는 절박한 분위기가 있었으나 지금은 공조의 끈이 느슨해져 각국의 이해가 첨예하게 대립할 수도 있다는 분석이다.

이러한 시점에서 그동안 세계무대에서 글로벌 규칙을 만들고 이를 관리해본 경험이 없는 한국이 과연 참가국들간의 첨예한 갈등과 이해관계를 조정하고 중재하는 외교적 리더십을 발휘할 수 있을지 국내외 이목이 쏠리고 있다.

제2부

G20이 주도하는 세계경제

01
—
다극화체제로의 전환

금융위기가 남긴 후유증

각국 정상들이 모이는 G20 정상회의의 등장은 1부에서 살펴본 대로 월가발 금융위기의 직접적인 유산이다. 금융위기가 없었다면 G20은 정상회의는커녕 여전히 각국 재무장관이나 중앙은행 총재들이 모이는 연례적 사교모임에 그쳤을 것이다. 그만큼 G20은 월가발 금융위기와 직접적인 연관 관계에 있다.

돌이켜보면 2008년 9월 리먼브라더스 파산으로 시작된 월가발 금융위기는 지구촌 곳곳에 강력하고 광범위한 영향을 미쳤다. 위기의 확산 양상은 1930년대 대공황에 비해 훨씬 즉각적이었으며, 98년 아시아 외환위기에 비해서도 훨씬 포괄적이었다. 피해 계층도 금융기업의 도산과 실물경기 침체에 따른 노동자와 농민, 자영

업자들뿐만 아니라 인터넷 등을 이용해 파생상품에 투자했던 일반 중산층에게까지 폭넓게 확대됐다.

2009년 초 세계은행의 수석 이코노미스트인 저스틴 린에 따르면, 월가발 금융위기로 인한 전 세계의 피해 규모는 지구촌의 한 해 국내총생산(GDP)에 맞먹는 최소 60조 달러로 추산됐다. 이는 1년여간 국제 증시에서 발생한 주식 및 채권 손실액 30조 달러와 이와 비슷한 규모의 부동산 부문의 피해가 합쳐진 금액이다. 이 위기로 인해 그때까지 전 세계 34개국 이상이 투입한 경기부양액만도 2차 세계대전 이후 최대규모인 2조 2500억 달러에 달했으며, 미국 정부와 연방준비제도이사회(FRB)가 월가 구제에 투입한 구제금융액도 TARP(부실자산구제프로그램) 등을 합쳐 총 10조 달러에 달했다. 이는 미국의 연간 GDP(2008년 실질기준 14조 2000억 달러)에 육박하는 막대한 규모다.

2009년 7월 미 의회의 공적자금 감사관은 한 술 더 떠 금융위기를 극복하기 위해 필요한 정부의 총 지출은 미국 GDP의 1.7배에 해당하는 총 23.7조 달러에 이를 것이라는 분석을 내놓아 사람들을 깜짝 놀라게 했다.

월가발 금융위기는 지금도 현재진행형이다. 2009년 하반기 들어 서서히 회복세를 보이던 세계경제는 2010년 중반 이후 또다시 하락세로 반전되면서 이른바 '더블딥(Double-dip)'에 대한 우려를 낳고 있다. 2009년 7월 오바마 대통령의 "미국 경제는 침체가 끝나는 시작단계(the beginning of the end of recession)에 와 있다"는 자신에 찬 선언을 무색케 하는 형국이다. 이에 따라 한동안 세계경제에 팽배해 있던 이른바 '출구전략(Exit Strategy)'[1]에 대한 논의가 쏙 들어갔다.

지구촌 경제가 월가발 금융위기에서 아직 완전히 벗어나지 못했음은 그동안 몇 차례의 '발작 증세'를 통해서도 확인됐다. 2009년 말 터진 두바이의 모라토리엄(지불유예)[2] 선언과 2010년 초 남유럽 4개국의 금융불안, 소위 '피그스(PIIGS) 위기'[3]가 그것이다. 이 두

---

1) 각국 중앙은행이 위기국면에서 과도하게 뿌린 유동성을 언제부터 흡수해야 하는지, 또 이를 위해 제로(0) 수준으로 떨어진 기준 금리는 언제부터 인상해야 하는지 하는 문제. 출구전략에 대한 논란이 뜨겁던 2009년 8월 한쪽에서는 금융위기로 인한 경기침체는 이제 끝났다면서 더 이상 대공황 같은 사태는 일어나지 않을 것이란 낙관론을 편 반면, 다른 한쪽에서는 더블딥을 맞아 경기가 더블유(W)자형으로 다시 한 번 고꾸라질 것이라는 주장으로 팽팽하게 맞섰다. 비관론자들은 1929년 대공황 당시에도 지속적인 경기 하강만 있었던 게 아니라 중간 중간 반등 국면이 있었다가 다시 경기가 내려앉은 형상을 보이면서 불황이 장기화됐다는 점을 사례로 들었다. 미 FRB 부의장을 지낸 앨런 블라인더 프린스턴대 교수는 〈뉴욕타임스〉와의 회견에서 "1936년 대공황에서 빠져나올 것 같던 세계경제는 각국의 유동성 축소와 보호주의적 정책 회귀로 한 차례 더 침체의 나락으로 굴러떨어진 경험이 있다"면서 "지금(=2009년 여름) 인플레이션을 우려해 재정 및 통화정책을 조기에 긴축으로 선회할 경우 1936년 당시의 악몽을 되풀이할 수 있다"고 경고했다. 실제 1933년부터 1936년 사이 미국의 GDP가 연평균 11% 가까이 증가하자 미 연방준비제도이사회(FRB)와 루스벨트 정부는 1936년 여름부터 긴축으로 선회했다. 이로 인해 미국 경제는 갑자기 곤두박질쳤고, 소위 '불황 속의 경기후퇴' 속에 빠져들었다. 당시 미국 정부가 세금인상과 재정지출 감축에 나서면서 GDP 대비 3.8%였던 재정적자는 1936년 0.2% 흑자로 반전됐으나 1937~1938년 사이 실질 GDP는 -3.4%로 떨어지는 '재앙'이 발생했다.
2) 과도한 차입 자본에 의존해 세계적인 초대형 프로젝트를 진행해오던 두바이 정부는 2008년 월가발 금융위기 이후 유동성 악화로 채무 상환 압박에 시달리다 2009년 11월 사실상의 모라토리엄(채무상환유예)을 선언해 전 세계 금융시장을 충격에 빠뜨렸다. 당시 두바이 정부의 전체 부채 규모는 800~1000억 달러 수준인 것으로 전해졌다. 이로 인해 당시 건설중이던 세계 최고의 빌딩 '부르즈 두바이(Burj Dubai)'가 결국 아부다비의 지원을 받아 2010년 1월 5일 '부르즈 칼리파(Burj Khalifa)'로 이름을 바꿔 개장했다. 이는 같은 아랍에미리트(UAE) 연방 소속이자 의장국인 아부다비 대통령의 이름 '셰이크 칼리파 빈 자이드 알-나흐얀'에서 따온 것이다. 162층에 높이 818m인 이 빌딩은 세계에서 가장 높은 빌딩으로, 2004년 두바이 부동산개발업체 에마르(Emaar Properties)가 발주하고 한국의 삼성물산을 비롯, 벨기에의 베식스그룹, 이랍에미리트의 아랍텍 등이 건설에 참여했다.
3) 피그스(PIIGS) 위기는 이하 3장 참조.

개 사건은 월가발 금융위기의 여파가 아직 종식되지 않았음을 여실히 보여줬다.

위기 수습 이후에도 모든 문제가 다 사라지는 것은 아니다. 금융위기 극복 과정에서 각국 정부가 뿌린 엄청난 유동성과 경기부양을 위한 막대한 재정지출은 새로운 위기를 잉태하고 있다. 점증하는 인플레이션(Inflation) 압력과 각국의 재정파탄 가능성이 그것이다.

재정파탄에 대한 우려는 이미 '피그스 위기' 등을 통해 현실화되고 있다. 독일과 프랑스 등 몇몇 나라를 제외하면 그리스, 이탈리아, 포르투갈, 스페인 등은 물론 유럽의 거의 모든 국가들의 GDP 대비 정부부채 비율이 연평균 10%를 넘고 있다. 이러한 사정은 미국도 마찬가지여서 2009~2010년 연속 두 자릿수를 넘어섰다. 각국의 재정 상태가 악화돼 정말로 연쇄적인 국가부도 사태가 터진다면 세계경제는 아연 혼돈의 아수라장으로 빠져들고 말 것이다.

또한 세계경제가 본격적인 회복국면에 들어선다 해도 그때부터 인플레이션의 압력이 커질 것이다. 전문가들은 장차 인플레이션의 발화 시점을 현재의 경제성장률이 잠재성장률 이상 급속도로 회복되는 시점으로 예상하고 있다. 미국의 경우 GDP 성장률이 플러스(+)를 넘어 이것이 잠재성장률(3~3.5%)을 웃도는 4% 이상의 높은 경제성장으로 나타날 때다. 월가의 '닥터 둠'으로 불리는 마크 파버는 "경기회복이 지연되면 정부가 (인위적으로라도) 먼저 시스템의 인플레이션을 일으켜 물가상승률이 10~20%에 이르게 할 수도 있다"면서 "이 경우 5~10년 내 미국은 초인플레이션(Hyper-inflation)

에 직면할 것"이라고 경고한 바 있다.

인플레이션과 관련해 정말로 우려되는 것은 이것이 실물경기 침체와 결합되는 이른바 스태그플레이션(Stagflation)이 발생하는 경우다. 미국 경제는 지난해 일시적인 회복세 이후 2010년 들어 경제성장률이 다시 둔화되면서 스태그플레이션 우려가 높아지고 있다. 미국의 실업률은 2010년 상반기 9.7%로 1년 전에 비해 거의 개선되지 않고 있으며 주택 경기는 다시 하락세로 반전되고 있다. 주지하다시피 역사상 최악의 스태그플레이션은 1970년대 두 차례의 오일쇼크와 함께 찾아왔다. 중동 국가들의 자원무기화 전략과 맞물려 터진 1973년과 79년의 오일쇼크는 전 세계적인 경기침체와 물가 폭등을 불러와 각국의 경제를 패닉 상태로 몰아넣었다.

G20 이후의 세계

G20 정상회의의 효시는 2008년 11월 미국의 수도 워싱턴 D.C.에서 20개국 정상들이 금융위기 해법을 놓고 서로 머리를 맞댄 것이다. 이후 G20 정상회의는 재정 · 통화정책 공조에서부터 금융규제개혁 문제까지 각국에 구속력을 갖는 합의를 이끌어내는 국제기구로 빠르게 진화하고 있다.

탄생 이후 2010년까지 모두 다섯 차례 정상회의를 치르게 된 G20 정상회의는 이제 국제무대에서 냉실공히 글로벌 거버넌스

(Global Governance)의 상징이라고 해도 과언이 아닐 정도다.

아시아 외환위기를 계기로 처음 등장한 G20은 선진 경제대국과 대표적인 신흥경제국들이 모여 세계경제의 주요 이슈들을 협의하는 단순한 협의체에 지나지 않았다. 그러나 금융위기가 터진 2008년 이후 G20 정상회의가 제도화되면서 G20은 이제 지구촌 최고의 경제기구로 자리매김하고 있다.

G20 정상회의도 처음에는 경제위기 극복을 위한 한시적 협의기구라는 성격이 강했다. 그러나 2009년 9월 제3차 피츠버그 정상회의 이후 회의가 정례화되면서 세계경제 문제를 다루는 '최상위 포럼'으로 격상되었다. 말 그대로 세계경제의 주요 경제이슈를 협의하고 실천적인 행동 전략까지 논의하는 세계경제의 핵심 경제기구가 된 것이다. 최근에는 단순한 권고가 아니라 재정 공조, 금융 규제 등의 분야에서 각국에 구속력을 갖는 협의를 이끌어내는 기구로 전환하면서 세계경제를 움직이는 '컨트롤 타워'로 급부상하고 있다.

그러나 동시에 G20 정상회의는 2차 세계대전 이후 지배적 세계질서였던 미국 중심의 일극 체제가 끝나고 다극 체제로 전환되는 시발점이 될 것이라는 지적을 받고 있다.

그러면 G20이 주도하는 다극화 체제는 어떤 모습일까. G20의 등장은 구소련의 몰락과 이에 따른 냉전체제 붕괴 이후 국제무대에서 일방적 독주체제를 구축해왔던 미국 중심의 일국주의가 막을 내리는 신호탄이란 게 대부분 전문가들의 진단이다. 중국 · 브라질 · 한국 등 신흥국들의 정치적, 경제적 힘이 커지고 있는 반면, 미국과 영국 중심의 브레턴우즈체제가 급속히 힘을 잃어가고 있음을 반영하는 세계사적 현상이라는 것이다.

이는 지난 200여 년간 세계를 주름잡아왔던 영미 계열의 앵글로색슨 자본주의 시대가 끝나고 크고 작은 경제 강국들이 힘을 겨루는 다자간 경쟁 시대, 다시 말해 복합적 자본주의 시대가 왔다는 의미이기도 하다. 신흥국들 입장에서는 19세기 자본주의체제 등장 이후 역사상 처음으로 세계사의 주역으로 등장하는 기회를 잡을 수 있게 됐다고 볼 수 있다. 그러나 선진국들 입장에서는 장기간 유지돼온 정치경제적 기득권이 한꺼번에 무너지고 있다는 불안감을 떨쳐내기 어려운 시대가 열리고 있는 셈이다. 이런 다극화 체제는 냉전시대 구소련과 미국이 세계를 양분하고 있던 시절 빚어진 2강 체제와도 확연히 구별되는 현상이다.

G20의 등장은 앞으로의 국제문제 해결 방식이나 절차가 사뭇 달라질 수 있음을 시사해주고 있다. 선진국들이 결정하면 나머지 나라들은 무조건 따른다는 식의 과거 미국 주도의 일방적인 의사결정 패턴이 깨지고 신흥국들도 이제 국제무대에서 자신의 이해에 따라 얼마든지 주의주장을 펼칠 수 있게 되었기 때문이다. G20이 비록 국가간 협의체에 불과해 정상들간의 합의가 곧바로 해당 국들 내부에서 법적 구속력을 가지는 것은 아니지만 개별 국가들의 정책 결정을 잠재적으로 구속하는 힘이 있음을 간과하기 어렵다. 세계의 리더국들이 모였다고 하는 G20의 틀 내에서 이뤄진 합의사항을 지키지 않는다는 것은 국제사회에서의 고립을 자초하는

일임을 참가국들 스스로가 너무나 잘 알고 있다. 현재 금융개혁 측면에서 논의되고 있는 각종 은행 규제나 위기시 대형은행의 정리 기준, 또는 헤지펀드나 파생상품 등에 대한 규제강화 문제는 선진국과 후진국들 간의 합의만 도출되면 결국 어느 나라든 거부하기는 어렵게 됐다.

이 같은 변화는 국제사회의 의사결정 구조가 냉전체제 붕괴 이후 권위주의적 탈을 벗고 빠른 속도로 자유화, 개방화되고 있음을 보여주는 것이다. 지구촌의 문제해결 방식이 이렇게 바뀐 것은, 두말할 필요도 없이 세계경제가 지난 20년간 빠르게 발전하고 세계화되면서 이에 비례해 신흥경제국들의 영향력의 범위나 강도가 크게 커졌기 때문이다. 이 같은 현상은 이 기간중 이뤄져온 선진국에서 신흥국으로의 부(富)의 이동, 즉 경제력의 이동과 이에 따른 정치사회적 권력 이동을 동시에 반영하고 있다. 경제적 측면에서 1980년대만 해도 선진국 클럽인 G8이 세계경제에서 차지하는 비중은 80%가 넘었으나 90년대 냉전체제가 붕괴되고 한국, 중국, 인도, 브라질 등이 급부상하면서 G8의 비중은 50%대로 쪼그라들었다. 특히 신흥국들은 최근의 글로벌 금융위기 속에서도 미국, 유럽, 일본 등 선진국들이 고전하는 사이 재빨리 위기에서 벗어나는 모습을 보이며 세계경제를 이끄는 견인차 역할을 톡톡히 하고 있다.

앞으로 G20 회의는 국제 경제 또는 금융 문제에서 기존의 G7이나 G8보다 훨씬 강력한 주도권을 행사할 것이 거의 확실하다. 정치적인 문제나 환경 문제, 또는 핵 문제 등 국제사회 관심을 끄는 다른 이슈는 G8이나 UN(국제연합), 나토(NATO)와 같은 국제기구를 통해서도 다룰 수 있겠지만, 세계경제와 금융 문제에 관해서는 G20이 가장 주도적인 역할을 해나갈 것이 분명하다.

선진국 클럽인 G8(G7+러시아)은 그간의 공과에도 불구하고 금융위기를 전후해 글로벌 금융시장의 불안정, 기후 변화, 에너지 안보 등의 글로벌 이슈에 대해 효과적으로 대응하지 못했다는 호된 비판을 받아왔다. 선진국들도 지난 수차례의 G20 회의를 통해 이젠 신흥국들의 협조 없이는 정치경제적으로 중대한 국제적인 이슈를 다루거나, 또 앞으로 있을지 모를 세계경제의 위기 국면에 효과적으로 대처할 수 없게 됐다는 점을 충분히 깨닫고 있다. 일부에서는 G20이 선진국과 개도국 간 협의를 통한 경제위기 타개 모델로서 정착하는 데 성공한다면 향후 세계경제·금융 이슈뿐만 아니라 식량 및 에너지, 안보, 환경 이슈까지도 아우르는 명실상부한 다자간 협력체제로 더욱 발전할 것으로 내다보고 있다.

새로운 체제냐 수정된 체제냐

G20 체제의 등장은 이전과는 다른 전혀 새로운 가능성을 예고하고 있다. 소수 강대국에 의존하던 과거와 달리 신흥국들이 참가하는 다극 체제가 전개됨에 따라 국가간 이합집산(離合集散)과 합종연횡(合從連橫)이 다반사로 벌어질 가능성이 그것이다.

물론 미국과 중국으로 대표되는 두 강대국, 즉 G2 체제의 확고한 리더십이 구축될 가능성도 예상되지만 국가간 연대와 결별 등을 어느 한쪽에서 일방적으로 통제할 수 없는 이상, 마치 고대 중국의 춘추전국시대를 연상케 하는 다양한 변화가 불가피해 보인다. 이는 과거 냉전체제에서 동서 양 진영이 미국과 소련, 각각의 주도국을 따라 일사불란한 대오를 형성하던 모습과는 전혀 딴판이다. 벌써부터 G20 내부에서는 선진국과 신흥국, 브릭스(Brics)와 G7 또는 G8, 강대국과 강소국, 자원부국과 기술부국 등이 자국의 이해에 따라 또는 사안에 따라 서로 다른 목소리를 내며 이합집산을 거듭하고 있다.

최근 출구전략의 전환시점에 대한 각국의 엇갈린 시각은 이 같은 양상을 보여주는 상징적인 사례다. 2010년 4월 미국 워싱턴에서 열린 G20 재무장관·중앙은행 총재회의는 "경기회복이 국가별·지역들 간에 다른 속도로 진행되고 있으며 일부 국가에서는 상당한 진전이 있다"면서 '국가들마다 다른 정책적 대응이 필요하다'고 결론지었다. 새해 들어 이스라엘, 호주, 인도 등이 빠르게 기준금리를 올린 상황에서 출구전략에 대한 주요 20개국간 공조의 틀이 깨진 것이다. 이는 2009년 말까지 굳건히 유지돼던 G20 정상들의 지속적인 정책공조 약속이 각국의 서로 다른 경제상황 속에서 유보될 수밖에 없음을 잘 보여준다.

이러한 모습은 최근 은행세(Bank Levy) 부과 논란에서 미국 오바마 대통령의 강력한 요구를 호주, 캐나다, 일본을 비롯한 선진국들과 대다수의 신흥국들이 반대한 사례에서도 확인할 수 있다. 지난 6월 열린 제4차 토론토 정상회의에서 참가국들은 은행세에 대해 원론적인 원칙만 강조한 채 국가별 사정에 따라 자율적으로 추진할 수 있다고 유보적인 입장을 밝혔다. 이는 월가발 금융위기로 금융권에 심각한 타격을 입은 선진국들과 달리 은행 건전성이 그리 나쁘지 않고 규제보다는 오히려 대형화 육성 정책을 통해 은행산업을 지원하려던 신흥국들 사이에 은행을 바라보는 시각차가 너무나 컸기 때문이었다.

이와 관련해 혹자는 G20이 주도하는 새로운 시대를 기존 체제의 대체가 아닌 수정이라는 의미에서 '신(新)브레턴우즈체제'라고 부르기도 한다. 잘 알려진 대로 '브레턴우즈체제'는 2차 세계대전 이후 미국이 주도해온 글로벌 금융질서를 말하며, 이것이 신브레턴우즈체제로 바뀐다고 하는 것은 그 체제의 종료를 뜻한다. 그러나 이는 기존 브레턴우즈체제를 완전히 부정하는 것이 아니라 그 태내에서 일정 부분만 손질하는 형태란 점에서 과거와 것과 전혀 다른 것도 아니다. 이런 점에서 G20시대의 개막은 브레턴우즈체제의 부정이자 동시에 수정이라고 할 수 있다.[4]

---

4) G20이 신브레턴우즈체제로 나아가야 한다는 인식은 2차 런던 정상회의 이전에 영국과 프랑스를 중심으로 활발히 공유되었다. 본서 1부 2~3장 참조. 그러나 막상 런던회의는 이 문제를 본격화하지 못했다. 그럼에도 불구하고 런던회의는 IMF와 WB의 지분구조 변화 등 많은 변화 가능성을 제기했으며, 이는 결국 이후 회의에서 차츰 반영되었다. 이런 점에서 G20이 주도하는 세계경제는 공식적으로 체제 전환을 의제로 채택하든 아니하든 간에 이미 기존 체제와는 질적으로 다른, 다시 말해 신브레턴우즈체제로 나아가고 있다는 지적이 타당성을 가진다.

역사상 브레턴우즈체제가 흔들리게 된 것은 한두 번이 아니다. 이에 대해 간단히 살펴보면, 브레턴우즈체제는 1944년 등장 이후 미국을 중심으로 한 선진국들의 협력으로 그럭저럭 유지되고 있지만 오늘날까지 수차례의 우여곡절을 겪었다. 브레턴우즈체제가 흔들리는 첫 번째 계기는 1971년 8월 미국이 베트남전쟁 비용 부담을 이유로 금과 달러의 교환을 정지시킨 이른바 '닉슨 쇼크' 때라고 할 수 있다. 전후 수십 년간 막대한 경상적자에 노출된 미국은 스스로 달러를 얼마든 금과 교환해준다는 브레턴우즈체제의 기본 원칙을 어겼으며, 이와 동시에 금환본위제는 사실상 붕괴되었다.

이를 계기로 대신 등장한 스미소니언 협약은 불안정한 고정환율제를 선택했다. 1971년 12월 미국 워싱턴의 스미소니언 박물관에 모인 10개국 재무장관들은 미 달러의 가치를 1온스당 38달러로 내리고, 각국 통화의 환율 변동폭도 기준율의 1%에서 상하 2.25%까지 확대할 수 있도록 합의했다. 이는 고정환율제에 따른 미국의 경상적자 누적이라는 브레턴우즈체제의 문제점을 일시적으로 틀어막은 것이지만, 미국의 국제수지 불균형은 개선되지 않았다.

통화 불안이 계속되자 1973년 2~3월 각국은 변동환율제(Floating exchange rate system)로 이행해나갔다. 이로 인해 스미소니언체제가 붕괴되자 미국, 영국, 프랑스, 독일, 일본 등 선진 5개국(G5)은 1976년 1월 자메이카의 수도 킹스턴에서 협상을 갖고 각국의 통화가치가 원칙적으로 외환 수급에 따라 결정되도록 허용했다. 또 통화로서의 금의 비중을 축소(=금본위제 폐지)하고 대신 IMF의 추가적 준비자산으로서의 SDR(특별인출권)을 발행할 수 있게 했다. '킹스턴 체제'라 불리는 이 협정은 변동환율제를 공식적으로 인정한 것이다.

이때부터 세계금융시장은 본격적인 불확실성의 시대로 진입하게 되었다. 각국 통화당국은 화폐발행의 제약에서 벗어나 원하는 만큼 돈을 찍어낼 수 있게 되면서 이때부터 인플레이션은 현대 경제의 필수적인 요소가 되었다. 고정환율제 아래서 국가간에 쳐진 보호막이 제거되면서 세계는 하나의 거대한 금융시장으로 통일되었다. 국가간 경계를 넘는 금융거래가 활성화되면서 금융인과 금융 기업의 지위가 높아지고 수익이 커졌다. 이와 동시에 환위험을 헤지하기 위한 선물, 옵션 등 다양한 금융 파생상품들과 기법들이 등장하기 시작했다.

미국은 특히 이때부터 다른 나라 정부가 외환 시장에 개입할 경우 환율 조작국으로 지목해 규제하기 시작했으며, 자유무역을 명분으로 달러화 패권을 노골화했다. 그러나 미국의 경상적자가 지속되면서 세계 시장에서 달러의 공급 과잉으로 인한 달러 가치의 불안정은 끊임없이 제기됐다. 그 과정에서 미국, 일본 등 선진국들은 미국의 무역수지 개선을 위해 달러의 가치를 전격적으로 떨어뜨리기로 합의하는 일이 벌어졌다. 이것이 유명한 1985년 9월의 '플라자 합의'다. 미국 뉴욕에 있는 동명의 호텔에서 이뤄진 이 모임에서 재무장관, 중앙은행 총재들은 달러화 가치를 내리고 엔화 가치를 높이기로 합의했다. 이 발표가 이뤄진 그다음 날 달러화 환율은 1달러에 235엔에서 약 20엔이 하락했고, 1년 후에는 달러

가치가 거의 반이나 떨어진 120엔 대에 거래되었다. 이런 급속한 엔고로 말미암아 일본은 불황을 우려해 금리 인하정책으로 전환했으며, 결과적으로 이는 유동성 과잉에 따른 부동산 및 주식 거품을 만들어냄으로써 90년대 이후 '잃어버린 10년'을 불러온 주범이 되었다는 지적을 받고 있다.

02

도전받는 달러 헤게모니

달러 가치의 장기적 하락

국제무대에서 브레턴우즈체제가 힘을 잃고 G20으로 대표되는 다극화 체제가 들어서고 있는 것은 기존 체제를 떠받쳐왔던 미 달러화의 가치가 하락하면서 달러의 독점적 지위가 흔들리고 있기 때문이다.

앞서 살펴본 대로 지난 71년 미국의 금태환 정지 선언으로 '금환본위제(Gold-exchange Standard)'가 무너지고 76년 킹스턴 체제의 등장으로 '금본위제(Gold Standard)'가 퇴색되면서 달러만이 세계의 유일한 기축통화가 되었다. 사실상의 '달러유일 본위제(Dollar-only Standard)'로 전환된 현재의 세계경제에서 달러의 안정적 가치 유지는 미국 중앙은행인 연방준비제도이사회(FRB)의 최우선시되는 책

<그림 1> 미 달러 인덱스 추이(1973년 3월=100)

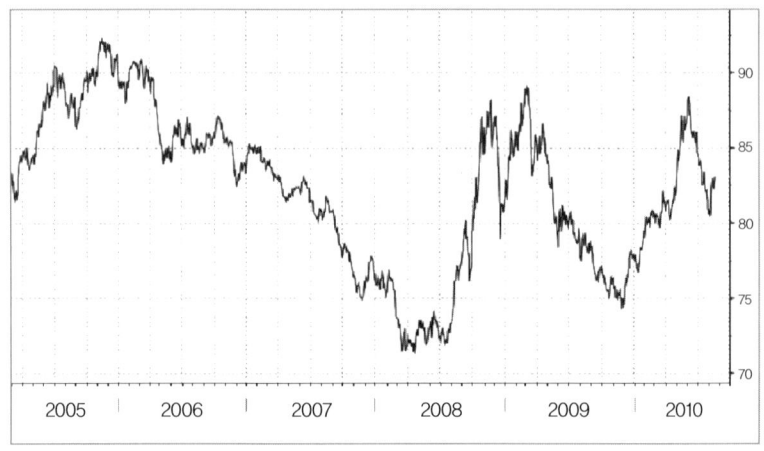

임이라고 할 수 있다. 그러나 금융위기 진행 과정에서 달러화의 가치는 더욱 폭락하면서 기축통화로서의 지위에 중대한 흠집을 남기게 되었다.

미국 연방준비제도이사회(FRB)가 작성·발표하는 달러 인덱스 (1973년 3월=100) 추이를 보면, 유로·엔·파운드·캐나다 달러·크로네(스웨덴)·프랑(스위스) 등 주요 6개국 통화에 대한 달러 가치는 2010년 4월 20일 현재 80 수준에 머물고 있다. 이는 달러가 초강세를 나타냈던 2001년 7월의 120에 비해 거의 3분의 1이 하락한 것으로 달러가 장기적인 하락 추세에 있음을 보여준다. 달러 가치의 하락에 따라 무역이나 금융과 관계되는 국제 거래자들 사이에서는 결제수단으로서 달러보다는 유로화나 엔 등 보다 안정적인 다른 통화를 찾는 경향이 커지고 있다.

달러 가치 하락 추세는 앞으로도 글로벌 경제가 위기의 터널을 빠져나오면서 더욱 심도 있게 진행될 것으로 전망된다. 투자자들 사이에서 일시적인 위험회피 성향[1]에 따라 크게 높아졌던 달러 수요가 사라지고 대신 미국의 경제 현실을 반영하는 달러에 대한 재평가, 즉 '달러 다시 보기'가 진행되고 있기 때문이다.

달러화는 2008년 금융위기 이후 강세를 나타냈다가 2009년 하반기에 접어들면서 세계경제가 안정 기미를 보이자 점차 약세로 돌아서고 있다. 이는 미국 경제에 더 큰 문제가 생겨서가 아니라 역설적이게도 세계경제가 안정을 되찾았단 관측이 우세해지고 있기 때문이다. 그 이전에는 극도의 위기의식 속에서 안전자산인 달러와 미국 국채로만 투자자본이 몰려들었으나 이제는 그 반대로 신흥국 주식이나 채권은 물론 정크본드 등 일부 위험자산으로까지 투자대상이 넓혀지고 있는 것이다.

---

1) 월가발 금융위기 당시 달러를 찾는 수요는 폭증했고 대표적인 달러표시자산인 미국 국채는 없어서 못 팔 정도가 됐다. 2008년 말 금융위기가 정점에 달하고 있을 때 2년 미만의 단기 미 국채 수익률은 제로 (0)까지 떨어질 정도로 극도의 쏠림현상을 빚었다. 이는 국제 금융시장에서 달러의 지위가 점차 약해지고는 있지만 아직까지는 이를 대체할 만한 뚜렷한 수단이 없다는 사정을 단적으로 보여준다. 평상시나 위기의 초기 국면에서는 달러가 무시되지만 위기가 더욱 악화돼 시스템 붕괴 위협으로까지 치닫게 되면 '썩어도 준치'라고 그래도 믿을 것은 달러밖에 없다는 인식이 급속히 확산되는 것이다. 이는 최대 수익률을 찾아 움직이는 국제 투자자본의 속성에서 그 이유를 찾을 수 있다. 평상시나 위기가 처음 나타났을 때 투자자본은 손실을 만회하고 시장평균수익률이라도 얻기 위해 달러가 아닌 다른 대체물을 찾지만 상황이 더욱 악화되면 평균수익률이고 뭐고 다 팽개치고 오로지 가치 보전에만 혈안이 된다. 금융위기가 발발하기 직전인 2008년 상반기 국제 원유가격과 원자재, 농산물 가격이 사상 최고치로 치솟았다가 그 해 9월 리먼 사태가 닥쳤을 때 이들 상품의 가격이 곧바로 추락했음도 좋은 사례라 할 수 있다. 위기가 극단적으로 번졌을 때 반대로 달러 가치가 치솟는 이런 기현상을 '달러 가치의 역설(paradox)'이라 부른다.

달러 가치의 하락은 무엇보다 과도한 유동성(=달러) 공급에 있음은 주지의 사실이다. 미국은 금융위기 극복과정에서 0%대의 초저금리 정책을 지속하면서 대규모 구제금융 지원과 경기부양책으로 엄청난 양의 달러를 시장에 쏟아부었다. 더욱이 미국은 최근 경제가 다시 살아나자 고질적인 미국병이라 할 쌍둥이 적자, 즉 재정적자와 경상수지 적자에 다시 노출되고 있다. 미국 경제에서 70%나 되는 소비는 경제회복의 견인차가 되고 있긴 하지만, 소비의 확대는 불가피하게 수입 증가와 이에 따른 달러 유출을 유발하게 된다. 재정적자[2]의 확대 역시 국공채 남발과 이로 인한 달러의 상대적 가치 하락을 위협하는 요인 중 하나다. 이러한 이유로 당분간 달러의 초과공급은 불가피한 일이고 이는 결국 달러 가치의 하락 요인으로 작용할 것은 불을 보듯 뻔한 일이다.

이 같은 상황에서 전문가들은 달러가 시간이 가면서 점차 가치

---

[2] 미국의 백악관 예산관리국(OMB)이 2009년 8월 25일 공개한 중장기 예산보고서에 따르면 미 연방정부의 재정적자는 2009년 회계연도(2008. 10~2009. 9)에 1조 5800억 달러에 달하는 등 향후 10년간 모두 9조 달러에 이를 것으로 전망됐다. 이는 부시 행정부 시절 8년간의 재정적자 2조 달러를 훨씬 웃도는 것으로, 10년 후인 2019년 미국의 누적 재정적자 비중은 현재(규모=11조 7000억 달러)의 두 배 수준인 국내총생산(GDP)의 150%에 이를 것으로 추산됐다. 이 같은 미국 재정적자의 증가는 달러 가치 하락은 물론 이제 막 싹트기 시작한 경기 회복에 치명적인 악영향을 미칠 수 있다. 연방정부의 재정적자는 국채를 발행하거나 중앙은행 차입을 통해 해결할 수밖에 없는데, 이는 시중 자금의 고갈을 가져오거나 통화 증발을 유발할 수밖에 없기 때문이다. 전자의 경우는 시중 이자율 상승을 통해 민간 경제의 위축을 가져오고 후자의 경우는 인플레이션으로 연결된다. FRB가 더 이상 달러를 찍어 미 재무부가 발행하는 국채를 인수하지 않겠다는 의사를 밝힌 이상 새로 발행된 국채는 월가의 프라이머리 딜러들을 통해 시중에 판매될 수밖에 없다. 이는 곧 민간 자금을 고갈시켜 최악의 경우 경기침체와 물가 상승이 동시에 일어나는 '스태그플레이션(Stagflation)'을 초래할 수 있다.

가 하락해 독점적 기축통화로서의 지위를 잃을 수밖에 없을 것으로 내다보고 있다. 세계경제학계에서 비관론으로 유명한 누리엘 루비니 뉴욕대 교수는 2009년 6월 뉴욕의 한 투자전망 회의에서 "신흥경제 대국들의 부상으로 곧 달러화 군림 시대가 끝날 것"이라며 미 달러화의 비극적 운명을 예언했다. 그는 "중국과 러시아·브라질 등 거대 신흥국들은 미국에 대한 최상위 채권국이고 이들 경제가 강해질수록 늘어나는 미국의 재정이나 경상수지 적자에 돈을 대는 것에 회의감을 느끼고 있다"며 "신흥 시장의 부상은 근본적인 변화이고 중국 경제가 결국 미국보다 더 커지는 날이 오게 될 것"이라고 전망했다. 다만 그는 "20세기에도 기축 통화의 지위가 영국 파운드화에서 미국 달러화로 점진적으로 옮겨갔듯이 앞으로도 그럴 것"이라며 "이번 세기에 아시아나 중국의 세기가 올 수도 있지만 그렇게 되기까지는 오랜 시간이 걸릴 것"이라고 내다봤다.

브릭스의 도전

지금까지의 G20 정상회의에서 기축통화 문제가 본격 거론되지는 않았지만 미국의 달러 패권에 대한 유럽과 신흥경제국들의 도전은 갈수록 거세지고 있다.

한때 세계 제1의 경상수지 흑자국으로 군림하던 일본의 위세가 사라진 대신 지난 20년간 거대 경제권으로 부상한 유럽연합(EU)과 함께 이른바 브릭스(BRICs)[3]라 불리는 신흥 경제대국들이 최대 도전세력이다. 이 중에서도 특히 금융위기 이후 브릭스의 도전이 눈에 띄게 증가하고 있다. 중국 등 브릭스 국가들은 자국 통화의 결제통화 사용범위를 넓히면서 선진국들에게 국제 결제통화로 인정해줄 것을 줄기차게 요구하고 있다. 지금까지 미국과 영국 등 기존 주축국들은 G20 등 국제회의에서 이와 같은 요구의 공식화를 차단하는 데 그럭저럭 성공했지만 앞으로도 그렇게 되리라는 보장은 없다.

중국, 러시아, 브라질, 인도 등 브릭스 4개국은 2009년부터 두 차례의 정상회담을 개최하면서 달러화에 대한 도전을 본격화하고 있다. 제2차 런던 G20 정상회의 개최 이전부터 달러를 대체할 새로운 기축 통화가 필요하다고 주장하던 브릭스 국가들은 G20 런던 회의가 끝난 지 두 달여가 지난 2009년 6월 16일(현지시간) 러시아의 수도 모스크바에서 동쪽으로 1420km 떨어진 예카테린부르크에서 전격 회동했다. 역사상 처음 이뤄진 이 회동에서 브릭스 4

---

3) 브릭스(BRICs)란 브라질(Brazil), 러시아(Russia), 인도(India) 및 중국(China)의 4개국 머리글자를 따만든 것으로, 지난 2001년 경제적으로 급부상하는 신흥시장이라는 의미에서 미국의 투자회사 '골드만삭스'가 처음 사용한 것으로 알려져 있다. 세계 제1위 외환보유고 국가인 중국은 2009년 현재 세계 제3위의 경제력을 갖고 있으며 러시아 역시 제3위 외환보유국가다. 브릭스 4개국의 인구는 전 세계의 42%에 해당하며 GDP는 세계경제의 14.44%, 교역량은 25.52%에 달한다. 향후 10년 안에 G7을 따돌리고 세계 1위 경제 파워로 발돋움할 것으로 전망된다. 이에 따라 이들의 정치적 발언권도 훨씬 강화될 것으로 예상되지만, 전문가들은 다만 국경을 마주보고 있는 중국과 인도가 국경문제로 오랜 갈등을 빚고 있는 것이 브릭스간 공동보조에 유일한 걸림돌이 될 것이라고 지적한다.

개국 정상들은 상대국의 채권과 통화에 투자하는 방안 등을 포함해 국제무대에서 각국의 통화 가치를 높이기 위한 방안을 논의했다. 브릭스 정상들은 이날 "금융위기를 계기로 세계에는 안정적이고 예측 가능하며 다극화된 국제통화시스템이 있어야 한다"는 내용의 공동성명을 발표해 달러를 대신할 새로운 기축통화의 필요성을 제기했다. 참가국들은 재무장관과 중앙은행 총재들이 정기적으로 모여 달러화를 대체하기 위한 논의를 지속적으로 개최해 나가기로 합의했다.

중국과 러시아는 브릭스 회담이 끝난 바로 다음 날 모스크바 크렘린에서 따로 만나 두 나라간 무역거래에서 자국통화 사용을 확대한다고 선언했다. 이날 후진타오 중국 국가주석과 드미트리 메드베데프 러시아 대통령은 "상호 무역거래에서 위안화와 루블화의 사용을 확대하고 달러 결제 비중을 점차 줄이기로 한다"고 발표했다. 두 나라간 합의는 세계 최대 에너지 공급국인 러시아가 중국에 원유를 팔 때 루블화로 결제함으로써 중국과의 무역량이 크게 늘 것을 기대한 데 따른 것이었다. 러시아 최대 석유회사 로즈네프트의 회장인 이고르 세친 부총리는 "루블화로 에너지를 판매하는 것은 러시아에게 전략적으로 아주 중요하다"며 "중국으로의 원유 수출이 향후 20년 동안 1000억 달러를 상회할 것"이라고 전망했다.

이에 앞서 중국과 브라질 간에도 양국간 교역에서 새로운 결제통화로 자국 화폐를 사용한다는 합의가 이뤄졌다. 브라질의 루이스 이나시우 룰라 다 시우바 대통령은 1차 브릭스 회담이 열리기한 달 전인 5월 중순 중국을 방문해 후진타오 주석과 만나 양국간무역대금을 달러화가 아닌 중국 위안화와 브라질 헤알화로 결제하자는 데 원칙적인 합의를 보았다.

브릭스 4개국의 정상회담은 해가 바뀐 2010년에도 이어졌다. 그해 4월 15일 브라질 수도 브라질리아에서 열린 2차 브릭스 정상회의에서 참가국들은 회원국간의 교역에서 결제통화로 자국통화 사용을 늘리고, 국제통화기금(IMF)과 세계은행(WB) 등 국제기구에서브릭스의 역할을 강화하자는 등의 기존 입장을 재확인했다.

기축통화의 다변화에는 영국과 프랑스도 적극적으로 나서고 있다. 2차 G20 정상회의 개최 이전 브레턴우즈체제의 전환을 요구하며 '미국 흔들기'에 나섰던 고든 브라운 영국 총리가 자국 내 경기침체와 재정적자, 총선 일정 등으로 잠시 주춤한 사이 프랑스가팔을 걷어붙였다. 니콜라 사르코지 프랑스 대통령은 2010년 1월29일 스위스 다보스에서 열린 세계경제포럼(WEF 또는 다보스포럼) 기조연설에서 "달러가 세계경제에서 더 이상 기축통화 역할을 해서는 안 된다"고 주장했다. 이어 그는 "내년 G20 회담에 새로운 국제 통화시스템 개혁안을 정식 의제로 올릴 것"이라고 선언했다.2011년 6차 G20 정상회의는 프랑스가 의장국이다.

사르코지는 "우리에게는 새로운 브레턴우즈체제가 필요하다"며"한 손에는 다극화 체제를, 다른 한 손에는 단일 준비통화를 동시에 들고 있을 수는 없다"고 강조했다. 여기서 다극화 체제는 G20

을, 단일 준비통화는 미 달러화를 의미한다는 것은 자명했다. 요컨대 사르코지의 발언은 G20이 주도하는 세계에서 이에 걸맞은 결제통화의 다변화, 즉 글로벌 금융시스템의 개혁이 필요하다는 주장이었던 셈이다. 사르코지 대통령의 금융시스템 개혁 요구는 상하이 엑스포가 열리는 4월에도 이어졌다. 그는 28일 후진타오(胡錦濤) 중국 국가주석과 회담 후 가진 기자회견에서 "새로운 다극 통화 질서를 마련하는 데 중국과 함께 할 것"이라면서 "양국은 긴밀한 상호대화를 통해 국제 통화시스템 개혁에 대한 정치적 협력을 강화해야 한다"고 강조했다.

달러 대체론의 한계

프랑스를 비롯한 유럽국들과 중국, 러시아, 브라질 등 브릭스 국가들의 새로운 결제통화 도입 합의는 이미 흔들리기 시작한 달러화의 입지를 중장기적으로 더욱 위축시키는 지렛대로 작용할 것이 분명하다.

달러는 이미 2008년 금융위기 이후 국제 금융시장에서 신인도가 크게 흔들리면서 세계 유일의 기축통화로서의 빛을 잃고 있다. 달러화의 위상 약화는 세계 시장에서 미국 경제의 비중이 계속 줄어들면서 더욱 뚜렷해지고 있다. 2차 세계대전 직후 미국의 GDP가 세계 전체에서 차지하는 비중은 절반에 육박했으나 지금은 4분의 1(2008년 기준 14조 2000억 달러) 수준밖에 안 된다.

이에 따라 전문가들은 이제 달러 독점시대가 끝나고 조만간 유로화, 엔화, 위안화 등이 달러와 함께 각각 기축통화로서 세계경제의 한 축을 분담하는 체제가 올 것으로 전망한다. 제2차 세계대전 이후 오랫동안 유지돼온 달러 중심의 '팍스 아메리카나(Pax Americana)' 체제에 서서히 균열이 가고 있다는 예고다. 어쩌면 이는 G20으로 상징되는 다극화 체제에 걸맞은 기축 통화의 변화과정이라고 할 수 있다.

그러나 달러화의 미래가 어둡다고 해도 당장 기축통화 자리에서 내려오는 일은 발생하지 않을 것이란 게 지배적인 관측이다. 달러 중심의 브레턴우즈체제가 비록 미국의 경상적자로 인한 달러 가치 불안정이란 근본적인 문제점을 안고 있지만, 그동안의 성과도 만만치 않다는 반론이다. 즉, 2차 세계대전 이후 미국은 달러 대비 각국 통화의 환율을 적절히 유지함으로써 해당국들의 수출을 확대하고 여기서 쌓인 달러를 미국의 금융자산(특히 국채 등)에 재투자하도록 하는 '달러 선순환 구조'를 통해 세계경제 안정과 발전에 기여해왔다는 평가다.

반달러 기치를 내걸고 있는 중국을 비롯한 신흥경제 대국들도 이미 달러화 체제에 깊이 발을 담그고 있어서 달러화 약세가 급작스럽게 찾아오기보다는 장기간에 걸쳐 서서히 나타나길 바라고 있다는 관측이 유력하다. 일례로 중국의 경우 외환보유액 2조 달러 가운데 70%가 미 국채 등 달러에 투자된 것으로 알려져 있는 데, 달러화 가치가 갑자기 붕괴하면 앉아서 막대한 자산을 까먹을 수밖에 없게 된다. 달러화의 대항마로 꼽히고 있는 엔화와 유로화, 위안화도 이번 금융위기를 통해 한계를 드러내면서 현실적으로 달러화의 빈 공백을 메우기에는 아직 역부족이라는 지적이 많다. 특히 일본 엔화는 주변 아시아 국가로부터도 지지를 받지 못하고 있는데다 최근 장기화된 경기침체로 인해 기축통화로 기능하기에는 많은 약점을 안고 있다는 분석이다.

새로운 기축통화 요구에 대해 미국이 아직까지 부정적인 입장을 보이고 있는 것도 위안화 등 새로운 기축통화 등장에 걸림돌이 되고 있다. 새로운 금융질서 수립에 대한 요구가 거세지던 2009년 5월 벤 버냉키 미국 연방준비제도이사회(FRB) 의장은 "달러화는 여전히 보유통화 및 결제통화로서 주도적인 역할을 수행할 것"이라고 못박고, "달러화가 강한 것은 미국 경제가 강하기 때문이며, 또한 FRB가 안정적인 통화 가치 유지를 위해 노력하기 때문"이라고 강조했다.

사실 미국 등 주도국들 입장에서 보면 2차 세계대전 이후 브레턴우즈체제에서 지속돼온 '팍스 달러리움(Pax Dollarium)'은 함부로 양보할 사안이 아니다. 이 체제의 구축에 미국, 영국 등 주도국들은 1, 2차 세계대전을 통해 정치, 경제, 군사적으로 엄청난 대가를 지불해왔기 때문이다. 2차 세계대전 이후 구축된 달러 독점체제에서 미국은 세계 유일의 달러 발권국으로서 알게 모르게 많은 이득을 얻어온 것도 사실이다. 몇 푼 들이지 않고 찍어낸 달러를 세계의 막대한 재화와 용역을 수입하는 대가로 마구 풀어 쓸 수 있을 뿐만 아니라 후진국들에게 그저 이러저러한 이유를 붙여 빌려주는 것만으로도 연간 1000억 달러 이상의 이득을 얻을 수 있는 것이다. 이것이 바로 기축통화 발행국만이 누릴 수 특권, 즉 '세뇨리지 게인(Saigniorage gain)'이라고 불리는 화폐주조 이익이다.

이러한 이유로 일부 주장에도 불구하고 달러 가치가 어느 날 갑자기 대폭락할 가능성은 많지 않을 것으로 보인다. 영국 런던의 국제전략연구소(IISS)는 금융위기 1주년을 맞은 지난 2009년 9월 15일 "미국은 금융위기에도 불구하고 세계 최강대국 지위를 유지하고 있으며 앞으로도 그럴 것"이라고 전망했다. IISS는 이날 발표한 연례 전략보고서에서 "미국은 금융위기로 경제적 타격을 입었지만 금융위기는 미국의 지도력에 대한 다른 국가들의 의존성을 재확인하는 계기가 됐다"면서 "사실상 모든 국가들은 (겉모습과는 달리) 미국이 국제관계에서 갖는 영향력이 약화되지 않기를 바란다"고 평가했다. 로버트 졸릭 세계은행 총재도 2009년 9월 28일 미국 존스홉킨스 국제대학원 연설에서 "시간이 지날수록 달러를 대신할 대체통화들이 점차 늘어날 것"이라면서도 "앞으로 기축통화로서 달러의 운명은 미국이 인플레이션 증가 없이 얼마나 안정적으로 재정적자를 낮출 수 있느냐에 달렸다"고 지적했다.

03

흔들리는 유럽연합, 유로화의 운명

금융 허브 영국의 굴욕

일반적으로 국채는 최후의 안전자산으로 간주되지만 나라별로는 상황이 다르다. 위기가 심화되면 모든 나라의 국채에 대한 수요가 증가하는 게 아니라 정치경제적으로 정말로 신뢰할 만한 몇몇 나라의 국채만이 제대로 된 평가를 받아 수요가 몰린다.

금융위기 속에서 투자자들로부터 최후의 안전자산으로 여겨졌던 국채는 당연히 미국 국채였고, 그다음이 영국과 프랑스, 일본 등 선진국들 국채였다. 특히 현재 세계 금융시스템의 골간인 브레턴우즈체제의 주축국들인 미국과 영국의 국채에 대해서는 이들이 망하지 않는 한, 아니 세계가 망하지 않는 한, 그 가치는 영원히 지속될 것이란 신뢰가 있었다.

하지만 지구촌을 휩쓴 최악의 금융위기 앞에서 미국과 영국은 이런 기대마저 한바탕 크게 흔들리는 곤욕을 치렀다. 2009년 5월 발생한 영국의 국가 신용등급[1] 전망 강등 사건은 해가 지는 '대영 제국' 영국의 현실을 그대로 보여줬다. 이 사건은 대처리즘 등장 이후 신자유주의 기치 아래 90년대 이후 실물경제를 거의 포기하고 금융서비스로의 특화 전략을 펴오던 영국 경제에 크나큰 충격을 안겨줬다.

국제 신용평가사 스탠더드앤푸어스(S&P)는 2009년 5월 21일 성명을 통해 2차 세계대전 이후 최악의 경기 침체 속에서 국가 재정이 극도로 악화되고 있는 영국과 일본의 국가 신용등급 전망을 '안정적(stable)'에서 '부정적(negative)'으로 낮춘다고 밝혔다. S&P는 이날 발표에서 영국의 신용 등급을 최고 수준인 'AAA'로 유지했지만, 영국 정부가 재정 악화를 막기 위해 증세와 긴축 재정에 나서지 않을 경우 아일랜드, 그리스, 포르투갈, 스페인에 이어 서유럽에서 금융위기 이후 다섯 번째로 국가 신용등급 자체가 하향될 가

---

1) 국가의 신용등급은 정치, 경제, 군사, 문화 등 그 나라의 국제적인 대외 신인도를 종합적으로 평가해 내린 등급이다. 국가의 신용등급 결정요소에는 정치체제의 민주성과 국가안보상 위험요인 등의 정치적 요소와 소득수준 및 분포, 국제금융시장과의 협력관계, 공공채무의 비중, 외채규모, 대외채무 불이행 경험 등의 경제적 요소가 포함된다. 국가 신용등급은 국채 발행이나 외국에서 돈을 빌릴 때의 이자율이나 스와프, 기타 무역금융 등에 영향을 미친다. 현재 무디스, 피치, 스탠더드앤푸어스(S&P) 등 3대 신용평가회사들이 각국의 신용등급을 매기며 최상위 레벨은 AAA(트리플 에이)로, 여기에는 미국, 영국, 덴마크, 싱가포르, 노르웨이, 독일, 스위스 등(2008년 상반기 기준)이 해당된다. 한국은 대체로 A~A+ 등급으로 평가되며 전체 범위에서 보면 중국, 아이슬란드, 슬로바키아, 리투아니아, 바레인, 이스라엘, 에스토니아 등과 함께 중간 수준에 위치해 있다.

능성도 배제하지 않았다. 국제통화기금(IMF)도 이날 영국의 재정상
황이 악화되고 있다며 재무당국이 차입을 줄여 국가 부채가 급증
하는 것을 막고 지출을 제한해야 한다고 권고했다.

이 같은 소식이 전해지자 영국 파운드화 가치가 급락하고 영국
국채인 길트 10년물 가격이 급락하며 독일 국채 대비 스프레드가
9bp(100bp=1%) 증가한 24bp로 확대되는 등 금융시장이 요동쳤다.

당시 영국의 신용등급 전망이 강등된 것은 역사상 처음 있던 일
로, 그만큼 영국 경제가 금융위기 후폭풍 속에서 결코 자유롭지
않다는 의미였다. 2009년 초 1차 동유럽 위기가 서서히 진정되면
서 세계경제에 최악의 위기는 지났다는 안도감이 퍼지던 때 갑자
기 터진 이 사건은 장차 대규모 재정적자가 가져올 부작용에 대한
우려감이 반영된 결과였다.

영국 정부는 당시 경기침체 탈출을 위해 막대한 돈을 쏟아부으
면서 국가 재정이 파탄날 지경에 이르고 있었다. 2009년도 재정적
자만도 전체 GDP의 12.4% 수준인 1750억 파운드에 달하고 이로
인해 누적 재정적자가 GDP의 100%에 육박할 것으로 예상됐다.
여기에다 파산위기에 몰린 은행의 자본 확충을 위해 400억 파운드
를 투입하고, 실물 경기를 살리기 위해 2010년까지 사상 최대인
2200억 파운드의 국채를 매각하며, 중앙은행인 영란은행(BOE)도
1500억 파운드를 국채, 회사채 매입에 투입키로 하는 등의 계획을
세워놓고 있어서 추가 재정적자의 증가가 불가피한 상황이었다.

더구나 서브프라임 사태 이후 성장의 젖줄이었던 금융부문이 급

속히 와해되고 자산 가치가 급감하면서 영국 경제는 2차 세계대전 이후 최악의 경기침체 속에서 헤어나지 못하고 있었다. 리먼 사태 이후 영국은 2009년 초까지 은행들의 연쇄 부실과 파운드화 폭락 등으로 재산가치 손실액이 한 해 GDP에 맞먹는 2조 파운드(2조 8000억 달러)에 이르는 것으로 집계됐다. 성장률도 2008년 하반기 이후 마이너스(-)로 떨어져 2009년 말까지 뒷걸음질 성장을 계속하고 있었다.

무너지는 영미 자본주의

영국의 신용등급 전망이 강등됨에 따라 영국과 가장 가까운 이웃이자 비슷한 처지에 있는 미국의 운명에도 관심이 쏠렸다. 미국도 2009 회계연도(2008. 10. 1~2009. 9. 30) 재정적자가 국내총생산(GDP)의 12.9%에 해당하는 1조 8400억 달러에 달하고, 이에 따라 누적 재정적자 규모도 GDP의 80%에 이를 것으로 추산됐다.

영국의 신용등급 전망이 강등된 2009년 5월 21일 세계 최대 채권펀드인 퍼시픽 인베스트먼트 매니지먼트(PIMCO)의 공동 최고투자책임자(CIO) 빌 그로스는 "미국이 머지않아 최고신용등급인 'AAA'를 잃을 수도 있다"고 경고했다.

그는 이날 〈CNBC〉에 출연해 "조만간 (미국의 신용등급 강등이) 발생할 것이라고는 생각하지 않지만 그럴 가능성이 커지고 있다"면서 그 근거로 "시장이 미국을 영국과 쌍둥이처럼 보고 있기 때문"이라고 설명했다. 그로스는 이어 "미국이 현 추세대로 간다면 5년 안에 GDP와 부채가 같은 수준에 도달할 수 있다"면서 "이런 국가의 경우 통상 'AAA' 등급을 받기는 어려울 것"이라고 지적했다.

이 같은 소식에 놀란 티머시 가이트너 미 재무장관은 급히 〈블룸버그 TV〉와 인터뷰를 갖고, "현 의회와 행정부가 재정적자를 중기적으로 지속가능한 수준까지 낮추는 게 무엇보다 중요하다"면서 "올해 12.9%를 시작으로 앞으로 재정적자 규모를 GDP의 3% 이하로 낮추도록 노력할 것"이라고 강조했다.

그러나 시장에서는 이 사건을 제2차 세계대전 이후 흔들림 없이 유지돼온 미국과 영국 중심의 브레턴우즈체제가 균열이 가고 있음을 보여준 단적인 사례로 받아들였다. 글로벌 금융위기를 계기로 그간 브레이크 없이 질주해왔던 앵글로색슨 자본주의(Anglosaxon Capitalism)에 일대 수정이 가해지고 있다는 판단이었다.[2]

앵글로색슨 자본주의에 대한 비판은 이보다 앞서 터져나오고 있

---

2) 앵글로색슨 국가는 아니지만 프랑스에도 위기가 찾아왔다. 2010년 초 소위 피그스(PIIGS) 위기의 와중에서 스페인, 영국과 함께 프랑스로도 불똥이 튀었다. 2010년 5월 28일 국제 신용평가사인 피치가 스페인의 국가 신용등급을 트리플A(AAA)에서 'AA+'로 한 단계 강등시키자 30일 프랑스 예산장관 프랑수아 바루앙은 한 TV와의 인터뷰에서 "프랑스도 트리플 A등급을 유지하기 어렵다"고 고백했다. 그의 이 한 마디로 프랑스 국채가 폭락하고 유럽 증시가 도미노 폭락세를 연출하는 등 세계 증시가 한바탕 요동쳤다. 프랑스는 그 해 재정적자가 GDP의 8%에 달하고 있어 2013년까지 유로존의 공동 합의 기준인 3%까지 낮추기 위해 고강도 재정 긴축을 추진중이었으나 노동단체들의 강한 반발에 부딪히고 있었다. 당시 프랑스 정부는 사회복지비용의 70%를 차지하는 연금제도 축소개편, 연금수령 기준연령을 60세에서 62세나 63세로 연장하는 등의 긴축안을 밝힌 바 있다.

었다. 월가발 금융위기의 드높은 파고 속에서 새로운 경제질서 수립에 대한 요구가 높았던 2009년 4월 제2차 런던 G20 정상회의는 앵글로색슨 자본주의에 대한 성토장이었다.

회의 개최에 앞서 런던에 도착한 사르코지 프랑스 대통령은 "앵글로색슨 자본주의가 이번 글로벌 경제위기를 촉발했다"면서 "G20 정상회담에서 이에 대한 확실한 대책이 제시되지 않으면 회담장 자리를 박차고 떠나겠다"고 엄포를 놓았다. 독일의 앙드레 메르켈 총리도 "이번 회담은 글로벌 금융위기 재발 방지를 위한 금융규제 강화에 초점을 둬야 한다"면서 영미식 자본주의의 운용방식을 문제삼았다. 룰라 다 실라 브라질 대통령도 이보다 1주일 먼저 고든 브라운 영국 총리와 가진 회담에서 "이번 위기는 일부 분별없는 파란 눈을 가진 백인들이 촉발했다"며 앵글로색슨형 자본주의를 직접 겨냥했다.

회담이 끝난 후에도 앵글로색슨 자본주의에 대한 비판은 이어졌다. 〈로이터통신〉의 폴 테일러 칼럼니스트는 G20 회담의 결과를 분석하는 기사에서 "이제 앵글로색슨 자본주의는 종언을 고했다"면서 "앞으로 예상되는 자본주의 전개방향은 세계적으로 금융 규제 강화의 흐름이 점차 확산되는 방향이 될 것"이라고 지적했다.

흔히 얘기하는 앵글로색슨 자본주의란 길게는 1945년 브레턴우즈체제 등장 이후 짧게는 냉전체제 종식 이후 미국과 영국이 주도해왔던 시장과 효율 중심의 자본주의 운용방식을 말한다. 금융 측면에서는 뉴욕과 런던의 증권시장을 배경으로 현란한 금융공학

기법을 동원해 무한대의 수익을 좇는 '투기형 자본주의' 또는 '카지노형 자본주의'를 의미한다. 실물에 비해 금융을 중시하면서 금융산업과 증권업을 비대하게 팽창시키며 '돈놀이 게임'을 추구하고, 군사적으로는 외지에서의 전쟁을 축으로 군수산업을 지원하는 '군산복합형 자본주의'를 지향해왔다고 비판받는다. 이러한 행태는 결국 2008년 월가발 금융위기의 먼 원인이 됐다는 것이 비판론자의 주장이다.

사실 지난 수십 년간 미국은 영국과 든든한 공조체제를 구축하며 세계를 호령해 왔다. 두 번의 세계대전과 일본의 진주만 기습, 그리고 쿠바 미사일 위기와 구소련과의 냉전체제에도 '불패의 신화'를 구가하며 영미자본주의체제의 공고함을 자랑해 왔다. 그러던 미국과 영국이 월가발 금융위기를 맞아 체제 외부로부터의 공격이 아닌 바로 내부로부터 스스로 쳐놓은 덫에 걸려 좌초하고 있다는 지적이 확산되고 있다.

2007년 여름 서브프라임 부실 사태가 처음 불거질 때만 해도 이는 자본주의체제에서 10년마다 한 번쯤 발생하는 '금방 치유될 수 있는' 고질병 정도로 치부됐다. 그러나 2008년 가을 리먼 사태를 계기로 전 세계 금융시스템이 뒤흔들리자 이 금융위기는 다른 여느 위기와는 달리 세계 자본주의체제의 근본적인 변화를 예고하는 대격변의 시작일 수 있다는 분위기가 감지됐다.

2009년 5월 미국과 영국의 신용등급 전망 강등을 둘러싼 한바탕 소동은 단순히 두 나라가 글로벌 무대에서의 지위가 흔들리고 있다는 경고일 뿐 아니라 세계적 차원에서 기존 질서가 무너지고 새로운 질서가 태동하고 있음을 암시하는 것이었다. 막대한 재정 파탄에 노출된 두 나라의 경제는 성장 동력이 차츰 고갈되면서 2010년 중반 이후 또다시 더블딥의 조짐을 나타내고 있다. 영국과 미국의 국민총생산(GDP) 대비 누적 재정적자 규모가 100%를 넘는 것은 이제 시간문제가 되고 있고, 아직도 바닥을 헤매고 있는 최악의 주택 경기와 실업률은 좀체 개선 기미가 보이지 않고 있다.

지난 수년간 금융권의 부실을 메우기 위한 막대한 재정투입은 앞으로 두 나라 정부를 더욱 더 적자 예산의 수렁으로 몰아갈 것이 뻔하다. 두 나라의 재정 파탄은 스스로를 이류 국가로 전락시키게 될 것은 물론, 자국의 경계를 넘어 세계의 기축통화로 기능해온 달러와 파운드화의 신인도를 떨어뜨려 앵글로색슨 자본주의 전체의 몰락을 가져올 것이란 우려가 커지고 있다. 국내의 유력 경제지 〈서울경제신문〉은 지난 2009년 5월 22일자에서 "영미 공동의 패권주의가 이제 내부로부터 무너지려 하고 있다"면서 "그 시작은 제어할 수 없는 길로 치닫고 있는 두 나라의 재정파탄이 될 것"이라고 지적한 바 있다.

PIIGS 위기, 분열의 화약고 되나

유럽의 위기는 2010년초 터진 '피그스' 위기에서 정점에 달했다.

2009년 초 월가발 금융위기 여파로 동유럽이 심하게 흔들린 이후 유럽은 더 이상의 파장에서 벗어나는 듯 보였다. 그러나 2010년 들어 그리스, 포르투갈, 스페인, 이탈리아, 아일랜드 등 이른바 '피그스(PIIGS) 국가'들의 재정위기가 다시 불거지며 글로벌 금융시장이 심하게 요동쳤다.

2010년 2월 4일(현지시간) 유럽 각국의 증시가 5~7%나 빠지고, 재정부실 위험이 커진 그리스, 포르투갈 등 일부 PIIGS 국가들의 국채 수익률이 폭등(가격 폭락)하는 사태가 발생했다.

남유럽의 위기는 4월 들어 더욱 무서운 기세로 번졌다. 고질병의 원인인 재정적자 문제가 치유될 기미를 보이지 않고 사태의 진원지인 그리스 정부가 적극적인 긴축안을 추진할 의사가 없는 듯 보였기 때문이다.

그리스 정부가 늑장을 피우는 사이 국제 신용평가사인 무디스는 4월 22일 그리스의 신용등급을 A2에서 투기등급 바로 위 등급인 A3로 강등했다. 이로 인해 그리스의 자체 해외 자금 조달 능력에 대한 불신이 커지면서 10년 만기 국채 수익률이 9.03%까지 치솟았다. 이는 독일 10년물 국채의 수익률에 비해 세 배 가까이 높은 수치였다.

궁지에 몰린 그리스 정부는 23일 부랴부랴 EU와 IMF로부터 재정긴축을 조건으로 450억 유로의 구제금융을 받아들이겠다고 발표했다. 그러나 양자간 협상이 며칠 지연되자 이번엔 스탠더드앤푸어스(S&P)가 나서 27일 그리스의 신용등급을 세 단계나 낮은 정크본드로 추락시키고 포르투갈의 국가 신용등급 역시 두 단계나 하향 조정했다. 이로 인해 유로존 국가들의 연쇄 부도 공포가 또 다시 시장을 엄습하면서 유럽 및 미국, 아시아의 주가가 폭락하고, 채권시장은 물론 외환시장과 단기 금융시장마저 크게 흔들렸다. 이즈음 유로존 16개국의 공동 통화인 유로화[3]는 1.3달러선이 깨지면서 최근 1년 사이 최저치로 급락했다.

이에 더 이상 버틸 수 없게 된 그리스 정부는 마침내 5월 2일 유로존의 요구조건을 대부분 수용하면서 유로존과 IMF로부터 3년간 1100억 유로의 구제금융을 지원받기로 합의했다. 호미로 막을 것을 가래로 막게 된 것이다. 15개 유로존 회원국은 양자 협정을 통해 연 5% 안팎의 금리 조건으로 총 800억 유로를, 나머지 300억

---

3) 유로화는 1999년 1월 출범한 유럽경제통화동맹(EMU)을 근거로 한다. 유로화를 사용하는 유로존은 처음 출발할 때는 독일, 프랑스 등 EU 소속 11개 국가였으나 이후 16개국으로 확대됐다. 유럽의 통화 통합은 1950년대부터 논의되기 시작해 구체적인 작업은 90년대부터 시작됐다. 유럽국들은 1968년 '베르너 보고서(Werner Report)'가 나온 이후 1979년 유럽통화제도(European Monetary System)를 구축했고, 1989년 6월 통화통합에 관한 '들로르 보고서'를 채택하고, 1992년의 '마스트리히트 조약'으로 유럽단일통화의 법적 토대를 설정했다. 1991년 12월 통화통합 계획을 반영한 유럽연합(EU) 협정 초안이 각국의 국내 비준절차를 거쳐 93년 11월에 발효되면서 유럽 각국의 통화통합이 시작되었다. 1991년 1월 유로화의 출범으로 유럽통화통합 체제(EMU)가 본격 개막됐으나 실질적인 통합은 개별 국가들의 통화를 완전히 대체한 2002년 7월 이후 완성됐다. 현재 가입국은 2009년 1월 1일 새로 가입한 슬로바키아를 포함해 오스트리아 · 벨기에 · 키프로스 · 핀란드 · 프랑스 · 독일 · 그리스 · 아일랜드 · 이탈리아 · 룩셈부르크 · 몰타 · 네덜란드 · 포르투갈 · 슬로베니아 · 스페인 등이다. 유럽연합 가입국이면서 유로를 국가통화로 도입하지 않는 나라는 덴마크 · 스웨덴 · 영국 · 불가리아 · 체코 · 헝가리 · 에스토니아 · 라트비아 · 리투아니아 · 폴란드 · 루마니아 등 11개국이다. 유럽연합 가입국이 아니면서 유럽연합과 금융협정을 맺고 유로를 사용하는 나라 또는 지역으로는 마요트 · 모나코 · 산마리노 · 생피에르에미클롱 · 바티칸시국 등이 있다. 이밖에 유럽연합과 금융협정을 맺지 않고 유로를 사용하는 나라 또는 지역으로는 아크로티리와 데켈리아를 비롯해 안도라 · 코소보 · 몬테네그로 · 생바르텔르미섬 · 세인트마틴섬 등이다.

유로는 IMF가 각각 지원하기로 했다. 대신 그리스는 이 기간중 부가가치세를 21%에서 25%로 올리고 공공부문의 임금 동결과 구조조정, 민간부문의 해고 상한선 철폐 등으로 매년 300억 유로(GDP의 11%)의 재정적자를 감축하기로 했다.

하지만 이것이 위기의 끝은 아니었다. 그리스에 대한 지원책이 타결됐음에도 글로벌 금융시장은 진정되지 않았다. 그리스에 대한 지원책이 결국은 미봉책으로 끝나고 스페인과 포르투갈 등 재정구조가 취약한 다른 나라들도 구제금융 대상에 오를 것이란 비관론 때문이었다. 이즈음 주요국의 주가는 사흘 연속 3~4%씩 떨어졌다. 여기엔 국제 투기세력들이 조직적인 '돼지 사냥(?)'에 나섬으로써 국제금융시장에는 '제2의 금융위기'가 도래할 것이란 우려가 가세했다.

휴일인 5월 9일 또다시 만난 유럽연합 재무장관들은 11시간에 걸친 마라톤 협상 끝에 다음 날 새벽 IMF와 공동으로 유로존 방어를 위해 최대 7500억 유로(IMF부담분 2500억 유로)의 '유로화 안정기금(EFSF)'을 마련한다고 선언했다. 이는 역사상 최대 규모의 구제금융인 동시에 1999년 출범 이후 11년째를 맞는 유로존에 대한 첫 번째 금융지원 사례였다. 그동안 몸을 사렸던 유럽중앙은행(ECB)도 태도를 바꿔 분데스방크 등 유로존의 일부 중앙은행과 함께 "시장에 개입해 유로존 국채를 매입하겠다"고 발표했다. 미국의 연방준비제도이사회(FRB)도 유로존의 시장 안정을 위해 ECB 등과의 통화스와프를 재개해 2011년 1월까지 무제한의 달러를 공급하겠다고 나섰다.

하지만 EU가 과연 약속대로 5000억 유로에 이르는 구제기금을 자체 힘으로 마련할 수 있을지는 여전히 회의적이었다. 지난 수년 간 각국에 대부분 막대한 재정적자가 누적되면서 더 이상 출연할 여유가 없어지고 있었기 때문이다. 일부에서는 시간이 지나면서 유로존을 이탈하는 국가들이 생겨나고 결국 유로존은 붕괴되고 말 것이란 비관론이 다시 고개를 들고 있다. 유로화 출범 당시부 터 있었던 '유로존 붕괴론'[4]은 유로존이 유럽중앙은행(ECB)을 통해 공동의 통화정책을 펴고 있지만, 재정 정책은 각 회원국의 고

---

4) 통화동맹(Monetary Union), 즉 단일 통화체제의 실패 사례는 상당히 많다. 이것은 그만큼 경제발전 수준이나 정치문화적 인식이 다른 나라들끼리 공동의 통화를 사용한다는 것이 어려운 일이라는 사실의 반증이다. 유럽은 이미 19세기에 통화동맹의 실패를 경험했다. 1873년에 창설된 '스칸디나비아 통화동맹'은 1924년에 막을 내렸고, 1865년에 창설된 '라틴 통화동맹'도 1927년 종언을 고했다. 또 아프리카에서는 케냐와 우간다 등 세 나라가 1967년에 단일 통화로 실링을 채택했으나, 10년 만인 1977년에 각자의 통화 제도로 되돌아갔다.
유럽의 라틴 통화동맹은 프랑스, 스위스, 벨기에, 이탈리아 등 4개국으로 출발했다가 나중에 스페인, 그리스, 오스트리아-헝가리 제국 등이 참여했다. 라틴 동맹은 금과 은을 공동 통화 가치로 설정해 금화와 은화를 법정 통화로 유통시켰다. 몇 년 후 스웨덴과 노르웨이, 덴마크가 스칸디나비아 동맹을 체결해 스칸디나비안을 단일 통화단위로 채택했다. 스칸디나비아 국가들은 각국 정부가 자국 통화를 유지하되, 영국의 크라운에 환율을 고정시킴으로써 초기의 유로화 형태를 취했다. 두 통화동맹이 붕괴한 원인에는 여러 가지가 있지만, 결정적으로 1차 세계대전과 함께 동맹국간 정치적, 경제적 관계가 무너졌기 때문이란 게 전문가들의 견해다. 특히 정치적 구속력이 없어 동맹국들은 문제가 생기면 동맹의 이익보다는 자국의 이익을 우선해 이기적으로 움직인 것이 국가간 결속을 허물어뜨렸다. 또한 투기꾼들이 각국의 경제력 차이를 배경으로 동전에 포함된 금이나 은의 함량 차이를 이용한 환투기를 일삼으면서 국가간 통화가치의 등가성에 틈이 생겼다.
그러나 역사상 모든 단일 통화의 노력이 실패한 것은 아니다. 지금은 한 나라로 인식되고 있지만 과거 여러 주로 분리돼 있던 미국과 독일의 경우는 통화 통합이 성공한 대표적인 사례로 꼽힌다. 또한 과거 통화동맹이 실패했다고 해서 반드시 현재 유럽연합의 통화인 유로의 실패를 예정하는 것도 아니다.

유 권한으로 남겨둠으로써 재정 정책과 통화 정책 사이에 괴리가 생겨 결국 붕괴될 수밖에 없다는 논리를 펴고 있다. 일부에서는 먼저 그리스, 포르투갈 등이 유로존을 떠나고 역내 최대 흑자국인 독일이 막대한 재정부담에 대한 국민들의 반대로 유로존을 이탈함으로써 결국 20년 내 유로화가 사멸할 것이란 그럴듯한 시나리오까지 제시되고 있다.

2010년 6월 1일 〈파이낸셜타임스〉는 '유로화 운명의 4개 시나리오'란 특집기사에서 유로화는 ① 각국의 재정균형 노력과 경제 효율 개선에 힘입어 안정을 되찾거나, ② 재정위기에서 드러난 근본적인 병폐 처방에는 실패하고 현재와 같은 불안정한 상태가 지속되거나, ③ 영구적 취약성을 드러내면서 전망이 의문시되는 통화로 전락하거나, ④ 유럽의 위기가 더욱 악화돼 유로존이 해체되고 유로화가 사라지는 운명에 처할 수 있다고 분석했다.

누리엘 루비니 미 뉴욕대 교수도 〈파이낸셜타임스〉 기고문에서 "이대로 간다면 유로존은 곧 공중분해될 것"이라면서 "유로존의 해체를 막기 위해서는 채권국들의 희생(=채무재조정)과 함께 채무국들은 탈규제와 저축 및 투자 증가 등의 체질 개선 노력이 시급하다"고 주장했다. 그는 또 "유럽의 국가부채 위기는 1970년대 금융시장 개방과 혁신으로 공공 부문과 민간 부문의 유동성 제약이 풀렸던 40년 전부터 잉태됐다"고 지적하고 "그리스 사태는 유로존의 미래를 가르는 최대 악재가 될 것"이라고 내다봤다.

오래전부터 '유로화 사멸론'을 주장하던 '상품투자의 귀재' 짐

로저스도 이 무렵 미국의 뉴스채널 〈CNBC〉와의 인터뷰에서 "앞으로 15~20년 뒤 유럽 단일통화 유로화는 사멸하고 말 것"이라면서 "과거에도 통화동맹이 있었으나 살아남은 것은 없었고 유로화 역시 같은 길을 걸을 것"이라고 주장했다.

04

중국의 부상과 '팍스 시니카'

도광양회서 화평굴기로

개방 후 30년이 지난 중국의 성장은 눈부시다. 1978년 12월 등소평의 개혁개방 선언으로 시작된 중국의 경제성장 정책은 오늘날 중국을 지구상에서 가장 성공적인 국가로 탈바꿈시켜 놓았다. 1989년 천안문 사태의 충격을 딛고 1992년 이룬 등소평의 남순강화(南巡講話)는 중국 개혁개방 정책의 성공을 상징하는 이정표였다.

지난 30년간 중국이 이룩한 경제 업적은 그야말로 경이로울 정도다. 1978년 약 2165억 달러이던 국내총생산(GDP)은 2008년 약 3조 달러로 15배가량 증가했다. 연평균 9.8%의 엄청난 성장 속도다. 같은 기간 1인당 GDP도 224달러에서 2458달러로 11배나 증가했

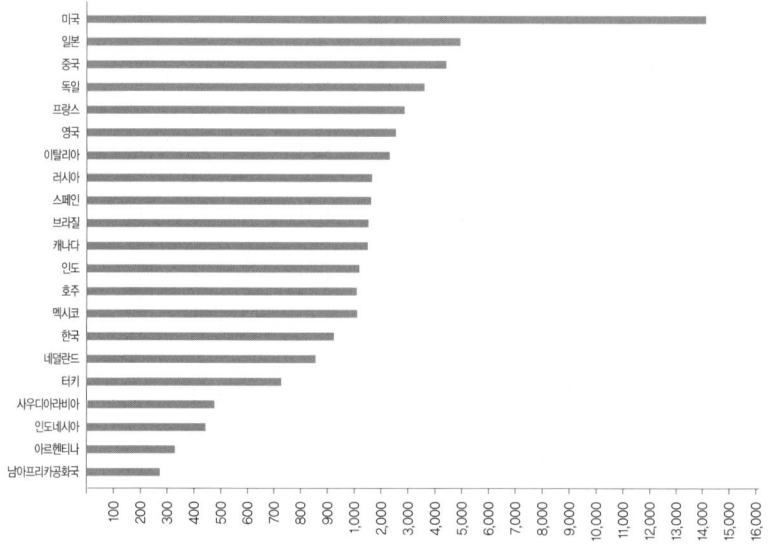

〈그림 2〉 세계주요국 GDP 순위(단위 : 10억달러, 2008년 명목GDP 기준)

자료: 세계은행(WB)

다. 제조업 분야에서도 이미 '세계의 공장'이 된 중국은 철강, 시멘트, 가전 등 170여 개 품목의 생산과 수출에서 세계 1위를 달린다. 시가 총액 기준 세계 10대 기업 순위엔 중국 기업이 5개사나 올라 있어 4개사에 그친 미국을 앞지르고 있다. 외환보유고도 2009년 현재 2조 달러를 넘어 한국의 연간 GDP의 두 배에 해당한다.

중국의 경제력이 머지않아 세계 유일의 강대국인 미국을 추월할 것이라는 예측도 빈번히 나오고 있다. 미국의 격월간 외교전문지 인 〈포린 폴리시〉는 2009년 1 · 2월호에서 구매력 평가(PPP) 기준 으로 중국의 GDP가 2020년 미국의 28조 달러보다 2조 많은 30조 달러에 이를 것이라고 전망했다.

중국은 이미 2007년 GDP 규모에서 독일을 제치고 미국과 일본에 이어 세계 3위의 경제대국으로 올라섰다. 2010년엔 일본마저 제치고 제2위 경제대국으로 올라설 것이 확실시된다. 다른 선진국들이 금융위기로 인한 경기침체로 지난 수년간 마이너스(−) 성장에 시달려왔지만 중국은 줄곧 연평균 8% 이상의 '나홀로 플러스(+)' 성장을 달성하면서 일부에서는 경기 과열을 우려할 정도다. 전문가들은 물론 일반인들조차 이제 중국을 미국과 함께 '주요 2개국(G2)'이라 부르는 걸 주저하지 않는다.

이런 분위기 속에서 중국도 차츰 자신감을 드러내고 있다. 세계무대에서 스스로 몸을 낮추며 실력을 드러내지 말자던 '도광양회(韜光養晦)'에서 벗어나 '화평굴기(和平屈起 : 주위와 화평하며 대국으로 우뚝 서자)' 또는 '유소작위(有所作爲 : 국제무대에서 할 일을 결코 피하지 않는다)'를 공공연하게 외치고 있다. 후진타오 국가주석은 2008년 10월 15일 중국 공산당 제17차 전국대표대회에서 "중국은 앞으로 국제질서가 더욱 공정하고 합리적인 방향으로 발전하도록 국제 문제에 적극 참여할 것"이라고 천명했다. 이 자리에서 후 주석은 "중화민족의 위대한 부흥을 실현하자"고 10차례나 소리 높이 외쳤다.

중국이 내정(內政)이라고 주장하는 대만과 티베트 문제에서도 중국의 입장을 정면으로 무시할 나라는 거의 없다. 2008년 9월 티베트의 정신적 지도자 달라이 라마를 초청했던 앙겔라 메르켈 독일 총리는 중국의 압박에 5개월 만에 백기를 들었다. 이어 2009년 8

월 베이징 올림픽을 앞두고 터진 티베트의 유혈사태를 두고 중국과 대립하던 프랑스의 사르코지 대통령도 중국에 고속철과 원자력발전을 팔아먹을 욕심으로 더 이상의 갈등을 접고 화해의 손길을 내밀었다. 미국도 북한 및 이란의 핵 문제와 미얀마 사태, 수단의 다르푸르 사태 등 굵직굵직한 국제적 현안에서 중국의 주장을 무시할 수 없는 형편이다.

2010년 5월 개막돼 연말까지 지속되는 상하이 엑스포는 급부상하는 중국의 위상을 그대로 보여주는 한판의 이벤트라 할 수 있다. 이 행사는 흡사 봉건시대 중국 황제들이 쓰는 면류관 형태로 지어진 중국관이 보여주듯 마치 '팍스 시니카(중국에 의한 평화)'가 도래한 듯한 분위기를 연출하고 있다. 거의 전 세계 국가들을 망라하는 142개국(UN 가입기준 191개국)을 불러들여 꾸민 엑스포 전시장은 미국, 일본, 유럽 등 기존 선진국들도 전시관만 놓고 보면 중국의 위세에 압도당할 형국이다. 중국은 이 엑스포 개최를 위해 공항, 철도, 고속도로 등 주변 인프라 정비에만 총 450억 달러를 지출한 것으로 알려졌다.

'팍스 시니카'의 시대

2010년 중반 한반도 주변의 바다는 미국과 중국 간의 '강대강(强對强)' 갈등으로 뜨겁게 달아올랐다. 천안함 사건 발생 후 미국이 한국과 더불어 서해에서 합동 군사훈련을 실시한다고 발표하자 중국도 인근 바다와 육지에서 미사일 사격을 비롯한 대규모 군사훈련을 실시하며 무력을 과시했다. 미국과 남한은 훈련장소를 동해로 옮겨 애써 중국을 자극하는 일을 삼갔다.

이어 미국이 남중국해의 영토 문제를 언급하자 중국은 새로운 미사일기지 건설 카드를 꺼내며 날카롭게 대립각을 세웠다. 미국은 즉시 중국에 스텔스 크루즈 미사일 군사기밀을 판매한 혐의로 구금 중인 기술자에게 유죄를 선고하고 중국산 드릴 파이프에 1090만 달러 보복관세(=예비 상계관세)를 매겼다.

힐러리 클린턴 미 국무장관은 8월 8일 "남중국해의 영토 분쟁 해결이 지역 안정의 핵심"이라고 공개적으로 언급하며 중국이 주장하는 이 지역의 영유권을 부정했다. 이에 중국 관영 〈환구시보〉는 "미국이 중국의 눈을 찌르려 하고 있다"고 보도하며 클린턴 장관을 강력히 성토했다. 남중국해는 대만, 티베트와 함께 중국이 '3대 핵심지역'으로 꼽는 분쟁·갈등지역이다.

미·중간 충돌로 긴장이 높아지자 9월로 예정돼 있던 후진타오 중국 국가주석의 미국 방문도 자연스레 무산됐다.

후 주석의 방미 무산은 상징적인 의미가 컸다. 양측은 2010년 벽두부터 미국의 대만에 대한 무기 판매, 달라이 라마의 방미 등으로 첨예하게 대립했다. 그러나 그 해 6월 캐나다 토론토에서 열린 제4차 G20 정상회의에서 버락 오바마 미 대통령이 후 주석에게 방미를 제안하고, 후 주석이 이를 '흔쾌히' 수락하면서 갈등이 봉합되는 듯 보였다. 하지만 후 주석의 방미 무산으로 이 같은 기대는 산산조각이 났다.

　미국과 중국의 갈등은 시간이 갈수록 더욱 높아질 수밖에 없다는 것이 전문가들의 예상이다. 일부에서는 미국과 중국의 패권 싸움으로 신(新)냉전 시대가 오고 있다는 진단을 내리기도 한다. 후정차이 홍콩 중국문제연구소 연구원은 "단시일 내에 극적인 분위기 전환이 쉽지 않다고 본다. 미국은 올 들어 중국의 일방통행식 외교를 더 이상 용납하지 않겠다는 의지를 피력하며 노골적인 대중국 견제에 나섰다"고 평했다. 미국의 〈워싱턴포스트〉지도 "미국이 항공모함인 조지 워싱턴호를 한국에 파견한 데 이어 남중국해 문제를 언급한 것은 중국의 일방주의적 외교에 대한 경고 메시지"라고 해석했다. 중국 언론들도 "아편전쟁과 청·일전쟁으로 청 제국이 멸망했던 것을 잊지 말아야 한다"며 중국 정부의 강력한 대응을 촉구했다.

　아시아의 바다에서 미국과 맞장을 뜨고 있는 중국의 커진 힘은 물론 막강한 경제력으로써 뒷받침되고 있다. 그리고 중국의 경제력은 2조 달러에 달하는 달러보유액과 1조 달러가량 매입한 미국의 국공채로 상징된다.

　오바마 대통령은 2009년 초 취임하자마자 클린턴 국무장관을 중국에 보내 "미국 국채를 더 이상 팔지 말아달라"고 읍소하기까지 했다. 중국이 채권을 일시에 팔 경우 미 국채 가격의 폭락이 불가피하고 이 경우 금융위기 극복과 경기 부양이 다급한 미국 정부의 자금 조달에 차질이 생기기 때문이다.

제2차 런던 G20 정상회담 직후인 2009년 6월 중국을 방문한 티머시 가이트너 미국 재무장관도 그동안 중국을 환율조작국이라고 압박하던 태도를 바꿔 중국 칭찬에 침이 말랐다. 중국 베이징대학 유학생 출신이기도 한 그는 "금융위기 이후 중국의 경제역량이 미국과 다른 나라에 실질적인 혜택을 줬다. 미국은 중국이 국제금융시스템에서 더 중요한 역할을 맡는 것을 전적으로 지지한다"고 치켜세웠다.

이런 미국의 태도는 그 해 7월 27~28일 이틀간 워싱턴에서 열린 '제1회 미중 고위급 전략대화(Strategic Dialogue)'에서도 그대로 재현됐다. 미중 수교 30주년이자 오바마 정부 출범 이후 처음 가진 이 회합에서 미국은 기존의 경제전략대화와 정치전략대화를 통합해 국무장관을 책임자로 끌어올리는 등 대화 파트너로서 중국의 지위를 G2에 걸맞게 격상시켰다. 중국도 대화 사절단으로 왕치산(王岐山) 부총리를 단장으로 100여 명이 넘는 대규모 인원을 파견해 경제·정치·사회 각 분야에서 세밀하게 코드를 조율했다. 과거와 달리 미국이 중국을 압박하는 모습은 사라졌고 오히려 수세 입장을 취한 반면 중국은 미국의 달러 가치 불안정, 재정적자 문제 등을 지적하며 공세를 폈다.

버락 오바마 미국 대통령은 개막 연설에서 "산중에 난 좁은 길도 계속 다니면 곧 길이 되고, 다니지 않으면 곧 풀이 우거져 길이 막힌다(山徑之蹊間 介然用之而成路 爲間不用 則茅塞之矣)"라는 《맹자》의 진심(盡心) 하편에 나온 고사를 인용해 양국간 지속적인 대화와 끊임없는 협력을 역설했다.

외신들은 금융위기 이후 처음으로 열린 이 1차 미중 전략대화가 세계의 핵심 이슈를 주무르는 '사실상의 G2 개막식'이라고 평가했다. 실제 이 자리에서는 양국간 현안들뿐만 아니라 북핵과 한반도 문제, 기후변화 대응 문제 등 전 지구적 차원의 현안들이 다루어졌다.

이에 따라 앞으로 세계 주요 경제 문제는 선진국들과 신흥국들이 망라된 G20 회의와 함께 미국과 중국 중심의 G2 회의가 주도적인 역할을 하게 될 것이란 전망이 제기되고 있다. G2 회의가 큰 틀의 아젠다를 설정하면 G20은 이를 구체화하는 실행계획을 세우는 보조적인 합의기구로 자리잡아갈 것이란 예상이다. 그야말로 2차 세계대전 이후 세계를 지배해왔던 '팍스 아메리카나(Pax Americana)'가 퇴조하면서 그 자리를 '팍스 시니카(Pax Sinica)'가 채워가는 형국의 글로벌 대화 무대가 구축돼나가고 있는 셈이다.

이와 관련해 〈워싱턴포스트〉 인터넷판은 런던 G20 정상회의가 끝난 직후인 2009년 4월 매우 함축적인 기사를 실었다. 신문은 "바야흐로 '워싱턴 컨센서스'에 대한 '베이징 컨센서스'의 도전이 시작됐다"고 제목을 뽑았다. 신자유주의를 주창하며 무분별한 시장 우선 정책을 펴다가 금융위기를 초래한 영국과 미국의 '워싱턴 컨센서스'가 힘을 잃는 대신 정부 주도의 경제발전과 이에 기초한 점진적인 정치 발전을 추구하는 '베이징 컨센서스'가 앞으로 세계 무대의 지배적인 흐름이 될 것이라는 분석이었다.[1]

위안화 기축통화 만들기

중국의 부상은 최근 달러 가치 하락에 따른 달러의 기축통화 지위를 더욱 흔들고 있다. 중국 등 신흥국들은 기회 있을 때마다 미국 국채를 더 이상 사지 않겠다거나 보유중인 국채를 팔아버리겠다고 떠들면서 미국이 달러 가치 안정에 신경을 쓰라고 은근히 압력을 넣고 있다. 이는 일차적으로 달러 가치 하락에 따른 자국의 국부 유출을 염두에 둔 발언이지만 기축통화의 지위를 위안화 등 다른 신흥국 통화에도 제공하라는 요구나 마찬가지다.

사실 달러화를 대신해 위안화를 기축통화로 삼으려는 중국의 도

---

1) '워싱턴 컨센서스'는 1980년대 후반 미국 경제학자인 존 윌리엄슨이 외환 위기에 처한 중남미국가들에 대한 해법을 내놓으면서 처음 사용한 용어로, 미국식 신자유주의적 정책을 통한 위기 극복 방안을 말한다. 이는 자유 무역, 공기업 민영화, 규제 완화 및 정부 재정지출 축소 등을 주 내용으로 하며 국제통화기금(IMF)과 세계은행, 미 재무부 등 워싱턴에 본부를 둔 3대 기관의 입장을 대변한다. 이에 반해 중국 칭화(淸華)대의 라모 교수가 지난 2004년 제시한 '베이징 컨센서스'는 정부 주도의 점진적 시장 개혁을 뜻하는 경제정책으로 국제무대에서 중국의 위상 강화를 반영하는 개념이다. 중국 사회과학원의 청언푸(程恩富) 교수는 "'베이징 컨센서스'는 외국과의 무역에 개방적인 동시에 자국 산업의 육성에도 힘쓰는 정책이며, 선(先) 경제발전·후(後) 정치개혁을 특징으로 한다"고 재차 설명했다. 홍콩 과학기술대의 배리 소트먼 교수도 "'베이징 컨센서스'가 그동안 서방 국가들로부터 '민주적인 단체들에 대한 압제 없이는 경제성장을 이뤄낼 수 없는 정책'이라는 비아냥을 들었지만, 최근에는 서방으로부터 '무시당했던' 개발도상국가들에게 새로운 영감을 주고 있다"고 주장했다.

전은 금융위기를 계기로 전면에 부상했다. 금융위기로 인해 미국과 영국과 같은 '전통적 강호' 들이 맥을 못 추는 사이, 중국은 기회 있을 때마다 국제통화기금(IMF)의 특별인출권(SDR)을 궁극적으로 달러를 대체할 수 있는 슈퍼통화로 만들든지 아니면 위안화를 비롯한 유로화, 파운드화, 엔화 등을 무역 결제수단으로 사용해야 한다고 주장해 왔다. 원자바오 중국 총리는 2008년 말 모스크바의 한 포럼에서 "(금융위기로 달러화 가치가 추락한) 지금이 새로운 국제금융질서 건설에 가장 적합한 시기"라고 밝히면서 "중국의 위안화도 달러화와 마찬가지로 국제통화의 한 축을 담당해야 한다"며 달러화 대체 의지를 확고히 밝혔다.

중국이 내건 반달러 기치에는 브릭스 국가의 일원인 러시아는 물론, 남미나 아시아의 일부 국가들도 동조하는 움직임을 보였다. 러시아의 드미트리 메드베데프 대통령은 2009년 제2차 G20 정상회의 개최에 앞서 "국제사회를 고통에 빠뜨린 신용 위기는 미국의 잘못된 금융시장 관리에서 비롯됐다"며 중국과의 공조의지를 거듭 확인했다. 브라질의 루이스 이나시오 룰라 다 실바 대통령도 "금융위기는 선진국의 금융기관을 거대한 카지노로 만든 투기자본 때문"이라면서 기축통화의 다변화에 적극적인 지지입장을 표명했다.

중국은 2차 G20 런던회의에서 IMF에 400억 달러를 출연키로 하면서 국제 문제 해결의 선도적 역할을 자임했고, 금융위기로 어려움에 처한 중남미와 아프리카 소국들에 대해서도 원조나 차관을 미끼로 위안화의 영향력 확대에 공을 들였다.

위안화를 기축통화로 만들려는 중국 정부의 노력은 중앙은행간 통화스와프 협정 체결을 통해서도 본궤도에 올랐다. 금융위기로 각국이 외환 확보에 혈안이 된 틈을 타 중국은 2008년 말 이후 2009년 초까지 한국(1800억 위안), 홍콩(2000억 위안), 인도네시아(1000억 위안), 말레이시아(800억 위안), 아르헨티나(700억 위안), 벨라루스(200억 위안) 등 전 세계 6개 국가와 총 6500억 위안에 달하는 통화스와프 계약을 체결했다. 당연히 이에 대한 반대급부로 중국은 해당 국가들과의 위안화 결제를 강하게 밀어붙이고 있다.

중국이 금융위기 이후 세계 경기회복을 이끌면서 위안화의 국제적 위상은 더욱 높아지고 있다. 각국 중앙은행에서 위안화가 차지하는 비중이 중요해지고 있고, 세계 무역 거래자나 투자자들 사이에서도 결제통화로 달러화 대신 위안화 등을 선호하는 경향이 늘고 있다. 실제로 베트남, 태국 등 동남아에서는 이미 위안화가 달러화를 대체하며 제2의 결제통화로 기능하고 있고, 위안화를 사용하지 않는 호주, 뉴질랜드, 캐나다 등 이른바 '달러권'에서도 대중교역과 연동된 파생상품이 인기를 끌고 있다.

중국 정부의 위안화 기축통화 만들기는 최근 들어 더욱 가시화되고 있다. 중국은 2009년 7월 시범적으로 상하이와 광저우, 선전, 둥관, 주하이 등 5개 도시에 소재한 기업들이 홍콩, 마카오, 아세안 국가들과 무역할 때 위안화로 결제할 수 있도록 허용했다. 2010년 6월에는 위안화 무역결제를 할 수 있는 중국 내 지역을 베이징·톈진·산둥 등 20개 성·시로 확대했고 무역 상대국에 대한 제한도 완전히 철폐했다. 또 최근 타이완과의 관계 개선을 이루면서 양국간 무역결제에 위안화 사용 범위를 늘려가고 있다. 이에 따라 위안화 무역결제는 2010년 1분기 184억 위안에서 2분기 486억 6000만 위안으로 두 배 이상 느는 등 급속히 증가하고 있다.

이러한 위안화 기축통화 만들기는 2009년 8월 31일 신설된 '위안화 기축통화 추진팀'이 진두진휘하고 있는 것으로 알려졌다. 왕치산 부총리의 지휘 아래 인민은행 부행장을 책임자로 하는 이 팀은 이후 '제2금융정책국'으로 확대 개편돼 위안화 기축통화 만들기의 전위부대가 되고 있다.

중국의 위안화 국제화 프로그램은 채권시장으로도 확대되고 있다. 중국 인민은행은 2010년 8월 17일 외국 금융기관 등 해외투자자들에게 중국 은행간 채권시장 투자를 허용해 위안화표시 채권시장을 개방하기로 했다고 발표했다.

국채, 회사채, 은행채 등 10여 종의 채권이 거래되는 중국 은행간 채권시장은 2조 8700억 달러에 달하며, 이미 위안화 거래에 참여하고 있는 홍콩과 마카오 소재 은행과 해외은행, 해외 중앙은행들이 이 프로그램에 참여할 것으로 전해졌다. 중국의 채권시장 개방 조치는 위안화 무역결제 확대에 이은 위안화 국제화를 위한 2단계 조치로 풀이됐다. 〈월스트리트저널〉은 18일 중국의 채권시장 개방은 국제거래에서 위안화 사용을 늘려 위안화를 궁극적으로 기축통화로 만들겠다는 중국 정부의 야심찬 계획과 연결돼 있다고 진단했다.

이 같은 추세 속에서 중국의 위안화가 곧 차세대 기축통화로 자리매김할 것이라는 전망이 나오고 있다. 전문가들은 조만간 위안화가 세계의 기축통화는 아니더라도 최소한 역내 결제통화의 지위는 확보할 것으로 예상하고 있다. 중국 정부도 궁극적으로 위안화 기축통화 만들기에 앞서 단계적으로 교역국이나 인접국들과의 결제통화→아시아 등 역내 지역통화→달러 대체 기축통화의 수순을 밟아나간다는 구상을 밝히고 있다.[2]

〈월스트리트저널〉은 2010년 5월 "금융위기 이후 중국 위안화가 국제무대에서 달러화와 경쟁하면서 점차 영향력을 확대하고 있다"면서 "아시아에서 예전에는 주저 없이 미국 달러가 가장 중요했지만 지금은 위안화가 달러와 똑같이 중요하게 됐다"고 전했다.

하지만 위안화의 중요도가 과대평가됐으며 그 미래도 아직 불확실하다는 반론도 만만지 않게 제기되고 있다. 최근 한 외신에 따르면, CLSA증권의 중국 경제 전문가인 프레이저 호위는 "중국은

---

2) 금융위기 이후 중국이 세계경제 회복세를 주도하면서 중국은 최대 외환보유국이 됐을 뿐 아니라 막대한 대미 흑자로 인해 미국 등 선진국으로부터 지속적인 통화절상 압력을 받고 있다. 이에 따라 중국은 현재 달러화에만 연동돼 있는 달러 페그제(고정환율제의 일종)를 유로화, 엔화 등 다른 통화에도 연동돼 움직이도록 하는 통화바스켓 제도(Currency Basket System)로 옮겨갈 것으로 예측되고 있다. 이 제도는 달러화 이외에 유로화 등 주요 통화국의 무역 가중치 등을 감안해 환율을 결정하는 제도로, 한국이 80년대에 사용하던 방식이기도 하다. 중국은 싱가포르식 통화바스켓 제도를 벤치마킹하고 있는 것으로 알려져 있는데, 이는 철저한 관리변동환율제(Managed Floating Exchange Rate System)를 통해 자국 통화가치를 안정적으로 운용하는 동시에 상황에 따라 변동폭을 확대해 외환시장의 움직임에 대응하는 제도다. 중국은 앞으로 환율변동폭 조정 등을 통해 시장 변화에 대처해나갈 것으로 예상된다.

지금껏 진정한 변동 환율을 경험하지 못했을 뿐 아니라 시장에 반응하는 시스템도 마련하지 못했다"고 지적했다. 또한 위안화 기축통화를 추진하고 있는 중국 정부 입장의 밑바탕에는 그간 미국이 달러화의 지배적 지위를 이용해 전 세계의 부를 착취해왔다는 부정적 인식이 깔려 있어 미국 정부가 쉽사리 위안화의 기축통화 채택에 동의하지 않을 것이란 분석도 나오고 있다.

05
—

한국경제의 미래

새로운 자본주의를 찾아서

최근 세계경제에 가장 영향력 있는 기구로 등장한 G20 체제는 지난 2008년 발생한 월가발 금융위기를 수습하기 위해 마련된 것이다.

G20은 지금까지 다섯 차례 정상회의를 통해 금융위기의 직간접적인 원인이 됐던 월스트리트형의 금융자본주의 폐해를 불식하고 보다 투명하고 건전한 자본주의의 재정립을 목표로 추구해왔다. 이 과정에서 2차 세계대전 이후 세계를 지배해왔던 미국식의 일방적 독점자본주의에 대한 반성을 통해 신흥국들이 대거 참가하는 보다 개방되고 민주화된 자본주의의 재정립을 시도하고 있다.

이에 따라 앞으로 전개될 자본주의는 지금까지와는 사뭇 다른 양상을 띨 것이라는 데는 의문의 여지가 없다. 또한 그간 신자유주의 사상 아래 세계경제를 일방적으로 이끌어왔던 미국식 자본주의는 어떤 형태로든 간에 대수술이 불가피할 전망이다. 특히 금융부문에서는 금융위기 재발을 막기 위한 정부 개입과 규제를 한층 강화하는 방향으로 대대적인 개혁이 추진될 것이 확실시된다.

이러한 움직임은 벌써부터 감지되고 있다. 미국은 2010년 5월 금융개혁법안을 통과시키면서 연방준비제도이사회(FRB)와 재무부, 연방예금보험공사, 증권거래위원회를 망라한 금융안정감독위원회(FSOC)라는 범정부적인 금융감독체제를 출범시켰다. 이는 금융위기 진행과정에서 이른바 '대마불사'란 비판을 받았던 대형은행들을 대상으로 금융규제와 감독에 막강한 권한을 행사하게 되며, 경우에 따라서는 이들을 파산시킬 수도 있다. 또한 FRB 내에 소비자금융보호국(CFPB)을 설치해 소비자대출, 신용카드, 주택담보대출 부문에서 약탈적 고금리를 차단하는 등 금융소비자 보호를 위한 장치를 한층 강화했다. 이 밖에 파생상품과 헤지펀드, 사모펀드에 대한 규제를 강화하고 신용평가사들에 대해서도 감독을 강화하는 조항을 신설했다.

이 같은 변화는 금융위기로 나타난 시장실패에 대한 반대급부로서, 오바마 대통령 등장 이후 그간 미국식 자본주의를 이끌어왔던 시장만능주의, 또는 신자유주의에 대한 철저한 자기반성에 따른 것이다. 앞서 살펴보았듯이 월가발 금융위기와 이에 따른 금융시스템의 붕괴, 그 후의 경기침체는 시장에 대한 맹목적인 신뢰가 얼마나 비참한 결과를 가져올 수 있는지를 여실히 보여줬다. 지난

30년간 시장의 자율이라는 명분 아래 방치됐던 금융인들과 금융기업들의 무한대의 이익 추구 시도는 국가 경제를 절단내고 세계경제를 위협할 수 있다는 엄연한 사실 앞에서 더 이상 용납될 수 없게 됐다. 이제 자본주의는 문명화와 발전에 대한 인간의 욕망을 억압하지 않으면서도 불필요한 탐욕을 적절히 통제해야 하는 코페르니쿠스적 전환을 이뤄야 하는 과제를 떠안게 된 것이다.

이에 따라 앞으로 세계 자본주의체제는 정부의 개입과 통제가 강화되면서 좀 더 안정되고 균형이 중시되는 '따뜻한 인간의 얼굴을 한 자본주의'로 변모할 것이란 기대가 커지고 있다. 선진국들의 금융개혁안이 각국에서 최종적으로 법제화에 성공하고, G20 정상회의 등을 통해 지난 30년간 세계를 주름잡아왔던 신자유주의 모델이 전면적으로 수정된다면 세계 자본주의체제는 지금까지와는 전혀 다른 진일보한 새로운 모습을 선보이게 될 것이란 게 많은 전문가들의 예상이다.

미국식 자본주의 모델을 대체할 대안으로는 시장에 대한 국가 개입의 확대를 기본 전제로 하는 프랑스식 모델과 아시아식 모델, 북유럽의 노르딕 모델 등이 손꼽히고 있다. 루이 14세 당시의 '공업적 중상주의'로까지 거슬러 올라가는 프랑스식 자본주의 모델은 '저성장 복지국가'를 특징으로 한다. 고성장보다는 저성장을 추구하면서도 사회전반의 균형잡힌 복지정책과 약자 보호를 우선시하는 것이다. 산업정책 분야에서도 자국 산업과 기업에 대한 보호를 내세우며 중소기업이나 유치산업의 활동 무대를 만들어주는 공정한 경쟁질서 조성에 역점을 둔다. 이 때문에 한편에서는 대기업이나 독점적 기업들이 오히려 역차별을 받는다는 비난을 받을 정도다.

북유럽 모델은 자유무역과 시장 기능에 대한 신뢰가 높고 성장 친화적이며, 노동시장과 기업에 대한 규제가 훨씬 적다는 점이 특징이다. 그러나 이 모델 역시 공공부문의 낮은 생산성에다 고령화로 인해 갈수록 복지 부담을 감당하기 어려워지고 있다는 문제를 안고 있다. 북유럽 고유의 역사와 전통, 문화를 토대로 한 시스템이라 타국에 적용하기 어렵다는 지적도 나온다.

아시아 국가들도 더 이상 서구 모델을 본받아야 할 이유가 없다고 목소리를 높이고 있다. 일부에서는 월가발 금융위기가 자본주의에 대한 아시아식 접근의 정당성을 입증하는 계기가 됐다고 주장하기도 한다. 서구모델인 전문경영인 체제보다 오너에 의한 직접 경영 등이 보다 장기적이고 견실한 경영성과를 낸다는 주장이 대표적이다. 또한 10년 전 아시아 외환위기 때 미국이 IMF 등을 통해 아시아 각국에 요구한 '대마불사론'의 폐기, 재정적자 축소와 고금리 정책, 정경유착의 단절과 관치금융의 척결, 기업 구조조정과 노동시장 유연화 조치 요구 등은 너무 과도했다고 비판한다. 실제 이번 월가발 금융위기에서 미국이 취한 행태는 아시아 국가들에게 '글로벌 스탠더드(Global Standard)'라고 해서 무차별적으로 적용됐던 과거의 기준들과는 너무 거리가 멀었다는 지적이다. 2002년부터 매년 4월 중국 하이난성(海南省)에서 개최되는 보아오

(博鰲) 포럼은 중국을 중심으로 이러한 아시아적 경제모델을 주창하는 새로운 중심지로 떠오르고 있다.

그러나 이상의 세 개 자본주의 모델이 반드시 앞으로 등장하게 될 새로운 자본주의의 좌표가 될 수는 없을 것이다. '새 시대는 새 부대에'라는 표어가 있듯이 앞으로 나타나게 될 자본주의는 지금까지와는 전혀 다른 형태의 모습을 띠고 우리 앞에 다가올 수 있기 때문이다. 우리는 다만 한 번 신뢰가 추락한 낡은 자본주의로는 더 이상 인류의 미래를 담보해낼 수 없다는, 역사가 보여준 교훈을 반추할 뿐이다.[1]

---

1) 역사적으로도 자본주의는 끊임없는 변모를 거듭해왔다. 경제적 효율성과 생산력 증대 차원에서 인류 최고의 제도적 창안품이라 여겨지는 자본주의지만 지난 200년간 위기 때마다 끊임없이 자기변신을 꾀하면서 역사의 발전에 적응해왔다. 그렇지 않으면 자체적으로 더 이상 지탱할 수 없을 뿐더러 다른 체제의 도전에 몰락할 수도 있었기 때문이다.

지난 30년대 대공황을 계기로 기존의 자유방임형 자본주의가 사라지고 국가개입을 강조하는 케인스형 자본주의가 등장한 것이 좋은 예다. 영국 출신 경제학자인 존 메이너드 케인스는 당시 유행했던 신고전파 경제학의 위세 속에서 자신을 향한 '사회주의자'라는 비난에도 불구하고 자유방임주의가 낳은 주기적 불황을 치유하기 위해 국가개입의 정당성을 주장했다.

이 같은 변화 과정은 일찍이 《과학 혁명의 구조》(1962년)에서 '패러다임의 전환(Paradigm Shift)'을 애기했던 미국의 과학사학자 토마스 쿤에게서 찾아볼 수 있다. 과거를 지배했던 구질서는 신질서와의 충돌 속에서 새로운 변화를 요구하는 새로운 시대의 역사적 요구에 순응할 수밖에 없다는 그의 주장은 여전히 유효하다. 아울러 칼 마르크스가 '사회구성체이론(Social Formation Theory)'에서 제시했던 것처럼 '토대(경제)'가 '상부구조(문화 · 의식 · 사상 · 정치 등)'를 규정(Determination)하긴 해도 상부구조로부터 지배(Domination)를 받는 상호작용을 통해 새로운 변화를 이끌어낸다고 하는 역사 인식역시 타당성을 가진다. 그는 이것을 '생산의 무정부성과 소유의 사적 전유 간의 모순'이라고 표현하기도 했다.

존 메이너드 케인스와 더불어 20세기 초 위대한 경제학자로 일컬어지는 조지프 슘페터도 경제 체제를 정태적인 것이 아닌 발전하는 역사적 현상으로 이해했다. 그는 자본주의 역시 사회 발전의 최종 단계가 아니라 변화될 수 있는 과도적 체제라는 결론을 내리고, 자본주의 틀을 변화시킬 내적 동인으로서 '혁신(Innovation)' 개념을 강조했다.

기로에 선 한국경제

2010년 현재 한국은 금융위기 이후 다른 어느 나라보다도 빠른 회복력을 보이며 주요 외신으로부터 '아시아 V자 반등의 주역'이라는 찬사를 받고 있다.

주가는 조정을 받으면서도 꾸준한 상승세를 타고 있고 제조업역시 반도체와 휴대폰, LED를 중심으로 수출이 급증하면서 경기회복의 견인차 역할을 하고 있다. 지난 1998년 IMF 구제금융 이후 실시한 강력한 구조조정이 이번 월가발 금융위기 대응에서는 오히려 한국경제를 효과적인 체질로 변모시켰다는 평가를 받고 있다. 국제통화기금도 한국경제의 회복세를 높이 평가하면서 '한국은 이제 출구전략을 시작해야 할 시점'이라고 권고하기도 했다.[2]

국제무대에서 한국의 위상도 날로 높아지고 있다. 2010년 11월 한국이 제5차 G20 정상회의 개최지로 선택된 것은 한국이 G20회

---

2) 2010년 6월 3일 부산 G20 재무장관·총재회의에 참석하기 위해 한국을 방문한 도미니크 스트로스–칸 총재는 "한국은 재정 건전성이 양호하고 재정 정책도 올바른 방향으로 가고 있으며 급속한 경기 회복세에 맞춰 금리 정상화 과정을 시작할 단계에 접어들었다"고 평가했다. 그는 이 자리에서 외환위기 당시 IMF가 구제금융을 제공하는 대가로 혹독한 요구조건을 내건 것에 대해서 "당시 어떤 실수가 없었다고 말하지 않겠다"면서 일부 잘못된 부분이 있었음을 인정하기도 했다.
하지만 정부는 이에 앞서 본격적인 출구전략은 시기상조라는 입장을 정리한 것으로 알려졌다. 기획재정부는 5월 26일 간부대상 특강자료를 통해 "재정 기조와 예외적 위기대응조치 정상화 측면에서는 출구전략을 단계적으로 추진 중"이라면서 "다만 본격적인 출구전략 시행은 아직 이르다고 판단된다"고 밝혔다. 재정부는 그 근거로 국제금융시장 불안, 국제원자재 가격 상승 등 위험요인이 상존하고, 고용 개선이 아직 미흡한데다 물가와 부동산 가격 안정세로 인플레 등 저금리의 부작용 우려가 크지 않다는 점을 들었다.

의 최대 목표인 글로벌경제 위기를 모범적으로 극복하고 있는 대표적인 국가라는 점이 인정된 것이다. 이즈음 한국은 경제협력개발기구(OECD)의 개발원조위원회(DAC) 회원국이 돼 개발도상국들에게 공적원조(ODA)를 확대 지원하겠다는 뜻을 밝혔다. 한국의 DAC 가입은 1960년대에 세계에서 가장 가난했던 나라가 공식적으로 선진공여국 그룹에 진입했다는 의미를 담고 있다. 한국은 공적원조 규모를 2015년까지 국민총소득(GNI) 대비 0.25%로 확대할 방침이다.

2010년 처음 소집된 핵안보정상회의의 2차 개최지로서 한국이 선정된 것도 이례적인 일로 받아들여졌다. 버락 오바마 미국 대통령은 4월 13일 워싱턴에서 개최된 1차 핵안보정상회의 첫 공식 세션에서 오는 2012년 열리는 차기 회의 개최지로 한국이 결정됐다고 발표했다. 이는 오바마 대통령이 추구하는 '핵 없는 세상'이란 궁극적인 목표를 위해서 '핵 없는 한반도'가 먼저 필요하다는 인식에 따른 것이지만, 국제회의 개최지로서의 한국의 위상이 그만큼 높아졌다는 의미다.

하지만 한국은 아직 외부로부터 오는 충격을 자체적으로 견뎌낼 만한 체질 개선을 이뤘다고는 볼 수 없다는 게 일반적인 인식이다. 경제의 대외의존도(수출입/국내총생산)는 2009년 현재 일본(30.2%)의 두 배를 훨씬 넘는 75.1%로 10년 전이나 마찬가지 수준이다. 금융권의 외채 비중과 특히 단기채 비중도 10년 전에 비해 나아졌다고 할 수 없다. 총외채 중에서 언제든 상환해야 하는 단기외채가 차지하는 비중이 40%를 넘고, 만기가 1년 이내인 유동외채 규모는 외환보유액(2009년 9월 현재 2500억 달러)과 거의 맞먹는다. 이는 97년 외환위기 와중에서 금융산업에 대한 규제가 대폭 완화돼 은행들의 해외 차입이 자유화되고 외국인의 국내 자본시장 투자가 전면 개방된 결과다. 이런 상황에서는 외환보유액이 3000억 달러, 5000억 달러에 육박해도 안심할 수 없다는 말이 설득력을 갖는다.

최근 한국경제가 직면한 대내외 경제 환경도 결코 낙관할 수만은 없는 방향으로 흘러가고 있다. 경기가 좋아졌다고 해도 그 과실이 일부 대기업과 수출기업만으로 집중될 뿐 중소기업이나 내수기업들에게는 파급이 안 돼 국민들의 체감경기지수는 아직 풀리지 않고 있다. 여기에 인구의 고령화와 저출산 등으로 장기적인 성장 기반이 고갈되고 있으며, 대졸 청년실업자가 급증하면서 심각한 사회문제로 대두되고 있다. 한때 과열이 우려됐던 부동산 시장도 급작스레 거품이 빠지면서 '부동산 대란'을 걱정해야 할 판이 되면서 일부에서는 일본식의 '잃어버린 10년'[3]이 오는 것 아니냐는 불안감이 커지고 있다.

세계경제 환경도 급변하고 있다. 2010년 중반 이후 미국과 유럽의 경기 회복세가 크게 둔화되면서 글로벌 경제가 또다시 제2의 침체기, 즉 더블딥에 빠져드는 것 아니냐는 우려가 고개를 들고 있다. 미국의 경제성장률(전기대비, 연율)은 2009년 3분기 1.6%를 시작으로 2010년 1분기(3.7%)까지 3분기 연속 플러스 성장을 보이다 2

분기에 2.4%로 다시 하락세로 돌아섰다. 글로벌 증시도 이 같은 우려를 반영해 1년여간의 상승세에 제동이 걸렸고, 국채 가격도 수시로 급등락을 반복하면서 불안한 움직임을 보이고 있다.

'헤지펀드의 대부'로 불리는 조지 소로스는 2010년 6월 "글로벌 경제위기가 제2막에 들어섰다"면서 "최근 유럽 각국이 경제 회복세가 취약한 상황에서 재정적자 감축 압력을 받으면서 1930년대 위기 때와 흡사한 상황으로 접어들고 있다"고 지적했다. 이는 대공황 당시 세계경제가 일시적인 회복세를 보이다가 정부의 재정 지출 감축과 함께 또다시 침체를 보인 역사적인 경험을 염두에 둔 발언이다.

'엘리어트 파동이론'의 대가로 알려진 미국의 리처드 프레처는 "글로벌 증시가 앞으로 몇 년 동안 1930년 대공황보다 심한 폭락 장세를 연출할 것"이라면서 "주식시장의 혹한기에 대비해 모든 주식을 팔고 현금을 확보하라"고 권고하기까지 했다.

---

3) 지난 90년대 중반 부동산 버블 붕괴와 더불어 '잃어버린 10년'이라는 긴 침체의 늪을 지나야 했던 일본은 2008년 글로벌 금융위기를 맞아 디플레이션 압력이 높아지면서 또다시 침체의 긴 터널을 지나고 있다. 그간 일본 경제를 떠받쳐왔던 1억 3000만의 견실한 소비 시장도 고실업과 노령화, 소득분배 악화 등에 따른 소비 감소로 더 이상 일본 경제의 버팀목이 되지 못하고 있다. 특히 2010년 상반기 국제사회에 보여진 일본의 모습은 실망을 넘어 경악을 금치 못하게 한다. 미국에 이어 세계 2위의 경제 대국으로서 화려했던 과거의 위상은 온 데 간 데 없이 끝없이 무너져내리는 일본과 일본 기업의 현실을 적나라하게 보여주는 드라마가 속속 완성됐다. 세계 최대의 항공사이자 전후 일본 경제 부흥의 상징이었던 일본항공(JAL)이 수년간 누적된 빚더미 속에서 허우적거리다가 파산 보호를 신청하는가 하면 '첨단 기술'의 상징이었던 세계 최대의 자동차 회사 도요타가 미국 시장에서의 대규모 리콜 사태에 걸려 그간 쌓아온 명성에 치명적인 타격을 입었다. 이 밖에도 세이부 백화점, 혼다 등 일본의 아이콘이라 할 간판기업들이 줄줄이 좌초하면서 일본인들뿐만 아니라 세계인들에게 큰 충격을 안겨줬다. 〈니혼게이자이신문〉은 2009년 말 한 사설에서 "앞으로 성장의 맹아(萌芽)를 제대로 찾지 못하면 일본은 '잃어버린 20년'으로부터 벗어날 수 없을 것"이라고 우려했다.

이 같은 상황에서 한국은 앞으로도 금융, 실물 양면에서 대외의
존 구조가 더욱 심화될 것으로 우려되고 있다. 미국을 포함한 세
계 여러 나라들과 자유무역협정(FTA) 체결이 줄을 잇고 있고, 이른
바 동북아 금융허브를 지향한다며 도입한 '자본시장통합법(자본시
장과 금융투자업에 관한 법률안)'[4]이 2009년 2월 4일부터 시행에 들어갔
기 때문이다. 이에 따라 경제의 대외 개방은 더욱 확대되고 현란
한 금융기법을 적용한 파생상품과 월가식 첨단 금융기법이 널리
도입될 것으로 예상된다. 비판론자들은 벌써부터 "자통법 시행은
새로운 금융위기를 잉태할 시한폭탄을 제조한 것이나 마찬가지"
라고 비난하고 있다.

2010년 5월 확정된 오바마 정부의 금융개혁법안은 한국 금융당

---

4) 2007년 7월 3일 국회를 통과한 자본시장통합법은 골드만삭스 같은 대형 투자은행(IB)을 육성시키기
위해 증권사, 선물회사, 자산운용회사 등으로 엄격히 나눠진 증권업 내 벽을 없애고, 금융상품 개발
과 운용에 대한 규제를 과감히 철폐한다는 내용을 담고 있다. 또 파생금융상품(CDO, CDS 등) 활성
화, 헤지펀드와 사모펀드(PEF) 육성, 증권·금융사의 지급결제 허용 등과 같은 서브프라임 사태를
일으킨 요소들이 대거 포함돼 있다. 이미 국내 금융시장에는 지난 2003년부터 ELS(주가연계증권)와
ELW(주식워런트증권), DLS(파생결합증권), KIKO(통화옵션 형태의 고위험 장외파생상품) 등의 파
생상품이 도입돼 있다. 이들 중 일부는 금융위기 국면에서 수조 원대의 손실을 내며 심각한 사회문
제로 비화됐다. 특히 증권사들이 높은 수익과 안정성을 강조하며 판매한 ELS는 2008년 주가가 반 토
막 나면서 수많은 개미투자자들을 울렸으며, 미국 투자은행(IB)에서 도입한 환헤지옵션상품인 키코
(KIKO) 역시 환율이 폭등하며 멀쩡한 중소기업들을 도산 위기로 내몰았다. 2005년 1월 개인들에게
까지 거래가 허용된 'FX마진거래(해외통화선물거래)'도 최소 증거금보다 무려 50~400배에 이르는
베팅이 가능해 투기성이 높은 금융상품으로 지목된다. 금융위기 이전 금융감독원 조사에서도 증권
사의 파생증권 발행 규모는 2003년 3조 5000억 원에서 2007년 41조 7000억 원으로 무려 10배 이상 폭
증한 것으로 나타났다. 아직 크게 활성화되지는 않았지만 미국식 모델을 본떠 만든 사모펀드(PEF)도
정·관계 거물들의 자리보전을 위한 꼼수라는 비판을 받고 있다. '안면(顔面) 자본주의(Access
Capitalism)'의 전형으로 간주되는 사모펀드는 정관계 또는 재계 상층부 간의 인맥을 통해 돈을 모으
고 멀쩡한 기업들을 M&A해 돈을 버는 기법을 쓴다.

국을 더욱 혼돈에 빠뜨리고 있다. 세계적인 추세에 맞춘다면 당연히 한국도 금융규제개혁에 동참해야 하지만 한국은 이미 자통법 시행과 더불어 금융회사의 대형화와 규제 완화를 지원하는 쪽으로 방향을 잡았기 때문이다. 오는 11월 G20 서울 정상회의에서도 은행규제개혁과 금융시스템 안정방안에 대해 집중적으로 논의할 예정이어서 국내 금융산업과 시장에도 어떤 후폭풍이 닥칠지 관심이 쏠리고 있다.

따라서 한국이 자통법 시행을 계기로 월가식 금융자본주의 도입을 확대한다 해도 무분별한 위험 투자가 시스템적 위기로 연결되지 않도록 체계적인 안전장치를 마련해야 하는 것은 필수적인 요청이다. 그렇지 않으면 한국은 세계경제의 흐름과 거꾸로 가는 조치를 취했다가 곧 닥칠지 모르는 제2의 위기 앞에서 스스로 파멸의 길을 가는 '자폭주'를 마셨다고 세계적인 조롱거리가 될지도 모를 일이다.

야수가 우리를 뛰쳐나올 때

한국이 앞으로 직면할 세계경제 환경은 G20의 영향력이 어느 때보다 두드러지게 큰 시대가 될 것이다. 미국의 힘이 감소하는 가운데 새로운 '슈퍼 파워'로 떠오른 중국의 도전이 본격화되면서 선진국과 신흥국이 어우러진 G20이 국제 금융은 물론 경제관련 이슈를 다루는 최고의 의사결정기구가 돼가고 있다.

이에 따라 글로벌 금융위기가 탄생시킨 G20 체제야말로 앞으로 한국경제에 가장 큰 외생변수(Exogeneous Variable)로 작용할 것이 분명하다.

한국 자본주의가 제대로 된 길을 걷기 위해서는 미국 중심의 세계 질서가 무너지고 다원주의가 힘을 얻는 거대한 변화 속에서 한반도 주변 정세에 대한 면밀한 성찰이 요구된다. 중국은 이미 개혁개방 30년 만에 경제력 면에서 유럽과 일본을 제치고 미국을 견제할 초강대국으로 자리잡으며, 아시아는 물론 세계경제 판도에 중대한 변화를 일으킬 핵심 국가가 되었다. 국제무대에서 중국이 펼칠 움직임 하나하나는 아시아 지역, 특히 동북아시아의 정치, 경제, 군사적 판도 변화에 중대한 영향을 끼치게 될 것이다.

하지만 경제력이 세계 1위라고 곧바로 세계의 패권국가가 될 수 있는 것은 아니다. 군사력과 문화 지배력에서 중국은 아직도 미국이나 유럽 선진국들에 비해 현저히 뒤떨어지는게 사실이다. 지구상에 몇 개 남지 않은 공산주의를 추종하는 나라인 중국은 봉건시대 유산인 중화주의(中華主義)의 복원도 동시에 꿈꾸는 이율배반성을 보이고 있다. 중국이 지난 2009년 베이징 올림픽을 전후해 티베트와 신장위구르 지역의 독립운동과 관련해 국제사회에 보여준 위압적인 모습은 중국이 지구촌을 이끄는 문화적 선도국가가 되기에는 아직 멀었다는 점을 잘 보여준다. 중국이 과연 과거의 영광을 되찾을 수 있을지 아니면 또 한 번 이빨 빠진 호랑이 신세가 될지는 앞으로 전개될 국제무대의 극심한 변화 속에서 중국이 어떤 리더십을 보여주느냐에 달려 있다고 할 수 있다.

G20을 중심으로 하는 다극화 체제 속에서 지난 200년간 아시아의 유일한 선진국이자 '얼굴이 노란 백인종'으로 대접받았던 일본의 대응도 주목된다. 글로벌 금융위기 속에서 유권자들의 외면을 받은 자민당 정권을 무너뜨리고 2009년 8월 집권한 일본의 하토야마 정권은 '동북아 경제공동체(EAC)' 구상을 제시하며 중국과의 공조 내지는 견제 의사를 드러내고 있다. EAC 구상은 장기적으로 아시아 지역에서도 유럽연합(EU)과 같은 경제공동체를 만들자는 취지이지만, 2차 세계대전 기간중 일본 군국주의의 횡포를 기억하는 아시아 인민들에게는 '대동아 공영권'의 악몽이 드리워진다.

1930년대 대공황 이후 최악의 경제위기라 일컬어지는 글로벌 금융위기는 서브프라임사태를 포함해서 벌써 4년이 다 지나고 있지만 아직 최후의 끝을 파악하기 이르다. 각국이 설령 이번 위기를 극복하는 데 성공한다 할지라도 자본주의적 경기순환의 본질은 아직 변하지 않았다는 게 대다수 전문가들의 지적이다. 위기가 사라진다 해도 영원히 사라지는 것이 아니라 다만 잠복해 있을 뿐이라는 것이다. 오히려 현단계 세계 자본주의의 위기는 점점 변동성이 커져 찾아오는 주기가 짧아지면서 위기의 만성화를 초래하는 경향을 갖고 있다.[5]

위기가 반복될 수밖에 없는 자본주의 현실에 대해 경제학자들은 대체로 인간 본성에 바탕을 둔 탐욕에서 그 원인을 찾는다. 인간 본성상 탐욕은 완전히 사라지지 않을 것이고 현재 자본주의체제 아래서 이를 제어할 방법도 제한적일 수밖에 없다는 지적이다. 과거에는 전쟁과 식민지 수탈, 농산물 투기와 산업개발, 자원 및 원자재 개발을 통한 이익에 집중됐지만, 고도로 발전한 현대 자본주의체제에서는 정교한 금융공학을 바탕으로 한 복잡하고 수수께끼 같은 금융거래가 인간의 욕망을 실현하는 무대가 되고 있다. 벌써부터 무한대의 이익을 좇는 '월가의 탐욕'[6]은 새로운 위기를 잉태하고 있다는 비판도 나온다.

대공황 전문가로서 오랫동안 미국 연방준비제도이사회(FRB) 의장을 지내 하마터면 그 집 귀신이 될 뻔했던 앨런 그린스펀은 2009년 9월 9일 〈BBC2〉 프로그램에 출연해 "역사상 여러 경제 위기들의 공통적인 속성은 오랜 성장 뒤에도 그러한 성장세가 지속될 것이라고 확신하는 인간의 억제할 수 없는 욕망 때문"이라고 지적했

---

5) 자본주의 경제순환 사이클상 새로운 위기는 10년 이내에 다시 발발할 것으로 예상된다. 최근 전 세계를 다시 긴장시키고 있는 것은 각국의 막대한 재정적자다. 선진국이든 후진국이든 신흥국이든 가리지 않고 기하급수적으로 늘고 있는 재정적자는 앞으로 세계경제에 새로운 충격을 줄 잠재적인 시한폭탄으로 간주되고 있다.
경제규모가 세계 1위인 미국의 연방정부 부채가 심각한 문제를 야기한다면 그 충격은 상상을 초월하는 수준이 될 것이다. 버락 오바마 행정부 최근 의회에 제출한 2011회계연도(2010. 10~2011. 9) 예산안은 세수 목표를 2조 5000억 달러로 잡으면서 재정지출은 3조 8000억 달러로 책정해 무려 1조 3000억 달러의 막대한 적자를 내는 것으로 돼 있다. 오바마 대통령은 특히 예산 긴축을 통해 재정적자를 줄여나가겠다고 다짐하면서도 최근 연방정부의 부채한도를 12조 4000억 달러에서 14조 3000억 달러로 증액하는 법안에 서명했다. 이는 국제통화기금(IMF)이 위험 수준으로 간주하는 미국의 연간 국민총생산(GDP)에 맞먹는 수준으로, 이 경우 미국 정부가 발행하는 국채가 세계 제1의 신뢰성을 유지할 수 있을지는 의문이다. 2010년 5월 IMF 출신으로 메릴랜드 대학 교수인 카먼 라인하트는 〈AP통신〉과의 회견에서 "늑대가 언제 우리를 박차고 나올지 아무도 모르지만, 현재 늑대는 매우 변덕스러운 상태"라면서 "과도한 정부부채를 줄이기 위한 노력이 집중되지 않는다면 시장은 갑작스럽게 돌변할 수 있다"고 경고했다.

다. 그는 글로벌 금융위기에 대해서도 "서브프라임 사태 이전의 장기 성장에 대한 지나친 낙관의 결과"라면서 인간 욕망의 불가역성(不可逆性)이 위기의 원인이라고 진단했다. 나아가 그는 "앞으로 경제위기는 또다시 찾아온다"면서 "다만 앞으로 닥칠 위기는 과거와는 현저히 다른 양상을 띠고 나타날 것"이라고 경고했다.

사회 고발성 다큐멘터리로 유명한 미국의 마이클 무어 감독은 금융위기 1주년을 맞아 제작한 신작 《자본주의 : 사랑 이야기》 홍보차 토론토 국제영화제에 참석한 자리에서 "지난 1년간 월가의 금융계가 배운 것은 폰지 사기(=다단계 금융사기)를 저지르기 위해서

---

6) 금융위기 발발 1년이 지나자 월가는 고수익을 노린 무분별한 위험 투자와 고액 연봉 관행을 부활하는 등 과거의 실수를 되풀이할 조짐을 보였다. 2009년 8월 〈AP통신〉은 월가 금융회사들이 미국 주택시장 붕괴의 단초가 됐던 리패키징(repackaging) 수법을 다시 동원하고 있다고 보도했다. 리패키징은 위험도가 높은 모기지 증권을 쪼개 위험도가 낮은 모기지 증권과 뒤섞은 뒤 이를 저위험 상품으로 포장해 판매하는 수법이다. 이즈음 생명보험 계약 만료 이전에 이를 증권으로 유동화해서 매매함으로써 위험도에 따라 수익을 배분하는 새로운 기법의 '생명보험 유동화 상품'이 주목을 받았다. 이는 예를 들어 10억 원짜리 생명보험 가입자들의 계약을 3억 원에 사들여 사망시까지의 보험료를 대신 납부하는 대신 금융회사는 이를 유동화시켜 6억 원에 다시 되파는 수법이다. 계약자가 사망하면 보험에서 나오는 10억 원의 보험금은 최종 유동화 증권 투자자에게 귀속되며 금융회사는 3억 원의 차익을 얻게 되는데, 이는 보험계약자가 일찍 죽을수록 금융회사나 최종 투자자에게 유리한 상품이다. 중간에 납부해야 할 보험료가 줄어들기 때문이다. 금융위기를 증폭시킨 주범으로 낙인찍힌 신용디폴트스와프(CDS) 등 복잡하고 위험도가 큰 파생상품 거래도 다시 증가했다. 미 통화감독청(OCC)의 집계결과에 따르면 2009년 3월 말 현재 미국 금융시스템 내의 파생상품의 명목가치는 14조 6000억 달러로 위기 발발 전인 3년 전 5조 5000억 달러에 비해 3배 정도 늘어났다. 또 금융위기 직후에는 위험도가 큰 자산 거래가 거의 중단됐지만 2009년 2분기 골드만삭스나 JP모건 등은 전체 매출의 절반 가까이를 이들 고위험 자산 거래에서 수익을 올려 2년 전 수준에 근접한 것으로 조사됐다. 위기 이후 여론의 질타를 받았던 고액 연봉 관행도 되살아났다. 골드만삭스는 2009년 2분기에 직원들에 대한 보수 등으로 66억 달러를 지출했는데, 이는 2년 전보다 34% 더 많은 것으로, 수만 명의 직원들이 해고된 점을 고려하면 직원 1인당 지급액은 오히려 더 늘어난 셈이다. 상반기 동안 상위 5개 은행이 직원보수를 위해 유보한 자금도 610억 달러로 1년 전의 650억 달러와 큰 차이가 없었다.

는 더 교활해질 필요가 있다는 점인 것 같다"면서 "야수와 같은 속성을 가진 자본주의는 아무리 밧줄로 꽁꽁 묶어놓아도 돈을 벌려는 뿌리 깊은 욕망 때문에 곧 그 밧줄을 끊고 우리를 뛰쳐나오고 말 것"이라고 개탄했다.

사실상 앞으로 올 위기는 미국이나 유럽뿐 아니라 중국이나 일본, 또는 한국이 진원지가 될 수도 있을 것이다. 지난 30년간 개방 이후 성장 일변도를 달려왔던 중국이 어느 순간 거꾸러질 수도 있고 G2라 불리는 미국과 중국 간에 어떤 알력이 생길 수도 있다. 또한 세계 2위 경제대국 자리를 놓고 다투는 일본과 중국 간에 치유될 수 없는 갈등이 생기거나 터질 수도 있다.

한반도 내에서도 북한의 위상과 관련해 어떤 중대한 정치지형의 변화가 만들어질 수도 있다. 중국은 특히 그동안 고도성장을 구가해오면서 한 번도 제대로 된 경제위기를 겪지 않았다는 데 불안감을 표출하며 반드시 언젠가는 미국 등 세계 자본주의를 움직이는 거대한 세력들이 자국의 금융시장을 공략해 경제를 파탄으로 내몰지 모른다는 경계심을 키우고 있다.

이 같은 우려가 사실로 나타나게 될지 아니면 단순한 기우에 그치게 될지는 아무도 미리 예측할 수 없을 것이다. 그러나 국제무대에서 미국이 힘을 잃고 중국이 부상하며 역학관계 변화가 뚜렷해지는 지금, 그리고 세계 자본주의의 중심인 미국을 비롯한 유럽과 일본 등 각국이 새로운 변모를 시도하고 있는 지금, 한국 정부와 국민, 그리고 개별 기업과 사회단체 등 각 경제 주체들은 미래에 닥칠 새로운 위기에 대비한 내적, 외적 준비를 서두르지 않으면 안 될 것이다. 그렇지 않으면 그에 대한 응분의 대가를 치러야 한다는 게 역사의 교훈이었음은 두말할 나위가 없다. 변화는 항상 좋은 것이 아니라 그것이 제대로 관리되고 새로운 균형점을 찾을 수 있을 때만이 좋은 것이다.

부록

역대 G20 정상회의 영문선언문

I. DECLARATION
SUMMIT ON FINANCIAL MARKETS AND
THE WORLD ECONOMY

(November 15, 2008)

1. We, the Leaders of the Group of Twenty, held an initial meeting in Washington on November 15, 2008, amid serious challenges to the world economy and financial markets. We are determined to enhance our cooperation and work together to restore global growth and achieve needed reforms in the world' s financial systems.

2. Over the past months our countries have taken urgent and exceptional measures to support the global economy and stabilize financial markets. These efforts must continue. At the same time, we must lay the foundation for reform to help to ensure that a global crisis, such as this one, does not happen again. Our work will be guided by a shared belief that market principles, open trade and investment regimes, and effectively regulated financial markets foster the dynamism, innovation, and entrepreneurship that are essential for economic growth, employment, and poverty reduction.

Root Causes of the Current Crisis

3. During a period of strong global growth, growing capital flows, and prolonged stability earlier this decade, market participants sought higher yields without an adequate appreciation of the risks and failed to exercise proper due diligence. At the same time, weak underwriting standards, unsound risk management practices, increasingly complex and opaque financial products, and consequent excessive leverage combined to create vulnerabilities in the system. Policy-makers, regulators and supervisors, in some advanced countries, did not adequately appreciate and address the risks building up in financial markets, keep pace with financial innovation, or take into account the systemic ramifications of domestic regulatory actions.

4. Major underlying factors to the current situation were, among others, inconsistent and

insufficiently coordinated macroeconomic policies, inadequate structural reforms, which led to unsustainable global macroeconomic outcomes. These developments, together, contributed to excesses and ultimately resulted in severe market disruption.

Actions Taken and to Be Taken

5. We have taken strong and significant actions to date to stimulate our economies, provide liquidity, strengthen the capital of financial institutions, protect savings and deposits, address regulatory deficiencies, unfreeze credit markets, and are working to ensure that international financial institutions (IFIs) can provide critical support for the global economy.

6. But more needs to be done to stabilize financial markets and support economic growth. Economic momentum is slowing substantially in major economies and the global outlook has weakened. Many emerging market economies, which helped sustain the world economy this decade, are still experiencing good growth but increasingly are being adversely impacted by the worldwide slowdown.

7. Against this background of deteriorating economic conditions worldwide, we agreed that a broader policy response is needed, based on closer macroeconomic cooperation, to restore growth, avoid negative spillovers and support emerging market economies and developing countries. As immediate steps to achieve these objectives, as well as to address longer-term challenges, we will:

- Continue our vigorous efforts and take whatever further actions are necessary to stabilize the financial system.
- Recognize the importance of monetary policy support, as deemed appropriate to domestic conditions.
- Use fiscal measures to stimulate domestic demand to rapid effect, as appropriate, while maintaining a policy framework conducive to fiscal sustainability.
- Help emerging and developing economies gain access to finance in current difficult financial conditions, including through liquidity facilities and program support. We stress the International Monetary Fund's (IMF) important role in crisis response, welcome its new short-term liquidity facility, and urge the ongoing review of its instruments and facilities to ensure flexibility.
- Encourage the World Bank and other multilateral development banks (MDBs) to use their

full capacity in support of their development agenda, and we welcome the recent introduction of new facilities by the World Bank in the areas of infrastructure and trade finance.

- Ensure that the IMF, World Bank and other MDBs have sufficient resources to continue playing their role in overcoming the crisis.

Common Principles for Reform of Financial Markets

8. In addition to the actions taken above, we will implement reforms that will strengthen financial markets and regulatory regimes so as to avoid future crises. Regulation is first and foremost the responsibility of national regulators who constitute the first line of defense against market instability. However, our financial markets are global in scope, therefore, intensified international cooperation among regulators and strengthening of international standards, where necessary, and their consistent implementation is necessary to protect against adverse cross-border, regional and global developments affecting international financial stability. Regulators must ensure that their actions support market discipline, avoid potentially adverse impacts on other countries, including regulatory arbitrage, and support competition, dynamism and innovation in the marketplace. Financial institutions must also bear their responsibility for the turmoil and should do their part to overcome it including by recognizing losses, improving disclosure and strengthening their governance and risk management practices.

9. We commit to implementing policies consistent with the following common principles for reform.

- Strengthening Transparency and Accountability: We will strengthen financial market transparency, including by enhancing required disclosure on complex financial products and ensuring complete and accurate disclosure by firms of their financial conditions. Incentives should be aligned to avoid excessive risk-taking.

- Enhancing Sound Regulation: We pledge to strengthen our regulatory regimes, prudential oversight, and risk management, and ensure that all financial markets, products and participants are regulated or subject to oversight, as appropriate to their circumstances. We will exercise strong oversight over credit rating agencies, consistent with the agreed and strengthened international code of conduct. We will also make regulatory regimes more effective over the economic cycle, while ensuring that regulation is efficient, does not stifle innovation, and encourages expanded trade in financial products and services. We commit to transparent assessments of our national regulatory systems.

- Promoting Integrity in Financial Markets: We commit to protect the integrity of the world's financial markets by bolstering investor and consumer protection, avoiding conflicts of interest, preventing illegal market manipulation, fraudulent activities and abuse, and protecting against illicit finance risks arising from non-cooperative jurisdictions. We will also promote information sharing, including with respect to jurisdictions that have yet to commit to international standards with respect to bank secrecy and transparency.

- Reinforcing International Cooperation: We call upon our national and regional regulators to formulate their regulations and other measures in a consistent manner. Regulators should enhance their coordination and cooperation across all segments of financial markets, including with respect to cross-border capital flows. Regulators and other relevant authorities as a matter of priority should strengthen cooperation on crisis prevention, management, and resolution.

- Reforming International Financial Institutions: We are committed to advancing the reform of the Bretton Woods Institutions so that they can more adequately reflect changing economic weights in the world economy in order to increase their legitimacy and effectiveness. In this respect, emerging and developing economies, including the poorest countries, should have greater voice and representation. The Financial Stability Forum (FSF) must expand urgently to a broader membership of emerging economies, and other major standard setting bodies should promptly review their membership. The IMF, in collaboration with the expanded FSF and other bodies, should work to better identify vulnerabilities, anticipate potential stresses, and act swiftly to play a key role in crisis response.

Tasking of Ministers and Experts

10. We are committed to taking rapid action to implement these principles. We instruct our Finance Ministers, as coordinated by their 2009 G-20 leadership (Brazil, UK, Republic of Korea), to initiate processes and a timeline to do so. An initial list of specific measures is set forth in the attached Action Plan, including high priority actions to be completed prior to March 31, 2009.

In consultation with other economies and existing bodies, drawing upon the recommendations of such eminent independent experts as they may appoint, we request our Finance Ministers to formulate additional recommendations, including in the following specific areas:

- Mitigating against pro-cyclicality in regulatory policy;
- Reviewing and aligning global accounting standards, particularly for complex securities in times of stress;
- Strengthening the resilience and transparency of credit derivatives markets and reducing their systemic risks, including by improving the infrastructure of over-the-counter markets;
- Reviewing compensation practices as they relate to incentives for risk taking and innovation;
- ReviewingReviewing the mandates, governance, and resource requirements of the IFIs; and
- ReviewingDefining the scope of systemically important institutions and determining their appropriate regulation or oversight.

11. In view of the role of the G-20 in financial systems reform, we will meet again by April 30, 2009, to review the implementation of the principles and decisions agreed today.

Commitment to an Open Global Economy

12. We recognize that these reforms will only be successful if grounded in a commitment to free market principles, including the rule of law, respect for private property, open trade and investment, competitive markets, and efficient, effectively regulated financial systems. These principles are essential to economic growth and prosperity and have lifted millions out of poverty, and have significantly raised the global standard of living. Recognizing the necessity to improve financial sector regulation, we must avoid over-regulation that would hamper economic growth and exacerbate the contraction of capital flows, including to developing countries.

13. We underscore the critical importance of rejecting protectionism and not turning inward in times of financial uncertainty. In this regard, within the next 12 months, we will refrain from raising new barriers to investment or to trade in goods and services, imposing new export restrictions, or implementing World Trade Organization (WTO) inconsistent measures to stimulate exports. Further, we shall strive to reach agreement this year on modalities that leads to a successful conclusion to the WTO' s Doha Development Agenda with an ambitious and balanced outcome. We instruct our Trade Ministers to achieve this objective and stand ready to

assist directly, as necessary. We also agree that our countries have the largest stake in the global trading system and therefore each must make the positive contributions necessary to achieve such an outcome.

14. We are mindful of the impact of the current crisis on developing countries, particularly the most vulnerable. We reaffirm the importance of the Millennium Development Goals, the development assistance commitments we have made, and urge both developed and emerging economies to undertake commitments consistent with their capacities and roles in the global economy. In this regard, we reaffirm the development principles agreed at the 2002 United Nations Conference on Financing for Development in Monterrey, Mexico, which emphasized country ownership and mobilizing all sources of financing for development.

15. We remain committed to addressing other critical challenges such as energy security and climate change, food security, the rule of law, and the fight against terrorism, poverty and disease.

16. As we move forward, we are confident that through continued partnership, cooperation, and multilateralism, we will overcome the challenges before us and restore stability and prosperity to the world economy.

Action Plan to Implement Principles for Reform

This Action Plan sets forth a comprehensive work plan to implement the five agreed principles for reform. Our finance ministers will work to ensure that the taskings set forth in this Action Plan are fully and vigorously implemented. They are responsible for the development and implementation of these recommendations drawing on the ongoing work of relevant bodies, including the International Monetary Fund (IMF), an expanded Financial Stability Forum (FSF), and standard setting bodies.

Strengthening Transparency and Accountability

Immediate Actions by March 31, 2009
• The key global accounting standards bodies should work to enhance guidance for valuation

of securities, also taking into account the valuation of complex, illiquid products, especially during times of stress.

- Accounting standard setters should significantly advance their work to address weaknesses in accounting and disclosure standards for off-balance sheet vehicles.
- Regulators and accounting standard setters should enhance the required disclosure of complex financial instruments by firms to market participants.
- With a view toward promoting financial stability, the governance of the international accounting standard setting body should be further enhanced, including by undertaking a review of its membership, in particular in order to ensure transparency, accountability, and an appropriate relationship between this independent body and the relevant authorities.
- Private sector bodies that have already developed best practices for private pools of capital and/or hedge funds should bring forward proposals for a set of unified best practices. Finance Ministers should assess the adequacy of these proposals, drawing upon the analysis of regulators, the expanded FSF, and other relevant bodies.

Medium-term actions

- The key global accounting standards bodies should work intensively toward the objective of creating a single high-quality global standard.
- Regulators, supervisors, and accounting standard setters, as appropriate, should work with each other and the private sector on an ongoing basis to ensure consistent application and enforcement of high-quality accounting standards.
- Financial institutions should provide enhanced risk disclosures in their reporting and disclose all losses on an ongoing basis, consistent with international best practice, as appropriate. Regulators should work to ensure that a financial institution' financial statements include a complete, accurate, and timely picture of the firm' s activities (including off-balance sheet activities) and are reported on a consistent and regular basis.

Enhancing Sound Regulation

Regulatory Regimes

Immediate Actions by March 31, 2009

- The IMF, expanded FSF, and other regulators and bodies should develop recommendations to mitigate pro-cyclicality, including the review of how valuation and leverage, bank capital, executive compensation, and provisioning practices may exacerbate cyclical trends.

Medium-term actions

- To the extent countries or regions have not already done so, each country or region pledges to review and report on the structure and principles of its regulatory system to ensure it is compatible with a modern and increasingly globalized financial system. To this end, all G-20 members commit to undertake a Financial Sector Assessment Program (FSAP) report and support the transparent assessments of countries' national regulatory systems.
- The appropriate bodies should review the differentiated nature of regulation in the banking, securities, and insurance sectors and provide a report outlining the issue and making recommendations on needed improvements. A review of the scope of financial regulation, with a special emphasis on institutions, instruments, and markets that are currently unregulated, along with ensuring that all systemically-important institutions are appropriately regulated, should also be undertaken.
- National and regional authorities should review resolution regimes and bankruptcy laws in light of recent experience to ensure that they permit an orderly wind-down of large complex cross-border financial institutions.
- Definitions of capital should be harmonized in order to achieve consistent measures of capital and capital adequacy.

Prudential Oversight

Immediate Actions by March 31, 2009

- Regulators should take steps to ensure that credit rating agencies meet the highest standards of the international organization of securities regulators and that they avoid conflicts of interest, provide greater disclosure to investors and to issuers, and differentiate ratings for complex products. This will help ensure that credit rating agencies have the right incentives and appropriate oversight to enable them to perform their important role in providing unbiased information and assessments to markets.

- The international organization of securities regulators should review credit rating agencies' adoption of the standards and mechanisms for monitoring compliance.
- Authorities should ensure that financial institutions maintain adequate capital in amounts necessary to sustain confidence. International standard setters should set out strengthened capital requirements for banks' structured credit and securitization activities.
- Supervisors and regulators, building on the imminent launch of central counterparty services for credit default swaps (CDS) in some countries, should: speed efforts to reduce the systemic risks of CDS and over-the-counter (OTC) derivatives transactions; insist that market participants support exchange traded or electronic trading platforms for CDS contracts; expand OTC derivatives market transparency; and ensure that the infrastructure for OTC derivatives can support growing volumes.

Medium-term actions
- Credit Ratings Agencies that provide public ratings should be registered.
- Supervisors and central banks should develop robust and internationally consistent approaches for liquidity supervision of, and central bank liquidity operations for, cross-border banks.

Risk Management

Immediate Actions by March 31, 2009
- Regulators should develop enhanced guidance to strengthen banks' risk management practices, in line with international best practices, and should encourage financial firms to reexamine their internal controls and implement strengthened policies for sound risk management.
- Regulators should develop and implement procedures to ensure that financial firms implement policies to better manage liquidity risk, including by creating strong liquidity cushions.
- Supervisors should ensure that financial firms develop processes that provide for timely and comprehensive measurement of risk concentrations and large counterparty risk positions across products and geographies.

- Firms should reassess their risk management models to guard against stress and report to supervisors on their efforts.
- The Basel Committee should study the need for and help develop firms' new stress testing models, as appropriate.
- Financial institutions should have clear internal incentives to promote stability, and action needs to be taken, through voluntary effort or regulatory action, to avoid compensation schemes which reward excessive short-term returns or risk taking.
- Banks should exercise effective risk management and due diligence over structured products and securitization.

Medium -term actions

- International standard setting bodies, working with a broad range of economies and other appropriate bodies, should ensure that regulatory policy makers are aware and able to respond rapidly to evolution and innovation in financial markets and products.
- Authorities should monitor substantial changes in asset prices and their implications for the macroeconomy and the financial system.

Promoting Integrity in Financial Markets

Immediate Actions by March 31, 2009

- Our national and regional authorities should work together to enhance regulatory cooperation between jurisdictions on a regional and international level.
- National and regional authorities should work to promote information sharing about domestic and cross-border threats to market stability and ensure that national (or regional, where applicable) legal provisions are adequate to address these threats.
- National and regional authorities should also review business conduct rules to protect markets and investors, especially against market manipulation and fraud and strengthen their cross-border cooperation to protect the international financial system from illicit actors. In case of misconduct, there should be an appropriate sanctions regime.

Medium -term actions

- National and regional authorities should implement national and international measures that protect the global financial system from uncooperative and non-transparent jurisdictions that pose risks of illicit financial activity.

- The Financial Action Task Force should continue its important work against money laundering and terrorist financing, and we support the efforts of the World Bank - UN Stolen Asset Recovery (StAR) Initiative.

- Tax authorities, drawing upon the work of relevant bodies such as the Organization for Economic Cooperation and Development (OECD), should continue efforts to promote tax information exchange. Lack of transparency and a failure to exchange tax information should be vigorously addressed.

Reinforcing International Cooperation

Immediate Actions by March 31, 2009

- Supervisors should collaborate to establish supervisory colleges for all major cross-border financial institutions, as part of efforts to strengthen the surveillance of cross-border firms. Major global banks should meet regularly with their supervisory college for comprehensive discussions of the firm's activities and assessment of the risks it faces.

- Regulators should take all steps necessary to strengthen cross-border crisis management arrangements, including on cooperation and communication with each other and with appropriate authorities, and develop comprehensive contact lists and conduct simulation exercises, as appropriate.

Medium -term actions

- Authorities, drawing especially on the work of regulators, should collect information on areas where convergence in regulatory practices such as accounting standards, auditing, and deposit insurance is making progress, is in need of accelerated progress, or where there may be potential for progress.

- Authorities should ensure that temporary measures to restore stability and confidence have minimal distortions and are unwound in a timely, well-sequenced and coordinated manner.

Reforming International Financial Institutions

Immediate Actions by March 31, 2009

· The FSF should expand to a broader membership of emerging economies.

· The IMF, with its focus on surveillance, and the expanded FSF, with its focus on standard setting, should strengthen their collaboration, enhancing efforts to better integrate regulatory and supervisory responses into the macro-prudential policy framework and conduct early warning exercises.

· The IMF, given its universal membership and core macro-financial expertise, should, in close coordination with the FSF and others, take a leading role in drawing lessons from the current crisis, consistent with its mandate.

· We should review the adequacy of the resources of the IMF, the World Bank Group and other multilateral development banks and stand ready to increase them where necessary. The IFIs should also continue to review and adapt their lending instruments to adequately meet their members' needs and revise their lending role in the light of the ongoing financial crisis.

· We should explore ways to restore emerging and developing countries' access to credit and resume private capital flows which are critical for sustainable growth and development, including ongoing infrastructure investment.

· In cases where severe market disruptions have limited access to the necessary financing for counter-cyclical fiscal policies, multilateral development banks must ensure arrangements are in place to support, as needed, those countries with a good track record and sound policies.

Medium -term actions

· We underscored that the Bretton Woods Institutions must be comprehensively reformed so that they can more adequately reflect changing economic weights in the world economy and be more responsive to future challenges. Emerging and developing economies should have greater voice and representation in these institutions.

· The IMF should conduct vigorous and even-handed surveillance reviews of all countries, as well as giving greater attention to their financial sectors and better integrating the reviews with the joint IMF/World Bank financial sector assessment programs. On this basis, the role of the IMF in providing macro-financial policy advice would be strengthened.

- Advanced economies, the IMF, and other international organizations should provide capacity-building programs for emerging market economies and developing countries on the formulation and the implementation of new major regulations, consistent with international standards.

II. THE GLOBAL PLAN
FOR RECOVERY AND REFORM

(April 2, 2009)

1. We, the Leaders of the Group of Twenty, met in London on 2 April 2009.

2. We face the greatest challenge to the world economy in modern times; a crisis which has deepened since we last met, which affects the lives of women, men, and children in every country, and which all countries must join together to resolve. A global crisis requires a global solution.

3. We start from the belief that prosperity is indivisible; that growth, to be sustained, has to be shared; and that our global plan for recovery must have at its heart the needs and jobs of hard-working families, not just in developed countries but in emerging markets and the poorest countries of the world too; and must reflect the interests, not just of today' s population, but of future generations too. We believe that the only sure foundation for sustainable globalisation and rising prosperity for all is an open world economy based on market principles, effective regulation, and strong global institutions.

4. We have today therefore pledged to do whatever is necessary to:

· restore confidence, growth, and jobs;
· repair the financial system to restore lending;
· strengthen financial regulation to rebuild trust;
· fund and reform our international financial institutions to overcome this crisis and prevent future ones;
· promote global trade and investment and reject protectionism, to underpin prosperity; and
· build an inclusive, green, and sustainable recovery.

By acting together to fulfil these pledges we will bring the world economy out of recession and prevent a crisis like this from recurring in the future.

5. The agreements we have reached today, to treble resources available to the IMF to $750

billion, to support a new SDR allocation of $250 billion, to support at least $100 billion of additional lending by the MDBs, to ensure $250 billion of support for trade finance, and to use the additional resources from agreed IMF gold sales for concessional finance for the poorest countries, constitute an additional $1.1 trillion programme of support to restore credit, growth and jobs in the world economy. Together with the measures we have each taken nationally, this constitutes a global plan for recovery on an unprecedented scale.

Restoring growth and jobs

6. We are undertaking an unprecedented and concerted fiscal expansion, which will save or create millions of jobs which would otherwise have been destroyed, and that will, by the end of next year, amount to $5 trillion, raise output by 4 per cent, and accelerate the transition to a green economy. We are committed to deliver the scale of sustained fiscal effort necessary to restore growth.

7. Our central banks have also taken exceptional action. Interest rates have been cut aggressively in most countries, and our central banks have pledged to maintain expansionary policies for as long as needed and to use the full range of monetary policy instruments, including unconventional instruments, consistent with price stability.

8. Our actions to restore growth cannot be effective until we restore domestic lending and international capital flows. We have provided significant and comprehensive support to our banking systems to provide liquidity, recapitalise financial institutions, and address decisively the problem of impaired assets. We are committed to take all necessary actions to restore the normal flow of credit through the financial system and ensure the soundness of systemically important institutions, implementing our policies in line with the agreed G20 framework for restoring lending and repairing the financial sector.

9. Taken together, these actions will constitute the largest fiscal and monetary stimulus and the most comprehensive support programme for the financial sector in modern times. Acting together strengthens the impact and the exceptional policy actions announced so far must be implemented without delay. Today, we have further agreed over $1 trillion of additional resources for the world economy through our international financial institutions and trade finance.

10. Last month the IMF estimated that world growth in real terms would resume and rise to

over 2 percent by the end of 2010. We are confident that the actions we have agreed today, and our unshakeable commitment to work together to restore growth and jobs, while preserving long-term fiscal sustainability, will accelerate the return to trend growth. We commit today to taking whatever action is necessary to secure that outcome, and we call on the IMF to assess regularly the actions taken and the global actions required.

11. We are resolved to ensure long-term fiscal sustainability and price stability and will put in place credible exit strategies from the measures that need to be taken now to support the financial sector and restore global demand. We are convinced that by implementing our agreed policies we will limit the longer-term costs to our economies, thereby reducing the scale of the fiscal consolidation necessary over the longer term.

12. We will conduct all our economic policies cooperatively and responsibly with regard to the impact on other countries and will refrain from competitive devaluation of our currencies and promote a stable and well-functioning international monetary system. We will support, now and in the future, to candid, even-handed, and independent IMF surveillance of our economies and financial sectors, of the impact of our policies on others, and of risks facing the global economy.

Strengthening financial supervision and regulation

13. Major failures in the financial sector and in financial regulation and supervision were fundamental causes of the crisis. Confidence will not be restored until we rebuild trust in our financial system. We will take action to build a stronger, more globally consistent, supervisory and regulatory framework for the future financial sector, which will support sustainable global growth and serve the needs of business and citizens.

14. We each agree to ensure our domestic regulatory systems are strong. But we also agree to establish the much greater consistency and systematic cooperation between countries, and the framework of internationally agreed high standards, that a global financial system requires. Strengthened regulation and supervision must promote propriety, integrity and transparency; guard against risk across the financial system; dampen rather than amplify the financial and economic cycle; reduce reliance on inappropriately risky sources of financing; and discourage excessive risk-taking. Regulators and supervisors must protect consumers and investors, support market discipline, avoid adverse impacts on other countries, reduce the scope for

regulatory arbitrage, support competition and dynamism, and keep pace with innovation in the marketplace.

15. To this end we are implementing the Action Plan agreed at our last meeting, as set out in the attached progress report. We have today also issued a Declaration, Strengthening the Financial System. In particular we agree:

- to establish a new Financial Stability Board (FSB) with a strengthened mandate, as a successor to the Financial Stability Forum (FSF), including all G20 countries, FSF members, Spain, and the European Commission;
- that the FSB should collaborate with the IMF to provide early warning of macroeconomic and financial risks and the actions needed to address them;
- to reshape our regulatory systems so that our authorities are able to identify and take account of macro-prudential risks;
- to extend regulation and oversight to all systemically important financial institutions, instruments and markets. This will include, for the first time, systemically important hedge funds;
- to endorse and implement the FSF's tough new principles on pay and compensation and to support sustainable compensation schemes and the corporate social responsibility of all firms;
- to take action, once recovery is assured, to improve the quality, quantity, and international consistency of capital in the banking system. In future, regulation must prevent excessive leverage and require buffers of resources to be built up in good times;
- to take action against non-cooperative jurisdictions, including tax havens. We stand ready to deploy sanctions to protect our public finances and financial systems. The era of banking secrecy is over. We note that the OECD has today published a list of countries assessed by the Global Forum against the international standard for exchange of tax information;
- to call on the accounting standard setters to work urgently with supervisors and regulators to improve standards on valuation and provisioning and achieve a single set of high-quality global accounting standards; and
- to extend regulatory oversight and registration to Credit Rating Agencies to ensure they meet the international code of good practice, particularly to prevent unacceptable conflicts of interest.

16. We instruct our Finance Ministers to complete the implementation of these decisions in line with the timetable set out in the Action Plan. We have asked the FSB and the IMF to monitor progress, working with the Financial Action Taskforce and other relevant bodies, and to provide a report to the next meeting of our Finance Ministers in Scotland in November.

Strengthening our global financial institutions

17. Emerging markets and developing countries, which have been the engine of recent world growth, are also now facing challenges which are adding to the current downturn in the global economy. It is imperative for global confidence and economic recovery that capital continues to flow to them. This will require a substantial strengthening of the international financial institutions, particularly the IMF. We have therefore agreed today to make available an additional $850 billion of resources through the global financial institutions to support growth in emerging market and developing countries by helping to finance counter-cyclical spending, bank recapitalisation, infrastructure, trade finance, balance of payments support, debt rollover, and social support. To this end:

- we have agreed to increase the resources available to the IMF through immediate financing from members of $250 billion, subsequently incorporated into an expanded and more flexible New Arrangements to Borrow, increased by up to $500 billion, and to consider market borrowing if necessary; and

- we support a substantial increase in lending of at least $100 billion by the Multilateral Development Banks (MDBs), including to low income countries, and ensure that all MDBs have the appropriate capital.

18. It is essential that these resources can be used effectively and flexibly to support growth. We welcome in this respect the progress made by the IMF with its new Flexible Credit Line (FCL) and its reformed lending and conditionality framework which will enable the IMF to ensure that its facilities address effectively the underlying causes of countries' balance of payments financing needs, particularly the withdrawal of external capital flows to the banking and corporate sectors. We support Mexico's decision to seek an FCL arrangement.

19. We have agreed to support a general SDR allocation which will inject $250 billion into the world economy and increase global liquidity, and urgent ratification of the Fourth Amendment.

20. In order for our financial institutions to help manage the crisis and prevent future crises we

must strengthen their longer term relevance, effectiveness and legitimacy. So alongside the significant increase in resources agreed today we are determined to reform and modernise the international financial institutions to ensure they can assist members and shareholders effectively in the new challenges they face. We will reform their mandates, scope and governance to reflect changes in the world economy and the new challenges of globalisation, and that emerging and developing economies, including the poorest, must have greater voice and representation. This must be accompanied by action to increase the credibility and accountability of the institutions through better strategic oversight and decision making. To this end:

- we commit to implementing the package of IMF quota and voice reforms agreed in April 2008 and call on the IMF to complete the next review of quotas by January 2011;
- we agree that, alongside this, consideration should be given to greater involvement of the Fund's Governors in providing strategic direction to the IMF and increasing its accountability;
- we commit to implementing the World Bank reforms agreed in October 2008. We look forward to further recommendations, at the next meetings, on voice and representation reforms on an accelerated timescale, to be agreed by the 2010 Spring Meetings;
- we agree that the heads and senior leadership of the international financial institutions should be appointed through an open, transparent, and merit-based selection process; and
- building on the current reviews of the IMF and World Bank we asked the Chairman, working with the G20 Finance Ministers, to consult widely in an inclusive process and report back to the next meeting with proposals for further reforms to improve the responsiveness and adaptability of the IFIs.

21. In addition to reforming our international financial institutions for the new challenges of globalisation we agreed on the desirability of a new global consensus on the key values and principles that will promote sustainable economic activity. We support discussion on such a charter for sustainable economic activity with a view to further discussion at our next meeting. We take note of the work started in other fora in this regard and look forward to further discussion of this charter for sustainable economic activity.

Resisting protectionism and promoting global trade and investment

22. World trade growth has underpinned rising prosperity for half a century. But it is now falling for the first time in 25 years. Falling demand is exacerbated by growing protectionist pressures and a withdrawal of trade credit. Reinvigorating world trade and investment is essential for restoring global growth. We will not repeat the historic mistakes of protectionism of previous eras. To this end:

- we reaffirm the commitment made in Washington: to refrain from raising new barriers to investment or to trade in goods and services, imposing new export restrictions, or implementing World Trade Organisation (WTO) inconsistent measures to stimulate exports. In addition we will rectify promptly any such measures. We extend this pledge to the end of 2010;

- we will minimise any negative impact on trade and investment of our domestic policy actions including fiscal policy and action in support of the financial sector. We will not retreat into financial protectionism, particularly measures that constrain worldwide capital flows, especially to developing countries;

- we will notify promptly the WTO of any such measures and we call on the WTO, together with other international bodies, within their respective mandates, to monitor and report publicly on our adherence to these undertakings on a quarterly basis;

- we will take, at the same time, whatever steps we can to promote and facilitate trade and investment; and

- we will ensure availability of at least $250 billion over the next two years to support trade finance through our export credit and investment agencies and through the MDBs. We also ask our regulators to make use of available flexibility in capital requirements for trade finance.

23. We remain committed to reaching an ambitious and balanced conclusion to the Doha Development Round, which is urgently needed. This could boost the global economy by at least $150 billion per annum. To achieve this we are committed to building on the progress already made, including with regard to modalities.

24. We will give renewed focus and political attention to this critical issue in the coming period and will use our continuing work and all international meetings that are relevant to drive progress.

Ensuring a fair and sustainable recovery for all

25. We are determined not only to restore growth but to lay the foundation for a fair and sustainable world economy. We recognise that the current crisis has a disproportionate impact on the vulnerable in the poorest countries and recognise our collective responsibility to mitigate the social impact of the crisis to minimise long-lasting damage to global potential. To this end:

- we reaffirm our historic commitment to meeting the Millennium Development Goals and to achieving our respective ODA pledges, including commitments on Aid for Trade, debt relief, and the Gleneagles commitments, especially to sub-Saharan Africa;
- the actions and decisions we have taken today will provide $50 billion to support social protection, boost trade and safeguard development in low income countries, as part of the significant increase in crisis support for these and other developing countries and emerging markets;
- we are making available resources for social protection for the poorest countries, including through investing in long-term food security and through voluntary bilateral contributions to the World Bank's Vulnerability Framework, including the Infrastructure Crisis Facility, and the Rapid Social Response Fund;
- we have committed, consistent with the new income model, that additional resources from agreed sales of IMF gold will be used, together with surplus income, to provide $6 billion additional concessional and flexible finance for the poorest countries over the next 2 to 3 years. We call on the IMF to come forward with concrete proposals at the Spring Meetings;
- we have agreed to review the flexibility of the Debt Sustainability Framework and call on the IMF and World Bank to report to the IMFC and Development Committee at the Annual Meetings; and
- we call on the UN, working with other global institutions, to establish an effective mechanism to monitor the impact of the crisis on the poorest and most vulnerable.

26. We recognise the human dimension to the crisis. We commit to support those affected by the crisis by creating employment opportunities and through income support measures. We will build a fair and family-friendly labour market for both women and men. We therefore welcome the reports of the London Jobs Conference and the Rome Social Summit and the key principles they proposed. We will support employment by stimulating growth, investing in education and training, and through active labour market policies, focusing on the most vulnerable. We call

upon the ILO, working with other relevant organisations, to assess the actions taken and those required for the future.

27. We agreed to make the best possible use of investment funded by fiscal stimulus programmes towards the goal of building a resilient, sustainable, and green recovery. We will make the transition towards clean, innovative, resource efficient, low carbon technologies and infrastructure. We encourage the MDBs to contribute fully to the achievement of this objective. We will identify and work together on further measures to build sustainable economies.

28. We reaffirm our commitment to address the threat of irreversible climate change, based on the principle of common but differentiated responsibilities, and to reach agreement at the UN Climate Change conference in Copenhagen in December 2009.

Delivering our commitments

29. We have committed ourselves to work together with urgency and determination to translate these words into action. We agreed to meet again before the end of this year to review progress on our commitments.

Ⅲ. LEADERS' STATEMENT
THE PITTSBURGH SUMMIT

(September 24~25, 2009)

Preamble

1. We meet in the midst of a critical transition from crisis to recovery to turn the page on an era of irresponsibility and to adopt a set of policies, regulations and reforms to meet the needs of the 21st century global economy.

2. When we last gathered in April, we confronted the greatest challenge to the world economy in our generation.

3. Global output was contracting at pace not seen since the 1930s. Trade was plummeting. Jobs were disappearing rapidly. Our people worried that the world was on the edge of a depression.

4. At that time, our countries agreed to do everything necessary to ensure recovery, to repair our financial systems and to maintain the global flow of capital.

5. It worked.

6. Our forceful response helped stop the dangerous, sharp decline in global activity and stabilize financial markets. Industrial output is now rising in nearly all our economies. International trade is starting to recover. Our financial institutions are raising needed capital, financial markets are showing a willingness to invest and lend, and confidence has improved.

7. Today, we reviewed the progress we have made since the London Summit in April. Our national commitments to restore growth resulted in the largest and most coordinated fiscal and monetary stimulus ever undertaken. We acted together to increase dramatically the resources necessary to stop the crisis from spreading around the world. We took steps to fix the broken regulatory system and started to implement sweeping reforms to reduce the risk that financial excesses will again destabilize the global economy.

8. A sense of normalcy should not lead to complacency.

9. The process of recovery and repair remains incomplete. In many countries, unemployment remains unacceptably high. The conditions for a recovery of private demand are not yet fully in place. We cannot rest until the global economy is restored to full health, and hard-working families the world over can find decent jobs.

10. We pledge today to sustain our strong policy response until a durable recovery is secured. We will act to ensure that when growth returns, jobs do too. We will avoid any premature withdrawal of stimulus. At the same time, we will prepare our exit strategies and, when the time is right, withdraw our extraordinary policy support in a cooperative and coordinated way, maintaining our commitment to fiscal responsibility.

11. Even as the work of recovery continues, we pledge to adopt the policies needed to lay the foundation for strong, sustained and balanced growth in the 21st century. We recognize that we have to act forcefully to overcome the legacy of the recent, severe global economic crisis and to help people cope with the consequences of this crisis. We want growth without cycles of boom and bust and markets that foster responsibility not recklessness.

12. Today we agreed:

13. *To launch a framework that lays out the policies and the way we act together to generate strong, sustainable and balanced global growth.* We need a durable recovery that creates the good jobs our people need.

14. We need to shift from public to private sources of demand, establish a pattern of growth across countries that is more sustainable and balanced, and reduce development imbalances. We pledge to avoid destabilizing booms and busts in asset and credit prices and adopt macroeconomic policies, consistent with price stability, that promote adequate and balanced global demand. We will also make decisive progress on structural reforms that foster private demand and strengthen long-run growth potential.

15. Our Framework for Strong, Sustainable and Balanced Growth is a compact that commits us to work together to assess how our policies fit together, to evaluate whether they are collectively consistent with more sustainable and balanced growth, and to act as necessary to meet our common objectives.

16. *To make sure our regulatory system for banks and other financial firms reins in the excesses that led to the crisis.* Where reckless behavior and a lack of responsibility led to crisis, we will not allow a return to banking as usual.

17. We committed to act together to raise capital standards, to implement strong international compensation standards aimed at ending practices that lead to excessive risk-taking, to improve the over-the-counter derivatives market and to create more powerful tools to hold large global firms to account for the risks they take. Standards for large global financial firms should be commensurate with the cost of their failure. For all these reforms, we have set for ourselves strict and precise timetables.

18. *To reform the global architecture to meet the needs of the 21st century.* After this crisis, critical players need to be at the table and fully vested in our institutions to allow us to cooperate to lay the foundation for strong, sustainable and balanced growth.

19. We designated the G-20 to be the premier forum for our international economic cooperation. We established the Financial Stability Board (FSB) to include major emerging economies and welcome its efforts to coordinate and monitor progress in strengthening financial regulation.

20. We are committed to a shift in International Monetary Fund (IMF) quota share to dynamic emerging markets and developing countries of at least 5% from over-represented countries to under-represented countries using the current quota formula as the basis to work from. Today we have delivered on our promise to contribute over $500 billion to a renewed and expanded IMF New Arrangements to Borrow (NAB).

21. We stressed the importance of adopting a dynamic formula at the World Bank which primarily reflects countries' evolving economic weight and the World Bank's development mission, and that generates an increase of at least 3% of voting power for developing and transition countries, to the benefit of under-represented countries. While recognizing that over-represented countries will make a contribution, it will be important to protect the voting power of the smallest poor countries. We called on the World Bank to play a leading role in responding to problems whose nature requires globally coordinated action, such as climate change and food security, and agreed that the World Bank and the regional development banks should have sufficient resources to address these challenges and fulfill their mandates.

22. *To take new steps to increase access to food, fuel and finance among the world's poorest while clamping down on illicit outflows.* Steps to reduce the development gap can be a potent driver of global growth.

23. Over four billion people remain undereducated, ill-equipped with capital and technology, and insufficiently integrated into the global economy. We need to work together to make the policy and institutional changes needed to accelerate the convergence of living standards and productivity in developing and emerging economies to the levels of the advanced economies. To start, we call on the World Bank to develop a new trust fund to support the new Food Security Initiative for low-income countries announced last summer. We will increase, on a voluntary basis, funding for programs to bring clean affordable energy to the poorest, such as the Scaling Up Renewable Energy Program.

24. *To phase out and rationalize over the medium term inefficient fossil fuel subsidies while providing targeted support for the poorest.* Inefficient fossil fuel subsidies encourage wasteful consumption, reduce our energy security, impede investment in clean energy sources and undermine efforts to deal with the threat of climate change.

25. We call on our Energy and Finance Ministers to report to us their implementation strategies and timeline for acting to meet this critical commitment at our next meeting.

26. We will promote energy market transparency and market stability as part of our broader effort to avoid excessive volatility.

27. *To maintain our openness and move toward greener, more sustainable growth.*

28. We will fight protectionism. We are committed to bringing the Doha Round to a successful conclusion in 2010.

29. We will spare no effort to reach agreement in Copenhagen through the United Nations Framework Convention on Climate Change (UNFCCC) negotiations.

30. We warmly welcome the report by the Chair of the London Summit commissioned at our last meeting and published today.

31. Finally, we agreed to meet in Canada in June 2010 and in Korea in November 2010. We expect to meet annually thereafter and will meet in France in 2011.

* * *

1. We assessed the progress we have made together in addressing the global crisis and agreed to maintain our steps to support economic activity until recovery is assured. We further committed to additional steps to ensure strong, sustainable, and balanced growth, to build a

stronger international financial system, to reduce development imbalances, and to modernize our architecture for international economic cooperation.

A Framework for Strong, Sustainable, and Balanced Growth

2. The growth of the global economy and the success of our coordinated effort to respond to the recent crisis have increased the case for more sustained and systematic international cooperation. In the short-run, we must continue to implement our stimulus programs to support economic activity until recovery clearly has taken hold. We also need to develop a transparent and credible process for withdrawing our extraordinary fiscal, monetary and financial sector support, to be implemented when recovery becomes fully secured. We task our Finance Ministers, working with input from the IMF and FSB, at their November meeting to continue developing cooperative and coordinated exit strategies recognizing that the scale, timing, and sequencing of this process will vary across countries or regions and across the type of policy measures. Credible exit strategies should be designed and communicated clearly to anchor expectations and reinforce confidence.

3. The IMF estimates that world growth will resume this year and rise by nearly 3% by the end of 2010. Subsequently, our objective is to return the world to high, sustainable, and balanced growth, while maintaining our commitment to fiscal responsibility and sustainability, with reforms to increase our growth potential and capacity to generate jobs and policies designed to avoid both the re-creation of asset bubbles and the re-emergence of unsustainable global financial flows. We commit to put in place the necessary policy measures to achieve these outcomes.

4. We will need to work together as we manage the transition to a more balanced pattern of global growth. The crisis and our initial policy responses have already produced significant shifts in the pattern and level of growth across countries. Many countries have already taken important steps to expand domestic demand, bolstering global activity and reducing imbalances. In some countries, the rise in private saving now underway will, in time, need to be augmented by a rise in public saving. Ensuring a strong recovery will necessitate adjustments across different parts of the global economy, while requiring macroeconomic policies that promote adequate and balanced global demand as well as decisive progress on structural

reforms that foster private domestic demand, narrow the global development gap, and strengthen long-run growth potential. The IMF estimates that only with such adjustments and realignments, will global growth reach a strong, sustainable, and balanced pattern. While governments have started moving in the right direction, a shared understanding and deepened dialogue will help build a more stable, lasting, and sustainable pattern of growth. Raising living standards in the emerging markets and developing countries is also a critical element in achieving sustainable growth in the global economy.

5. Today we are launching a Framework for Strong, Sustainable, and Balanced Growth. To put in place this framework, we commit to develop a process whereby we set out our objectives, put forward policies to achieve these objectives, and together assess our progress. We will ask the IMF to help us with its analysis of how our respective national or regional policy frameworks fit together. We will ask the World Bank to advise us on progress in promoting development and poverty reduction as part of the rebalancing of global growth. We will work together to ensure that our fiscal, monetary, trade, and structural policies are collectively consistent with more sustainable and balanced trajectories of growth. We will undertake macro prudential and regulatory policies to help prevent credit and asset price cycles from becoming forces of destabilization. As we commit to implement a new, sustainable growth model, we should encourage work on measurement methods so as to better take into account the social and environmental dimensions of economic development.

6. We call on our Finance Ministers and Central Bank Governors to launch the new Framework by November by initiating a cooperative process of mutual assessment of our policy frameworks and the implications of those frameworks for the pattern and sustainability of global growth. We believe that regular consultations, strengthened cooperation on macroeconomic policies, the exchange of experiences on structural policies, and ongoing assessment will promote the adoption of sound policies and secure a healthy global economy. Our compact is that:

- G-20 members will agree on shared policy objectives. These objectives should be updated as conditions evolve.
- G-20 members will set out our medium-term policy frameworks and will work together to assess the collective implications of our national policy frameworks for the level and pattern of global growth and to identify potential risks to financial stability.

- G-20 Leaders will consider, based on the results of the mutual assessment, and agree any actions to meet our common objectives.

7. This process will only be successful if it is supported by candid, even-handed, and balanced analysis of our policies. We ask the IMF to assist our Finance Ministers and Central Bank Governors in this process of mutual assessment by developing a forward-looking analysis of whether policies pursued by individual G-20 countries are collectively consistent with more sustainable and balanced trajectories for the global economy, and to report regularly to both the G-20 and the International Monetary and Financial Committee (IMFC), building on the IMF's existing bilateral and multilateral surveillance analysis, on global economic developments, patterns of growth and suggested policy adjustments. Our Finance Ministers and Central Bank Governors will elaborate this process at their November meeting and we will review the results of the first mutual assessment at our next summit.

8. These policies will help us to meet our responsibility to the community of nations to build a more resilient international financial system and to reduce development imbalances.

9. Building on Chancellor Merkel's proposed Charter, on which we will continue to work, we adopted today Core Values for Sustainable Economic Activity, which will include those of propriety, integrity, and transparency, and which will underpin the Framework.

Strengthening the International Financial Regulatory System

10. Major failures of regulation and supervision, plus reckless and irresponsible risk taking by banks and other financial institutions, created dangerous financial fragilities that contributed significantly to the current crisis. A return to the excessive risk taking prevalent in some countries before the crisis is not an option.

11. Since the onset of the global crisis, we have developed and begun implementing sweeping reforms to tackle the root causes of the crisis and transform the system for global financial regulation. Substantial progress has been made in strengthening prudential oversight, improving risk management, strengthening transparency, promoting market integrity, establishing supervisory colleges, and reinforcing international cooperation. We have enhanced and expanded the scope of regulation and oversight, with tougher regulation of over-the-counter (OTC) derivatives, securitization markets, credit rating agencies, and hedge funds. We endorse the institutional strengthening of the FSB through its Charter, following its establishment in

London, and welcome its reports to Leaders and Ministers. The FSB's ongoing efforts to monitor progress will be essential to the full and consistent implementation of needed reforms. We call on the FSB to report on progress to the G-20 Finance Ministers and Central Bank Governors in advance of the next Leaders summit.

12. Yet our work is not done. Far more needs to be done to protect consumers, depositors, and investors against abusive market practices, promote high quality standards, and help ensure the world does not face a crisis of the scope we have seen. We are committed to take action at the national and international level to raise standards together so that our national authorities implement global standards consistently in a way that ensures a level playing field and avoids fragmentation of markets, protectionism, and regulatory arbitrage. Our efforts to deal with impaired assets and to encourage the raising of additional capital must continue, where needed. We commit to conduct robust, transparent stress tests as needed. We call on banks to retain a greater proportion of current profits to build capital, where needed, to support lending. Securitization sponsors or originators should retain a part of the risk of the underlying assets, thus encouraging them to act prudently. It is important to ensure an adequate balance between macroprudential and microprudential regulation to control risks, and to develop the tools necessary to monitor and assess the buildup of macroprudential risks in the financial system. In addition, we have agreed to improve the regulation, functioning, and transparency of financial and commodity markets to address excessive commodity price volatility.

13. As we encourage the resumption of lending to households and businesses, we must take care not to spur a return of the practices that led to the crisis. The steps we are taking here, when fully implemented, will result in a fundamentally stronger financial system than existed prior to the crisis. If we all act together, financial institutions will have stricter rules for risk-taking, governance that aligns compensation with long-term performance, and greater transparency in their operations. All firms whose failure could pose a risk to financial stability must be subject to consistent, consolidated supervision and regulation with high standards. Our reform is multi-faceted but at its core must be stronger capital standards, complemented by clear incentives to mitigate excessive risk-taking practices. Capital allows banks to withstand those losses that inevitably will come. It, together with more powerful tools for governments to wind down firms that fail, helps us hold firms accountable for the risks that they take. Building on their Declaration on Further Steps to Strengthen the International Financial System, we call on our

Finance Ministers and Central Bank Governors to reach agreement on an international framework of reform in the following critical areas:

- *Building high quality capital and mitigating pro-cyclicality:* We commit to developing by end-2010 internationally agreed rules to improve both the quantity and quality of bank capital and to discourage excessive leverage. These rules will be phased in as financial conditions improve and economic recovery is assured, with the aim of implementation by end-2012. The national implementation of higher level and better quality capital requirements, counter-cyclical capital buffers, higher capital requirements for risky products and off-balance sheet activities, as elements of the Basel II Capital Framework, together with strengthened liquidity risk requirements and forward-looking provisioning, will reduce incentives for banks to take excessive risks and create a financial system better prepared to withstand adverse shocks. We welcome the key measures recently agreed by the oversight body of the Basel Committee to strengthen the supervision and regulation of the banking sector. We support the introduction of a leverage ratio as a supplementary measure to the Basel II risk-based framework with a view to migrating to a Pillar 1 treatment based on appropriate review and calibration. To ensure comparability, the details of the leverage ratio will be harmonized internationally, fully adjusting for differences in accounting. All major G-20 financial centers commit to have adopted the Basel II Capital Framework by 2011.

- *Reforming compensation practices to support financial stability:* Excessive compensation in the financial sector has both reflected and encouraged excessive risk taking. Reforming compensation policies and practices is an essential part of our effort to increase financial stability. We fully endorse the implementation standards of the FSB aimed at aligning compensation with long-term value creation, not excessive risk-taking, including by (i) avoiding multi-year guaranteed bonuses; (ii) requiring a significant portion of variable compensation to be deferred, tied to performance and subject to appropriate clawback and to be vested in the form of stock or stock-like instruments, as long as these create incentives aligned with long-term value creation and the time horizon of risk; (iii) ensuring that compensation for senior executives and other employees having a material impact on the firm's risk exposure align with performance and risk; (iv) making firms' compensation policies and structures transparent through disclosure requirements; (v) limiting variable compensation as a percentage of total net revenues when it is inconsistent with the maintenance of a sound capital base; and (vi) ensuring that compensation committees overseeing compensation policies are able to act independently. Supervisors should have the responsibility to review firms' compensation policies and structures with institutional and systemic risk in mind and, if necessary to offset additional risks, apply corrective measures, such as higher capital requirements, to those firms that fail to implement sound compensation policies and practices. Supervisors should have the ability to modify compensation structures in the case of firms that fail or require extraordinary public intervention. We call on firms to implement these sound compensation practices immediately. We task the FSB to monitor the implementation of FSB standards and propose additional measures as required by March 2010.

- *Improving over−the−counter derivatives markets*: All standardized OTC derivative contracts should be traded on exchanges or electronic trading platforms, where appropriate, and cleared through central counterparties by end−2012 at the latest. OTC derivative contracts should be reported to trade repositories. Non−centrally cleared contracts should be subject to higher capital requirements. We ask the FSB and its relevant members to assess regularly implementation and whether it is sufficient to improve transparency in the derivatives markets, mitigate systemic risk, and protect against market abuse.

- *Addressing cross−border resolutions and systemically important financial institutions by end−2010*: Systemically important financial firms should develop internationally−consistent firm−specific contingency and resolution plans. Our authorities should establish crisis management groups for the major cross−border firms and a legal framework for crisis intervention as well as improve information sharing in times of stress. We should develop resolution tools and frameworks for the effective resolution of financial groups to help mitigate the disruption of financial institution failures and reduce moral hazard in the future. Our prudential standards for systemically important institutions should be commensurate with the costs of their failure. The FSB should propose by the end of October 2010 possible measures including more intensive supervision and specific additional capital, liquidity, and other prudential requirements.

14. We call on our international accounting bodies to redouble their efforts to achieve a single set of high quality, global accounting standards within the context of their independent standard setting process, and complete their convergence project by June 2011. The International

Accounting Standards Board's (IASB) institutional framework should further enhance the involvement of various stakeholders.

15. Our commitment to fight non-cooperative jurisdictions (NCJs) has produced impressive results. We are committed to maintain the momentum in dealing with tax havens, money laundering, proceeds of corruption, terrorist financing, and prudential standards. We welcome the expansion of the Global Forum on Transparency and Exchange of Information, including the participation of developing countries, and welcome the agreement to deliver an effective program of peer review. The main focus of the Forum's work will be to improve tax transparency and exchange of information so that countries can fully enforce their tax laws to protect their tax base. We stand ready to use countermeasures against tax havens from March 2010. We welcome the progress made by the Financial Action Task Force (FATF) in the fight against money laundering and terrorist financing and call upon the FATF to issue a public list of high risk jurisdictions by February 2010. We call on the FSB to report progress to address NCJs with regards to international cooperation and information exchange in November 2009 and to initiate a peer review process by February 2010.

16. We task the IMF to prepare a report for our next meeting with regard to the range of options countries have adopted or are considering as to how the financial sector could make a fair and substantial contribution toward paying for any burdens associated with government interventions to repair the banking system.

Modernizing our Global Institutions to Reflect Today's Global Economy

17. Modernizing the international financial institutions and global development architecture is essential to our efforts to promote global financial stability, foster sustainable development, and lift the lives of the poorest. We warmly welcome Prime Minister Brown's report on his review of the responsiveness and adaptability of the international financial institutions (IFIs) and ask our Finance Ministers to consider its conclusions.

Reforming the Mandate, Mission and Governance of the IMF

18. Our commitment to increase the funds available to the IMF allowed it to stem the spread of the crisis to emerging markets and developing countries. This commitment and the innovative steps the IMF has taken to create the facilities needed for its resources to be used

efficiently and flexibly have reduced global risks. Capital again is flowing to emerging economies.

19. We have delivered on our promise to treble the resources available to the IMF. We are contributing over $500 billion to a renewed and expanded IMF New Arrangements to Borrow (NAB). The IMF has made Special Drawing Rights (SDR) allocations of $283 billion in total, more than $100 billion of which will supplement emerging market and developing countries' existing reserve assets. Resources from the agreed sale of IMF gold, consistent with the IMF's new income model, and funds from internal and other sources will more than double the Fund's medium-term concessional lending capacity.

20. Our collective response to the crisis has highlighted both the benefits of international cooperation and the need for a more legitimate and effective IMF. The Fund must play a critical role in promoting global financial stability and rebalancing growth. We welcome the reform of IMF's lending facilities, including the creation of the innovative Flexible Credit Line. The IMF should continue to strengthen its capacity to help its members cope with financial volatility, reducing the economic disruption from sudden swings in capital flows and the perceived need for excessive reserve accumulation. As recovery takes hold, we will work together to strengthen the Fund's ability to provide even-handed, candid and independent surveillance of the risks facing the global economy and the international financial system. We ask the IMF to support our effort under the Framework for Strong, Sustainable and Balanced Growth through its surveillance of our countries' policy frameworks and their collective implications for financial stability and the level and pattern of global growth.

21. Modernizing the IMF's governance is a core element of our effort to improve the IMF's credibility, legitimacy, and effectiveness. We recognize that the IMF should remain a quota-based organization and that the distribution of quotas should reflect the relative weights of its members in the world economy, which have changed substantially in view of the strong growth in dynamic emerging market and developing countries. To this end, we are committed to a shift in quota share to dynamic emerging market and developing countries of at least five percent from over-represented to under-represented countries using the current IMF quota formula as the basis to work from. We are also committed to protecting the voting share of the poorest in the IMF. On this basis and as part of the IMF's quota review, to be completed by January 2011, we urge an acceleration of work toward bringing the review to a successful

conclusion. As part of that review, we agree that a number of other critical issues will need to be addressed, including: the size of any increase in IMF quotas, which will have a bearing on the ability to facilitate change in quota shares; the size and composition of the Executive Board; ways of enhancing the Board's effectiveness; and the Fund Governors' involvement in the strategic oversight of the IMF. Staff diversity should be enhanced. As part of a comprehensive reform package, we agree that the heads and senior leadership of all international institutions should be appointed through an open, transparent and merit−based process. We must urgently implement the package of IMF quota and voice reforms agreed in April 2008.

Reforming the Mission, Mandate and Governance of Our Development banks

22. The Multilateral Development Banks (MDBs) responded to our April call to accelerate and expand lending to mitigate the impact of the crisis on the world's poorest with streamlined facilities, new tools and facilities, and a rapid increase in their lending. They are on track to deliver the promised $100 billion in additional lending. We welcome and encourage the MDBs to continue making full use of their balance sheets. We also welcome additional measures such as the temporary use of callable capital contributions from a select group of donors as was done at the InterAmerican Development Bank (IaDB). Our Finance Ministers should consider how mechanisms such as temporary callable and contingent capital could be used in the future to increase MDB lending at times of crisis. We reaffirm our commitment to ensure that the Multilateral Development Banks and their concessional lending facilities, especially the International Development Agency (IDA) and the African Development Fund, are appropriately funded.

23. Even as we work to mitigate the impact of the crisis, we must strengthen and reform the global development architecture for responding to the world's long−term challenges.

24. We agree that development and reducing global poverty are central to the development banks' core mission. The World Bank and other multilateral development banks are also critical to our ability to act together to address challenges, such as climate change and food security, which are global in nature and require globally coordinated action. The World Bank, working with the regional development banks and other international organizations, should strengthen:

• its focus on food security through enhancements in agricultural productivity and access to technology, and improving access to food, in close cooperation with relevant specialized agencies;

- its focus on human development and security in the poorest and most challenging environments;

- support for private−sector led growth and infrastructure to enhance opportunities for the poorest, social and economic inclusion, and economic growth; and

- contributions to financing the transition to a green economy through investment in sustainable clean energy generation and use, energy efficiency and climate resilience; this includes responding to countries needs to integrate climate change concerns into their core development strategies, improved domestic policies, and to access new sources of climate finance.

25. To enhance their effectiveness, the World Bank and the regional development banks should strengthen their coordination, when appropriate, with other bilateral and multilateral institutions. They should also strengthen recipient country ownership of strategies and programs and allow adequate policy space.

26. We will help ensure the World Bank and the regional development banks have sufficient resources to fulfill these four challenges and their development mandate, including through a review of their general capital increase needs to be completed by the first half of 2010. Additional resources must be joined to key institutional reforms to ensure effectiveness: greater coordination and a clearer division of labor; an increased commitment to transparency, accountability, and good corporate governance; an increased capacity to innovate and achieve demonstrable results; and greater attention to the needs of the poorest populations.

27. We commit to pursue governance and operational effectiveness reform in conjunction with voting reform to ensure that the World Bank is relevant, effective, and legitimate. We stress the importance of moving towards equitable voting power in the World Bank over time through the adoption of a dynamic formula which primarily reflects countries' evolving economic weight and the World Bank's development mission, and that generates in the next shareholding review a significant increase of at least 3% of voting power for developing and transition countries, in addition to the 1.46% increase under the first phase of this important adjustment, to the benefit of under−represented countries. While recognizing that over−represented countries will make a contribution, it will be important to protect the voting power

of the smallest poor countries. We recommit to reaching agreement by the 2010 Spring Meetings.

Energy Security and Climate Change

28. Access to diverse, reliable, affordable and clean energy is critical for sustainable growth. Inefficient markets and excessive volatility negatively affect both producers and consumers. Noting the St. Petersburg Principles on Global Energy Security, which recognize the shared interest of energy producing, consuming and transiting countries in promoting global energy security, we individually and collectively commit to:

- Increase energy market transparency and market stability by publishing complete, accurate, and timely data on oil production, consumption, refining and stock levels, as appropriate, on a regular basis, ideally monthly, beginning by January 2010. We note the Joint Oil Data Initiative as managed by the International Energy Forum (IEF) and welcome their efforts to examine the expansion of their data collection to natural gas. We will improve our domestic capabilities to collect energy data and improve energy demand and supply forecasting and ask the International Energy Agency (IEA) and the Organization of Petroleum Exporting Countries (OPEC) to ramp up their efforts to assist interested countries in developing those capabilities. We will strengthen the producer−consumer dialogue to improve our understanding of market fundamentals, including supply and demand trends, and price volatility, and note the work of the IEF experts group.

- Improve regulatory oversight of energy markets by implementing the International Organization of Securities Commissions (IOSCO) recommendations on commodity futures markets and calling on relevant regulators to collect data on large concentrations of trader positions on oil in our national commodities futures markets. We ask our relevant regulators to report back at our next meeting on progress towards implementation. We will direct relevant regulators to also collect related data on over−the−counter oil markets and to take steps to combat market manipulation leading to excessive price volatility. We call for further refinement and improvement of commodity market information, including through the publication of more detailed and disaggregated data, coordinated as far as possible internationally. We ask IOSCO to help national governments design and implement these policies, conduct further analysis including with regard with to excessive volatility, make specific recommendations, and to report regularly on our progress.

29. Enhancing our energy efficiency can play an important, positive role in promoting energy security and fighting climate change. Inefficient fossil fuel subsidies encourage wasteful consumption, distort markets, impede investment in clean energy sources and undermine efforts to deal with climate change. The Organization for Economic Cooperation and Development (OECD) and the IEA have found that eliminating fossil fuel subsidies by 2020 would reduce global greenhouse gas emissions in 2050 by ten percent. Many countries are reducing fossil fuel subsidies while preventing adverse impact on the poorest. Building on these efforts and recognizing the challenges of populations suffering from energy poverty, we commit to:

• Rationalize and phase out over the medium term inefficient fossil fuel subsidies that encourage wasteful consumption. As we do that, we recognize the importance of providing those in need with essential energy services, including through the use of targeted cash transfers and other appropriate mechanisms. This reform will not apply to our support for clean energy, renewables, and technologies that dramatically reduce greenhouse gas emissions. We will have our Energy and Finance Ministers, based on their national circumstances, develop implementation strategies and timeframes, and report back to Leaders at the next Summit. We ask the international financial institutions to offer support to countries in this process. We call on all nations to adopt policies that will phase out such subsidies worldwide.

30. We request relevant institutions, such as the IEA, OPEC, OECD, and World Bank, provide an analysis of the scope of energy subsidies and suggestions for the implementation of this initiative and report back at the next summit.

31. Increasing clean and renewable energy supplies, improving energy efficiency, and promoting conservation are critical steps to protect our environment, promote sustainable growth and address the threat of climate change. Accelerated adoption of economically sound clean and renewable energy technology and energy efficiency measures diversifies our energy supplies and strengthens our energy security. We commit to:

• Stimulate investment in clean energy, renewables, and energy efficiency and provide financial and technical support for such projects in developing countries.

• Take steps to facilitate the diffusion or transfer of clean energy technology including by conducting joint research and building capacity. The reduction or elimination of barriers to trade and investment in this area are being discussed and should be pursued on a voluntary basis and in appropriate fora.

32. As leaders of the world's major economies, we are working for a resilient, sustainable, and green recovery. We underscore anew our resolve to take strong action to address the threat of dangerous climate change. We reaffirm the objective, provisions, and principles of the United Nations Framework Convention on Climate Change (UNFCCC), including common but differentiated responsibilities. We note the principles endorsed by Leaders at the Major Economies Forum in L'Aquila, Italy. We will intensify our efforts, in cooperation with other parties, to reach agreement in Copenhagen through the UNFCCC negotiation. An agreement must include mitigation, adaptation, technology, and financing.

33. We welcome the work of the Finance Ministers and direct them to report back at their next meeting with a range of possible options for climate change financing to be provided as a resource to be considered in the UNFCCC negotiations at Copenhagen.

Strengthening Support for the Most Vulnerable

34. Many emerging and developing economies have made great strides in raising living standards as their economies converge toward the productivity levels and living standards of advanced economies. This process was interrupted by the crisis and is still far from complete. The poorest countries have little economic cushion to protect vulnerable populations from calamity, particularly as the financial crisis followed close on the heels of a global spike in food prices. We note with concern the adverse impact of the global crisis on low income countries' (LICs) capacity to protect critical core spending in areas such as health, education, safety nets, and infrastructure. The UN's new Global Impact Vulnerability Alert System will help our efforts to monitor the impact of the crisis on the most vulnerable. We share a collective responsibility to mitigate the social impact of the crisis and to assure that all parts of the globe participate in the recovery.

35. The MDBs play a key role in the fight against poverty. We recognize the need for accelerated and additional concessional financial support to LICs to cushion the impact of the crisis on the poorest, welcome the increase in MDB lending during the crisis and support the

MDBs having the resources needed to avoid a disruption of concessional financing to the most vulnerable countries. The IMF also has increased its concessional lending to LICs during the crisis. Resources from the sale of IMF gold, consistent with the new income model, and funds from internal and other sources will double the Fund' s medium−term concessional lending capacity.

36. Several countries are considering creating, on a voluntary basis, mechanisms that could allow, consistent with their national circumstances, the mobilization of existing SDR resources to support the IMF' s lending to the poorest countries. Even as we work to mitigate the impact of the crisis, we must strengthen and reform the global development architecture for responding to the world' s long-term challenges. We ask our relevant ministers to explore the benefits of a new crisis support facility in IDA to protect LICs from future crises and the enhanced use of financial instruments in protecting the investment plans of middle income countries from interruption in times of crisis, including greater use of guarantees.

37. We reaffirm our historic commitment to meet the Millennium Development Goals and our respective Official Development Assistance (ODA) pledges, including commitments on Aid for Trade, debt relief, and those made at Gleneagles, especially to sub-Saharan Africa, to 2010 and beyond.

38. Even before the crisis, too many still suffered from hunger and poverty and even more people lack access to energy and finance. Recognizing that the crisis has exacerbated this situation, we pledge cooperation to improve access to food, fuel, and finance for the poor.

39. Sustained funding and targeted investments are urgently needed to improve long-term food security. We welcome and support the food security initiative announced in L' Aquila and efforts to further implement the Global Partnership for Agriculture and Food Security and to address excessive price volatility. We call on the World Bank to work with interested donors and organizations to develop a multilateral trust fund to scale-up agricultural assistance to low-income countries. This will help support innovative bilateral and multilateral efforts to improve global nutrition and build sustainable agricultural systems, including programs like those developed through the Comprehensive African Agricultural Development Program (CAADP). It should be designed to ensure country ownership and rapid disbursement of funds, fully respecting the aid effectiveness principles agreed in Accra, and facilitate the participation of private foundations, businesses, and non-governmental organizations (NGOs) in this historic

effort. These efforts should complement the UN Comprehensive Framework for Agriculture. We ask the World Bank, the African Development Bank, UN, Food and Agriculture Organization (FAO), International Fund for Agricultural Development (IFAD), World Food Programme (WFP) and other stakeholders to coordinate their efforts, including through country-led mechanisms, in order to complement and reinforce other existing multilateral and bilateral efforts to tackle food insecurity.

40. To increase access to energy, we will promote the deployment of clean, affordable energy resources to the developing world. We commit, on a voluntary basis, to funding programs that achieve this objective, such as the Scaling Up Renewable Energy Program and the Energy for the Poor Initiative, and to increasing and more closely harmonizing our bilateral efforts.

41. We commit to improving access to financial services for the poor. We have agreed to support the safe and sound spread of new modes of financial service delivery capable of reaching the poor and, building on the example of micro finance, will scale up the successful models of small and medium-sized enterprise (SME) financing. Working with the Consultative Group to Assist the Poor (CGAP), the International Finance Corporation (IFC) and other international organizations, we will launch a G-20 Financial Inclusion Experts Group. This group will identify lessons learned on innovative approaches to providing financial services to these groups, promote successful regulatory and policy approaches and elaborate standards on financial access, financial literacy, and consumer protection. We commit to launch a *G−20 SME Finance Challenge*, a call to the private sector to put forward its best proposals for how public finance can maximize the deployment of private finance on a sustainable and scalable basis.

42. As we increase the flow of capital to developing countries, we also need to prevent its illicit outflow. We will work with the World Bank's Stolen Assets Recovery (StAR) program to secure the return of stolen assets to developing countries, and support other efforts to stem illicit outflows. We ask the FATF to help detect and deter the proceeds of corruption by prioritizing work to strengthen standards on customer due diligence, beneficial ownership and transparency. We note the principles of the Paris Declaration on Aid Effectiveness and the Accra Agenda for Action and will work to increase the transparency of international aid flows by 2010. We call for the adoption and enforcement of laws against transnational bribery, such as the OECD Anti-Bribery Convention, and the ratification by the G-20 of the UN Convention

against Corruption (UNCAC) and the adoption during the third Conference of the Parties in Doha of an effective, transparent, and inclusive mechanism for the review of its implementation. We support voluntary participation in the Extractive Industries Transparency Initiative, which calls for regular public disclosure of payments by extractive industries to governments and reconciliation against recorded receipt of those funds by governments.

Putting Quality Jobs at the Heart of the Recovery

43. The prompt, vigorous and sustained response of our countries has saved or created millions of jobs. Based on International Labour Organization (ILO) estimates, our efforts will have created or saved at least 7−11 million jobs by the end of this year. Without sustained action, unemployment is likely to continue rising in many of our countries even after economies stabilize, with a disproportionate impact on the most vulnerable segments of our population. As growth returns, every country must act to ensure that employment recovers quickly. We commit to implementing recovery plans that support decent work, help preserve employment, and prioritize job growth. In addition, we will continue to provide income, social protection, and training support for the unemployed and those most at risk of unemployment. We agree that the current challenges do not provide an excuse to disregard or weaken internationally recognized labor standards. To assure that global growth is broadly beneficial, we should implement policies consistent with ILO fundamental principles and rights at work.

44. Our new Framework for Strong, Sustainable, and Balanced Growth requires structural reforms to create more inclusive labor markets, active labor market policies, and quality education and training programs. Each of our countries will need, through its own national policies, to strengthen the ability of our workers to adapt to changing market demands and to benefit from innovation and investments in new technologies, clean energy, environment, health, and infrastructure. It is no longer sufficient to train workers to meet their specific current needs; we should ensure access to training programs that support lifelong skills development and focus on future market needs. Developed countries should support developing countries to build and strengthen their capacities in this area. These steps will help to assure that the gains from new inventions and lifting existing impediments to growth are broadly shared.

45. We pledge to support robust training efforts in our growth strategies and investments. We recognize successful employment and training programs are often designed together with

employers and workers, and we call on the ILO, in partnership with other organizations, to convene its constituents and NGOs to develop a training strategy for our consideration.

46. We agree on the importance of building an employment-oriented framework for future economic growth. In this context, we reaffirm the importance of the London Jobs Conference and Rome Social Summit. We also welcome the recently-adopted ILO Resolution on Recovering from the Crisis: A Global Jobs Pact, and we commit our nations to adopt key elements of its general framework to advance the social dimension of globalization. The international institutions should consider ILO standards and the goals of the Jobs Pact in their crisis and post-crisis analysis and policy-making activities.

47. To ensure our continued focus on employment policies, the Chair of the Pittsburgh Summit has asked his Secretary of Labor to invite our Employment and Labor Ministers to meet as a group in early 2010 consulting with labor and business and building on the upcoming OECD Labour and Employment Ministerial meeting on the jobs crisis. We direct our Ministers to assess the evolving employment situation, review reports from the ILO and other organizations on the impact of policies we have adopted, report on whether further measures are desirable, and consider medium-term employment and skills development policies, social protection programs, and best practices to ensure workers are prepared to take advantage of advances in science and technology.

An Open Global Economy

48. Continuing the revival in world trade and investment is essential to restoring global growth. It is imperative we stand together to fight against protectionism. We welcome the swift implementation of the $250 billion trade finance initiative. We will keep markets open and free and reaffirm the commitments made in Washington and London: to refrain from raising barriers or imposing new barriers to investment or to trade in goods and services, imposing new export restrictions or implementing World Trade Organization (WTO) inconsistent measures to stimulate exports and commit to rectify such measures as they arise. We will minimize any negative impact on trade and investment of our domestic policy actions, including fiscal policy and action to support the financial sector. We will not retreat into financial protectionism, particularly measures that constrain worldwide capital flows, especially to developing countries. We will notify promptly the WTO of any relevant trade measures. We welcome the latest joint

report from the WTO, OECD, IMF, and United Nations Conference on Trade and Development (UNCTAD) and ask them to continue to monitor the situation within their respective mandates, reporting publicly on these commitments on a quarterly basis.

49. We remain committed to further trade liberalization. We are determined to seek an ambitious and balanced conclusion to the Doha Development Round in 2010, consistent with its mandate, based on the progress already made, including with regard to modalities. We understand the need for countries to directly engage with each other, within the WTO bearing in mind the centrality of the multilateral process, in order to evaluate and close the remaining gaps. We note that in order to conclude the negotiations in 2010, closing those gaps should proceed as quickly as possible. We ask our ministers to take stock of the situation no later than early 2010, taking into account the results of the work program agreed to in Geneva following the Delhi Ministerial, and seek progress on Agriculture, Non-Agricultural Market Access, as well as Services, Rules, Trade Facilitation and all other remaining issues. We will remain engaged and review the progress of the negotiations at our next meeting.

The Path from Pittsburgh

50. Today, we designated the G-20 as the premier forum for our international economic cooperation. We have asked our representatives to report back at the next meeting with recommendations on how to maximize the effectiveness of our cooperation. We agreed to have a G-20 Summit in Canada in June 2010, and in Korea in November 2010. We expect to meet annually thereafter, and will meet in France in 2011.

ANNEX: Core Values for Sustainable Economic Activity

1. The economic crisis demonstrates the importance of ushering in a new era of sustainable global economic activity grounded in responsibility. The current crisis has once again confirmed the fundamental recognition that our growth and prosperity are interconnected, and that no region of the globe can wall itself off in a globalized world economy.

2. We, the Leaders of the countries gathered for the Pittsburgh Summit, recognize that concerted action is needed to help our economies get back to stable ground and prosper tomorrow. We commit to taking responsible actions to ensure that every stakeholder—

consumers, workers, investors, entrepreneurs—can participate in a balanced, equitable, and inclusive global economy.

3. We share the overarching goal to promote a broader prosperity for our people through balanced growth within and across nations; through coherent economic, social, and environmental strategies; and through robust financial systems and effective international collaboration.

4. We recognize that there are different approaches to economic development and prosperity, and that strategies to achieve these goals may vary according to countries' circumstances.

5. We also agree that certain key principles are fundamental, and in this spirit we commit to respect the following core values:

- We have a responsibility to ensure sound macroeconomic policies that serve long-term economic objectives and help avoid unsustainable global imbalances.

- We have a responsibility to reject protectionism in all its forms, support open markets, foster fair and transparent competition, and promote entrepreneurship and innovation across countries.

- We have a responsibility to ensure, through appropriate rules and incentives, that financial and other markets function based on propriety, integrity and transparency and to encourage businesses to support the efficient allocation of resources for sustainable economic performance.

- We have a responsibility to provide for financial markets that serve the needs of households, businesses and productive investment by strengthening oversight, transparency, and accountability.

- We have a responsibility to secure our future through sustainable consumption, production and use of resources that conserve our environment and address the challenge of climate change.

- We have a responsibility to invest in people by providing education, job training, decent work conditions, health care and social safety net support, and to fight poverty, discrimination, and all forms of social exclusion.

- We have a responsibility to recognize that all economies, rich and poor, are partners in building a sustainable and balanced global economy in which the benefits of economic growth are broadly and equitably shared. We also have a responsibility to achieve the internationally agreed development goals.

• We have a responsibility to ensure an international economic and financial architecture that reflects changes in the world economy and the new challenges of globalization.

G-20 Framework for Strong, Sustainable, and Balanced Growth

1. Our countries have a shared responsibility to adopt policies to achieve strong, sustainable and balanced growth, to promote a resilient international financial system, and to reap the benefits of an open global economy. To this end, we recognize that our strategies will vary across countries. In our Framework for Strong, Sustainable and Balanced Growth, we will:

• implement responsible fiscal policies, attentive to short-term flexibility considerations and longer-run sustainability requirements.

• strengthen financial supervision to prevent the re-emergence in the financial system of excess credit growth and excess leverage and undertake macro prudential and regulatory policies to help prevent credit and asset price cycles from becoming forces of destabilization.

• promote more balanced current accounts and support open trade and investment to advance global prosperity and growth sustainability, while actively rejecting protectionist measures.

• undertake monetary policies consistent with price stability in the context of market oriented exchange rates that reflect underlying economic fundamentals.

• undertake structural reforms to increase our potential growth rates and, where needed, improve social safety nets.

• promote balanced and sustainable economic development in order to narrow development imbalances and reduce poverty.

2. We recognize that the process to ensure more balanced global growth must be undertaken in an orderly manner. All G-20 members agree to address the respective weaknesses of their economies.

• G-20 members with sustained, significant external deficits pledge to undertake policies to support private savings and undertake fiscal consolidation while maintaining open markets and strengthening export sectors.

• G-20 members with sustained, significant external surpluses pledge to strengthen domestic sources of growth. According to national circumstances this could include increasing investment, reducing financial markets distortions, boosting productivity in service sectors, improving social safety nets, and lifting constraints on demand growth.

3. Each G-20 member bears primary responsibility for the sound management of its economy. The G-20 members also have a responsibility to the community of nations to assure the overall health of the global economy. Regular consultations, strengthened cooperation on macroeconomic policies, the exchange of experiences on structural policies, and ongoing assessment can strengthen our cooperation and promote the adoption of sound policies. As part of our process of mutual assessment:

- G-20 members will agree on shared policy objectives. These objectives should be updated as conditions evolve.
- G-20 members will set out their medium-term policy frameworks and will work together to assess the collective implications of our national policy frameworks for the level and pattern of global growth, and to identify potential risks to financial stability.
- G-20 leaders will consider, based on the results of the mutual assessment, and agree any actions to meet our common objectives.

4. We call on our Finance Ministers to develop our process of mutual assessment to evaluate the collective implications of national policies for the world economy. To accomplish this, our Finance Ministers should, with the assistance of the IMF:

- Develop a forward looking assessment of G-20 economic developments to help analyze whether patterns of demand and supply, credit, debt and reserves growth are supportive of strong, sustainable and balanced growth.
- Assess the implications and consistency of fiscal and monetary policies, credit growth and asset markets, foreign exchange developments, commodity and energy prices, and current account imbalances.
- Report regularly to both the G-20 and the IMFC on global economic developments, key risks, and concerns with respect to patterns of growth and suggested G-20 policy adjustments, individually and collectively.

IV. THE G-20 TORONTO SUMMIT DECLARATION

(June 26~27, 2010)

Preamble

1. In Toronto, we held our first Summit of the G-20 in its new capacity as the premier forum for our international economic cooperation.

2. Building on our achievements in addressing the global economic crisis, we have agreed on the next steps we should take to ensure a full return to growth with quality jobs, to reform and strengthen financial systems, and to create strong, sustainable and balanced global growth.

3. Our efforts to date have borne good results. Unprecedented and globally coordinated fiscal and monetary stimulus is playing a major role in helping to restore private demand and lending. We are taking strong steps toward increasing the stability and strength of our financial systems. Significantly increased resources for international financial institutions are helping stabilise and address the impact of the crisis on the world' most vulnerable. Ongoing governance and management reforms, which must be completed, will also enhance the effectiveness and relevance of these institutions. We have successfully maintained our strong commitment to resist protectionism.

4. But serious challenges remain. While growth is returning, the recovery is uneven and fragile, unemployment in many countries remains at unacceptable levels, and the social impact of the crisis is still widely felt. Strengthening the recovery is key. To sustain recovery, we need to follow through on delivering existing stimulus plans, while working to create the conditions for robust private demand. At the same time, recent events highlight the importance of sustainable public finances and the need for our countries to put in place credible, properly phased and growth-friendly plans to deliver fiscal sustainability, differentiated for and tailored to national circumstances. Those countries with serious fiscal challenges need to accelerate the pace of consolidation. This should be combined with efforts to rebalance global demand to help ensure global growth continues on a sustainable path. Further progress is also required on

financial repair and reform to increase the transparency and strengthen the balance sheets of our financial institutions, and support credit availability and rapid growth, including in the real economy. We took new steps to build a better regulated and more resilient financial system that serves the needs of our citizens. There is also a pressing need to complete the reforms of the international financial institutions.

5. Recognizing the importance of achieving strong job growth and providing social protection to our citizens, particularly our most vulnerable, we welcome the recommendations of our Labour and Employment Ministers, who met in April 2010, and the training strategy prepared by the International Labour Organization (ILO) in collaboration with the Organisation for Economic Co-operation and Development (OECD).

6. We are determined to be accountable for the commitments we have made, and have instructed our Ministers and officials to take all necessary steps to implement them fully within agreed timelines.

The Framework for Strong, Sustainable and Balanced Growth

7. The G-20' highest priority is to safeguard and strengthen the recovery and lay the foundation for strong, sustainable and balanced growth, and strengthen our financial systems against risks. We therefore welcome the actions taken and commitments made by a number of G-20 countries to boost demand and rebalance growth, strengthen our public finances, and make our financial systems stronger and more transparent. These measures represent substantial contributions to our collective well-being and build on previous actions. We will continue to co-operate and undertake appropriate actions to bolster economic growth and foster a strong and lasting recovery.

8. The Framework for Strong, Sustainable and Balanced Growth that we launched in Pittsburgh is the means to achieving our shared objectives, by assessing the collective consistency of policy actions and strengthening policy frameworks.

9. We have completed the first stage of our Mutual Assessment Process and we concluded that we can do much better. The IMF and World Bank estimate that if we choose a more ambitious path of reforms, over the medium term:

· global output would be higher by almost $4 trillion;
· tens of millions more jobs would be created;

• even more people would be lifted out of poverty; and

• global imbalances would be significantly reduced.

Increasing global growth on a sustainable basis is the most important step we can take in improving the lives of all of our citizens, including those in the poorest countries.

10. We are committed to taking concerted actions to sustain the recovery, create jobs and to achieve stronger, more sustainable and more balanced growth. These will be differentiated and tailored to national circumstances. We agreed today on:

- Following through on fiscal stimulus and communicating "rowth friendly" fiscal consolidation plans in advanced countries that will be implemented going forward. Sound fiscal finances are essential to sustain recovery, provide flexibility to respond to new shocks, ensure the capacity to meet the challenges of aging populations, and avoid leaving future generations with a legacy of deficits and debt. The path of adjustment must be carefully calibrated to sustain the recovery in private demand. There is a risk that synchronized fiscal adjustment across several major economies could adversely impact the recovery. There is also a risk that the failure to implement consolidation where necessary would undermine confidence and hamper growth. Reflecting this balance, advanced economies have committed to fiscal plans that will at least halve deficits by 2013 and stabilize or reduce government debt-to-GDP ratios by 2016. Recognizing the circumstances of Japan, we welcome the Japanese government' fiscal consolidation plan announced recently with their growth strategy. Those with serious fiscal challenges need to accelerate the pace of consolidation. Fiscal consolidation plans will be credible, clearly communicated, differentiated to national circumstances, and focused on measures to foster economic growth.

- Strengthening social safety nets, enhancing corporate governance reform, financial market development, infrastructure spending, and greater exchange rate flexibility in some emerging markets;

- Pursuing structural reforms across the entire G-20 membership to increase and sustain our growth prospects; and

- Making more progress on rebalancing global demand.

Monetary policy will continue to be appropriate to achieve price stability and thereby contribute to the recovery.

11. Advanced deficit countries should take actions to boost national savings while

maintaining open markets and enhancing export competitiveness.

12. Surplus economies will undertake reforms to reduce their reliance on external demand and focus more on domestic sources of growth.

13. We are committed to narrowing the development gap and that we must consider the impact of our policy actions on low-income countries. We will continue to support development financing, including through new approaches that encourage development financing from both public and private sources.

14. We recognize that these measures will need to be implemented at the national level and will need to be tailored to individual country circumstances. To facilitate this process, we have agreed that the second stage of our country-led and consultative mutual assessment will be conducted at the country and European level and that we will each identify additional measures, as necessary, that we will take toward achieving strong, sustainable, and balanced growth.

Financial Sector Reform

15. We are building a more resilient financial system that serves the needs of our economies, reduces moral hazard, limits the build up of systemic risk, and supports strong and stable economic growth. We have strengthened the global financial system by fortifying prudential oversight, improving risk management, promoting transparency, and reinforcing international cooperation. A great deal has been accomplished. We welcome the full implementation of the European Stabilization Mechanism and Facility, the EU decision to publicly release the results of ongoing tests on European banks, and the recent US financial reform bill.

16. But more work is required. Accordingly, we pledge to act together to achieve the commitments to reform the financial sector made at the Washington, London and Pittsburgh Summits by the agreed or accelerated timeframes. The transition to new standards will take into account the cumulative macroeconomic impact of the reforms in advanced and emerging economies. We are committed to international assessment and peer review to ensure that all our decisions are fully implemented.

17. Our reform agenda rests on four pillars.

18. The first pillar is a strong regulatory framework. We took stock of the progress of the Basel Committee on Banking Supervision (BCBS) towards a new global regime for bank capital and liquidity and we welcome and support its work. Substantial progress has been made

on reforms that will materially raise levels of resilience of our banking systems. The amount of capital will be significantly higher and the quality of capital will be significantly improved when the new reforms are fully implemented. This will enable banks to withstand—without extraordinary government support—stresses of a magnitude associated with the recent financial crisis. We support reaching agreement at the time of the Seoul Summit on the new capital framework. We agreed that all members will adopt the new standards and these will be phased in over a timeframe that is consistent with sustained recovery and limits market disruption, with the aim of implementation by end-2012, and a transition horizon informed by the macroeconomic impact assessment of the Financial Stability Board (FSB) and BCBS. Phase-in arrangements will reflect different national starting points and circumstances, with initial variance around the new standards narrowing over time as countries converge to the new global standard.

19. We agreed to strengthen financial market infrastructure by accelerating the implementation of strong measures to improve transparency and regulatory oversight of hedge funds, credit rating agencies and over-the-counter derivatives in an internationally consistent and nondiscriminatory way. We re-emphasized the importance of achieving a single set of high quality improved global accounting standards and the implementation of the FSB' standards for sound compensation.

20. The second pillar is effective supervision. We agreed that new, stronger rules must be complemented with more effective oversight and supervision. We tasked the FSB, in consultation with the IMF, to report to our Finance Ministers and Central Bank Governors in October 2010 on recommendations to strengthen oversight and supervision, specifically relating to the mandate, capacity and resourcing of supervisors and specific powers which should be adopted to proactively identify and address risks, including early intervention.

21. The third pillar is resolution and addressing systemic institutions. We are committed to design and implement a system where we have the powers and tools to restructure or resolve all types of financial institutions in crisis, without taxpayers ultimately bearing the burden, and adopted principles that will guide implementation. We called upon the FSB to consider and develop concrete policy recommendations to effectively address problems associated with, and resolve, systemically important financial institutions by the Seoul Summit. To reduce moral hazard risks, there is a need to have a policy framework including effective resolution tools,

strengthened prudential and supervisory requirements, and core financial market infrastructures. We agreed the financial sector should make a fair and substantial contribution towards paying for any burdens associated with government interventions, where they occur, to repair the financial system or fund resolution, and reduce risks from the financial system. We recognized that there are a range of policy approaches to this end. Some countries are pursuing a financial levy. Other countries are pursuing different approaches.

22. The fourth pillar is transparent international assessment and peer review. We have strengthened our commitment to the IMF/World Bank Financial Sector Assessment Program (FSAP) and pledge to support robust and transparent peer review through the FSB. We are addressing non-cooperative jurisdictions based on comprehensive, consistent, and transparent assessment with respect to tax havens, the fight against money laundering and terrorist financing and the adherence to prudential standards.

International Financial Institutions and Development

23. The International Financial Institutions (IFIs) have been a central part of the global response to the financial and economic crisis, mobilizing critical financing, including $750 billion by the IMF and $235 billion by the Multilateral Development Banks (MDBs). This has underscored the value of these institutions as platforms for our global cooperation.

24. We commit to strengthening the legitimacy, credibility and effectiveness of the IFIs to make them even stronger partners for us in the future.

25. Towards this end, we have fulfilled our Pittsburgh Summit commitment on the MDBs. This includes $350 billion in capital increases for the MDBs, allowing them to nearly double their lending. This new capital is joined to ongoing and important reforms to make these institutions more transparent, accountable and effective, and to strengthen their focus on lifting the lives of the poor, underwriting growth, and addressing climate change and food security.

26. We will fulfill our commitment to ensure an ambitious replenishment for the concessional lending facilities of the MDBs, especially the International Development Association and the African Development Fund.

27. We have endorsed the important voice reforms agreed by shareholders at the World Bank, which will increase the voting power of developing and transition countries by 4.59% since 2008.

28. We underscore our resolve to ensure ratification of the 2008 IMF Quota and Voice Reforms and expansion of the New Arrangements to Borrow (NAB).

29. We called for an acceleration of the substantial work still needed for the IMF to complete the quota reform by the Seoul Summit and in parallel deliver on other governance reforms, in line with commitments made in Pittsburgh.

30. Today we build on our earlier commitment to open, transparent and merit-based selection processes for the heads and senior leadership of all the IFIs. We will strengthen the selection processes in the lead up to the Seoul Summit in the context of broader reform.

31. We agreed to task our Finance Ministers and Central Bank Governors to prepare policy options to strengthen global financial safety nets for our consideration at the Seoul Summit. Our goal is to build a more stable and resilient international monetary system.

32. We stand united with the people of Haiti and are providing much-needed reconstruction assistance, including the full cancellation of all of Haiti' IFI debt. We welcome the launching of the Haiti Reconstruction Fund.

33. We have launched the SME Finance Challenge and commit to mobilizing funding for implementation of winning proposals, including through the strong support of the MDBs. We have developed a set of principles for innovative financial inclusion.

34. We welcome the launch of the Global Agriculture and Food Security Program in fulfillment of our Pittsburgh commitment on food security, an important step to further implement the Global Partnership for Agriculture and Food Security, and invite further contributions. Looking ahead, we commit to exploring innovative, results-based mechanisms to harness the private sector for agricultural innovation. We call for the full implementation of the L' quila Initiative and the application of its principles.

Fighting Protectionism and Promoting Trade and Investment

35. While the global economic crisis led to the sharpest decline of trade in more than seventy years, G-20 countries chose to keep markets open to the opportunities that trade and investment offer. It was the right choice.

36. As such, we renew for a further three years, until the end of 2013, our commitment to refrain from raising barriers or imposing new barriers to investment or trade in goods and services, imposing new export restrictions or implementing World Trade Organization (WTO)-

inconsistent measures to stimulate exports, and commit to rectify such measures as they arise. We will minimize any negative impact on trade and investment of our domestic policy actions, including fiscal policy and action to support the financial sector. We ask the WTO, OECD and UNCTAD to continue to monitor the situation within their respective mandates, reporting publicly on these commitments on a quarterly basis.

37. Open markets play a pivotal role in supporting growth and job creation, and in achieving our goals under the G-20 Framework for Strong, Sustainable and Balanced Growth. We ask the OECD, the ILO, World Bank, and the WTO to report on the benefits of trade liberalization for employment and growth at the Seoul Summit.

38. We therefore reiterate our support for bringing the WTO Doha Development Round to a balanced and ambitious conclusion as soon as possible, consistent with its mandate and based on the progress already made. We direct our representatives, using all negotiating avenues, to pursue this objective, and to report on progress at our next meeting in Seoul, where we will discuss the status of the negotiations and the way forward.

39. We commit to maintain momentum for Aid for Trade. We also ask international agencies, including the World Bank and other Multilateral Development Banks to step up their capacity and support trade facilitation which will boost world trade.

Other Issues and Forward Agenda

40. We agree that corruption threatens the integrity of markets, undermines fair competition, distorts resource allocation, destroys public trust and undermines the rule of law. We call for the ratification and full implementation by all G-20 members of the United Nations Convention against Corruption (UNCAC) and encourage others to do the same. We will fully implement the reviews in accordance with the provisions of UNCAC. Building on the progress made since Pittsburgh to address corruption, we agree to establish a Working Group to make comprehensive recommendations for consideration by Leaders in Korea on how the G-20 could continue to make practical and valuable contributions to international efforts to combat corruption and lead by example, in key areas that include, but are not limited to, adopting and enforcing strong and effective anti-bribery rules, fighting corruption in the public and private sectors, preventing access of corrupt persons to global financial systems, cooperation in visa denial, extradition and asset recovery, and protecting whistleblowers who stand-up against

corruption.

41. We reiterate our commitment to a green recovery and to sustainable global growth. Those of us who have associated with the Copenhagen Accord reaffirm our support for it and its implementation and call on others to associate with it. We are committed to engage in negotiations under the UNFCCC on the basis of its objective provisions and principles including common but differentiated responsibilities and respective capabilities and are determined to ensure a successful outcome through an inclusive process at the Cancun Conferences. We thank Mexico for undertaking to host the sixteenth Conference of the Parties (COP 16) in Cancun from November 29 to December 20, 2010 and express our appreciation for its efforts to facilitate negotiations. We look forward to the outcome of the UN Secretary-General' High-Level Advisory Group on Climate Change Financing which is, inter alia, exploring innovative financing.

42. We note with appreciation the report on energy subsidies from the International Energy Agency (IEA), Organization of the Petroleum Exporting Countries (OPEC), OECD and World Bank. We welcome the work of Finance and Energy Ministers in delivering implementation strategies and timeframes, based on national circumstances, for the rationalization and phase out over the medium term of inefficient fossil fuel subsidies that encourage wasteful consumption, taking into account vulnerable groups and their development needs. We also encourage continued and full implementation of countryspecific strategies and will continue to review progress towards this commitment at upcoming summits.

43. Following the recent oil spill in the Gulf of Mexico we recognize the need to share best practices to protect the marine environment, prevent accidents related to offshore exploration and development, as well as transportation, and deal with their consequences.

44. We recognize that 2010 marks an important year for development issues. The September 2010 Millennium Development Goals (MDG) High Level Plenary will be a crucial opportunity to reaffirm the global development agenda and global partnership, to agree on actions for all to achieve the MDGs by 2015, and to reaffirm our respective commitments to assist the poorest countries.

45. In this regard it is important to work with Least Developed Countries (LDCs) to make them active participants in and beneficiaries of the global economic system. Accordingly we thank Turkey for its decision to host the 4th United Nations Conference on the LDCs in June 2011.

46. We welcome the Global Pulse Initiative interim report and look forward to an update.

47. Narrowing the development gap and reducing poverty are integral to our broader objective of achieving strong, sustainable and balanced growth and ensuring a more robust and resilient global economy for all. In this regard, we agree to establish a Working Group on Development and mandate it to elaborate, consistent with the G-20' focus on measures to promote economic growth and resilience, a development agenda and multi-year action plans to be adopted at the Seoul Summit.

48. We will meet next in Seoul, Korea, on November 11-12, 2010. We will convene in November 2011 under the Chairmanship of France and in 2012 under the Chairmanship of Mexico.

49. We thank Canada for hosting the successful Toronto Summit.

ANNEX I

The Framework for Strong, Sustainable and Balanced Growth

1. As a result of the extraordinary and highly coordinated policy actions agreed to at the Washington, London and Pittsburgh G-20 Summits, the global economy is recovering faster than was expected. Our decisive and unprecedented actions over the past two years have limited the downturn and spurred recovery.

2. Yet risks remain. Unemployment remains unacceptably high in many G-20 economies. The recovery is uneven across G-20 members both across advanced economies and between advanced and emerging economies. This poses risks to the continued economic expansion. There is a risk that global current account imbalances will widen again, absent further policy action. While considerable progress has been made in moving ahead on our financial sector repair and reform agenda, financial markets remain fragile and credit flows restrained. Concerns over large fiscal deficits and rising debt levels in some countries have also become a source of uncertainty and financial market volatility.

3. The G-20' highest priority is to safeguard and strengthen the recovery and lay the foundation for strong, sustainable and balanced growth, including strengthening our financial systems against risks. We therefore welcome the actions taken and commitments made by a

number of G-20 countries. Among more recent measures, we particularly welcome the full implementation of the European Financial Stability Mechanism and Facility; the EU decision to publicly release the results of ongoing tests on European banks; and the recent announcements of fiscal consolidation plans and targets by a number of G-20 countries. These represent substantial contributions to our collective well-being and build on our previous actions. We will continue to cooperate and undertake appropriate actions to bolster economic growth and foster a strong and lasting recovery.

4. The Framework for Strong, Sustainable and Balanced Growth we launched in Pittsburgh is the means to achieving our shared objectives. G-20 members have a responsibility to the community of nations to assure the overall health of the global economy. We committed to assess the collective consistency of our policy actions and to strengthen our policy frameworks in order to meet our common objectives. Through our collective policy action, we will ensure growth is sustained, more balanced, shared across all countries and regions of the world, and consistent with our development goals.

5. We have completed the first stage of our Mutual Assessment Process. As we requested in Pittsburgh, G-20 Finance Ministers and Central Bank Governors, with the support of the IMF, World Bank, OECD, ILO and other international organisations, have assessed the collective consistency of our individual policy frameworks and global prospects under alternative policy scenarios.

6. The assessment is that in the absence of a coordinated policy response: global output is likely to remain below its pre-crisis trend; unemployment remains above pre-crisis levels in most countries; fiscal deficits and debt in some advanced economies reach unacceptably high levels; and, global current account imbalances, which narrowed during the crisis, widen again. Moreover, this outlook is subject to considerable downside risks.

7. We concluded that we can do much better. The IMF and World Bank estimate that if we choose a more ambitious path of reforms, over the medium term, we could:

· raise global output by up to $4 trillion;

· create an estimated 52 million jobs;

· lift up to 90 million people out of poverty; and

· significantly reduce global current account balances.

If we act in a coordinated manner, all regions are better off, now and in the future. Moreover, increasing global growth on a sustainable basis is the most important step we can take in improving the lives of all, including those in the poorest countries.

8. We are committed to taking concerted actions to sustain the recovery, create jobs and to achieve stronger, more sustainable and more balanced growth. These will be differentiated and tailored to national circumstances. We agreed today on:

- Following through on fiscal stimulus and communicating "rowth-friendly" fiscal consolidation plans in advanced countries and that will be implemented going forward;
- strengthening social safety nets, enhancing corporate governance reform, financial market development, infrastructure spending, and increasing exchange rate flexibility in some emerging markets;
- pursuing structural reforms across the entire G-20 membership to increase and sustain our growth prospects; and
- Making further progress on rebalancing global demand.

Monetary policy will continue to be appropriate to achieve price stability and thereby contribute to the recovery.

9. We agreed to follow through on fiscal stimulus and communicating "rowth friendly" fiscal consolidation plans in advanced countries that will be implemented going forward. Sound fiscal finances are essential to sustain recovery, provide flexibility to respond to new shocks, ensure the capacity to meet the challenges of aging populations, and avoid leaving future generations with a legacy of deficits and debt. The path of adjustment must be carefully calibrated to sustain the recovery in private demand. There is a risk that synchronized fiscal adjustment across several major economies could adversely impact the recovery. There is also a risk that the failure to implement consolidation where necessary would undermine confidence and hamper growth. Reflecting this balance, advanced economies have committed to fiscal plans that will at least halve deficits by 2013 and stabilize or reduce government debt-to-GDP ratios by 2016. Recognizing the circumstances of Japan, we welcome the Japanese government' fiscal consolidation plan announced recently with their growth strategy. Those with serious fiscal challenges need to accelerate the pace of consolidation. Fiscal consolidation plans will be credible, clearly communicated, differentiated to national circumstances, and focused on measures to foster economic growth.

10. We have agreed on a set of principles to guide these fiscal consolidation plans by

advanced economies:

- *Fiscal consolidation plans will be credible.* They will be based on prudent assumptions with respect to economic growth and our respective fiscal positions, and they will identify specific measures to achieve a target path that ensures fiscal sustainability. Strengthened budgetary frameworks and institutions can help underpin the credibility of consolidation strategies.

- *The time to communicate our medium-term fiscal plans is now.* We will elaborate clear and credible plans that put our fiscal finances on a sustainable footing. The speed and timing of withdrawing fiscal stimulus and reducing deficits and debt will be differentiated for and tailored to national circumstances, and the needs of the global economy. However, it is clear that consolidation will need to begin in advanced economies in 2011, and earlier for countries experiencing significant fiscal challenges at present.

- *Fiscal consolidation will focus on measures that will foster economic growth.* We will look at ways to use our fiscal resources more efficiently, to help reduce the overall cost of our interventions while targeting resources to where they are most needed. In addition, we will focus on structural reforms that will promote long-term growth.

11. Advanced deficit countries should take actions to boost national savings while maintaining open markets and enhancing export competitiveness.

12. Surplus economies will undertake reforms to reduce their reliance on the external demand and focus more on domestic sources of growth. This will help strengthen their resilience to external shocks and promote more stable growth. To do this, advanced surplus economies will focus on structural reforms that support increased domestic demand. Emerging surplus economies will undertake reforms tailored to country circumstances to:

- Strengthen social safety nets (such as public health care and pension plans), corporate governance and financial market development to help reduce precautionary savings and stimulate private spending;

- Increase infrastructure spending to help boost productive capacity and reduce supply bottlenecks; and

- Enhance exchange rate flexibility to reflect underlying economic fundamentals. Excess volatility and disorderly movements in exchange rates can have adverse implications for economic and financial stability. Market-oriented exchange rates that reflect underlying economic fundamentals contribute to global economic stability.

13. Across all G-20 members, we recognise that structural reforms can have a substantial impact on economic growth and global welfare. We will implement measures that will enhance the growth potential of our economies in a manner that pays particular attention to the most vulnerable. Reforms could support the broadly-shared expansion of demand if wages grow in line with productivity. It will be important to strike the right balance between policies that support greater market competition and economic growth and policies that preserve social safety nets consistent with national circumstances. Together these measures will also help unlock demand. These include:

- Product, service and labour market reforms in advanced economies, particularly those economies that may have lost some productive capacity during the crisis. Labour market reforms might include: better targeted unemployment benefits and more effective active labour market policies (such as job retraining, job search and skills development programs, and raising labour mobility). It might also include putting in place the right conditions for wage bargaining systems to support employment. Product and service market reforms might include strengthening competition in the service sector; reducing barriers to competition in network industries, professional services and retail sectors, encouraging innovation and further reducing the barriers to foreign competition.

- Reducing restrictions on labour mobility, enhancing foreign investment opportunities and simplifying product market regulation in emerging market economies.

- Avoiding new protectionist measures.

- Completing the Doha Round to accelerate global growth through trade flows. Open trade will yield significant benefits for all and can facilitate global rebalancing.

- Actions to accelerate financial repair and reform. Weaknesses in financial sector regulation and supervision in advanced economies led to the recent crisis. We will implement the G-20 financial reform agenda and ensure a stronger financial system serves the needs of the real economy. While not at the centre of the crisis, financial sectors in some emerging economies need to be developed further so that they can provide the depth and breadth of services required to promote and sustain high rates of economic growth and development. It is important that financial reforms in advanced economies take into account any adverse effects on financial flows to emerging and developing economies. Vigilance is also needed to ensure open capital markets and avoid financial protectionism.

14. We welcome the recommendations of our Labour and Employment Ministers, who met in April 2010, on the employment impacts of the global economic crisis. We reaffirm our commitment to achieving strong job growth and providing social protection to our most vulnerable citizens. An effective employment policy should place quality jobs at the heart of the recovery. We appreciate the work done by the International Labour Organization in collaboration with the OECD on a training strategy that will help equip the workforce with the skills required for the jobs of today and those of tomorrow.

15. We are committed to narrowing the development gap and that we must consider the impact of our policy actions on low-income countries. We will continue support development financing, including through new approaches that encourage development financing from both public and private sources. The crisis will have long lasting impact on the development trajectories of poor countries in every region of the world. Among these effects, developing countries are likely to face increased challenges in securing financing from both public and private sources. Many of us have already taken steps to help address this shortfall by implementing innovative approaches to financing, such as advance market commitments, the SME challenge and recent progress with respect to financial inclusion. Low-income countries have the potential to contribute to stronger and more balanced global growth, and should be viewed as markets for investment.

16. These measures need to be implemented at the national level and tailored to individual country circumstances. We welcome additional measures announced by some G-20 members aimed at meeting our shared objectives.

17. To facilitate this process, the second stage of our country-led, consultative mutual assessment will be conducted at the country and European level. Each G-20 member will identify the measures it is taking to implement the policies we have agreed upon today to ensure stronger, more sustainable and balanced growth. We ask our Finance Ministers and Central Bank Governors to elaborate on these measures and report on them when we next meet. We will continue to draw on the expertise of the IMF, World Bank, OECD, ILO and other international organisations, as necessary. These measures will form the basis of our comprehensive action plan that will be announced in the Seoul Summit. As we pursue strong, sustainable and more balanced growth, we continue to encourage work on measurement

methods to take into account social and environmental dimensions of economic development.

18. The policy commitments we are making today, along with the significant policy measures we have already taken, will allow us to reach our objective of strong, sustainable and balanced growth, the benefits of which will be felt both within the G-20 and across the globe.

ANNEX II

Financial Sector Reform

1. The financial crisis has imposed huge costs. This must not be allowed to happen again. The recent financial volatility has strengthened our resolve to work together to complete financial repair and reform. We need to build a more resilient financial system that serves the needs of our economies, reduces moral hazard, limits the build-up of systemic risk and supports strong and stable economic growth.

2. Collectively we have made considerable progress toward strengthening the global financial system by fortifying prudential oversight, improving risk management, promoting transparency and continuously reinforcing international cooperation. We welcome the strong financial regulatory reform bill in the United States.

3. But there is more to be done. Further repair to the financial sector is critical to achieving sustainable global economic recovery. More work is required to restore the soundness and enhance the transparency of banks' balance sheets and markets; and improve the corporate governance and risk management of financial firms in order to strengthen the global financial system and restore the credit needed to fuel sustainable economic growth. We welcome the decision of EU leaders to publish the results of ongoing tests on European banks to reassure markets of the resilience and transparency of the European banking system.

4. We pledge to act together to achieve the commitments to reform the financial sector made at the Washington, London and Pittsburgh Summits by the agreed or accelerated timeframes. Transition horizons will take into account the cumulative macroeconomic impact of the reforms in advanced and emerging economies

Capital and Liquidity

5. We agreed that the core of the financial sector reform agenda rests on improving the strength of capital and liquidity and discouraging excessive leverage. We agreed to increase the quality, quantity, and international consistency of capital, to strengthen liquidity standards, to discourage excessive leverage and risk taking, and reduce procyclicality.

6. We took stock of the progress of the Basel Committee on Banking Supervision (BCBS) towards a new global regime for bank capital and liquidity and we welcome and support its work. Substantial progress has been made on reforms that will materially raise levels of resilience of our banking systems.

- The amount of capital will be significantly higher when the new reforms are fully implemented.
- The quality of capital will be significantly improved to reinforce banks' ability to absorb losses.

7. We support reaching agreement, at the time of the Seoul Summit, on a new capital framework that would raise capital requirements by:

- establishing a new requirement that each bank hold in Tier 1 capital, at a minimum, an increasing share of common equity, after deductions, measured as a percentage of risk-weighted assets, that enables them to withstand with going concern fully-lossabsorbing capital—without extraordinary government support—stresses of a magnitude associated with the recent financial crisis.
- moving to a globally consistent and transparent set of conservative deductions generally applied at the level of common equity, or its equivalent in the case of nonjoint stock companies, over a suitable globally-consistent transition period.

8. Based on our agreement at the Pittsburgh Summit that Basel II will be adopted in all major centers by 2011, we agreed that all members will adopt the new standards and these will be phased in over a timeframe that is consistent with sustained recovery and limits market disruption, with the aim of implementation by end-2012, and a transition horizon informed by the macroeconomic impact assessment of the Financial Stability Board (FSB) and BCBS.

9. Phase-in arrangements will reflect different national starting points and circumstances, with initial variance around the new standards narrowing over time as countries converge to the new global standard. Existing public sector capital injections will be grandfathered for the extent of

the transition.

10. We reiterated support for the introduction of a leverage ratio as a supplementary measure to the Basel II risk-based framework with a view to migrating to Pillar I treatment after an appropriate transition period based on appropriate review and calibration. To ensure comparability, the details of the leverage ratio will be harmonized internationally, fully adjusting for differences in accounting.

11. We acknowledged the importance of the quantitative impact study currently being conducted by the BCBS that measures the potential impact of the new Basel standards and will ensure that the new capital and liquidity standards are of high quality and adequately calibrated. The BCBS- FSB macroeconomic impact study will inform the development of the phase-in period of the new standards.

12. We welcomed the BCBS agreement on a coordinated start date not later than 31 December 2011 for all elements of the revised trading book rules.

13. We support the BCBS' work to consider the role of contingent capital in strengthening market discipline and helping to bring about a financial system where the private sector fully bears the losses on their investments. Consideration of contingent capital should be included as part of the 2010 reform package.

14. We called upon the FSB and the BCBS to report on progress of the full package of reform measures by the Seoul Summit. We recognize the critical role of the financial sector in driving a robust economy. We are committed to design a financial system which is resilient, stable and ensures the continued availability of credit.

More Intensive Supervision

15. We agreed that new, stronger rules must be complemented with more effective oversight and supervision. We are committed to the Basel Committee' Core Principles for Effective Banking Supervision and tasked the FSB, in consultation with the International Monetary Fund (IMF), to report to our Finance Ministers and Central Bank Governors in October 2010 on recommendations to strengthen oversight and supervision, specifically relating to the mandate, capacity and resourcing of supervisors and specific powers which should be adopted to proactively identify and address risks, including early intervention.

Resolution of Financial Institutions

16. We are following through on our commitment to reduce moral hazard in the financial system. We are committed to design and implement a system where we have the powers and tools to restructure or resolve all types of financial institutions in crisis, without taxpayers ultimately bearing the burden. These powers should facilitate "oing concern" capital and liquidity restructuring as well as "one concern" restructuring and wind-down measures. We endorsed and have committed to implement our domestic resolution powers and tools in a manner that preserves financial stability and are committed to implement the ten key recommendations on cross-border bank resolution issued by the BCBS in March 2010. In this regard, we support changes to national resolution and insolvency processes and laws where needed to provide the relevant national authorities with the capacity to cooperate and coordinate resolution actions across borders.

17. We agree that resolution regimes should provide for:
- Proper allocation of losses to reduce moral hazard and protect taxpayers;
- Continuity of critical financial services, including uninterrupted service for insured depositors;
- Credibility of the resolution regime in the market;
- Minimization of contagion;
- Advanced planning for orderly resolution and transfer of contractual relationships; and,
- Effective cooperation and information exchange domestically and among jurisdictions in the event of a failure of a cross-border institution.

Addressing Systemically Important Financial Institutions

18. We welcomed the FSB' interim report on reducing the moral hazard risks posed by systemically important financial institutions. We recognized that more must be done to address these risks. Prudential requirements for such firms should be commensurate with the cost of their failure. We called upon the FSB to consider and develop concrete policy recommendations to effectively address problems associated with and resolve systemically important financial institutions by the Seoul Summit. This should include more intensive supervision along with consideration of financial instruments and mechanisms to encourage market discipline, including contingent capital, bail-in options, surcharges, levies, structural

constraints, and methods to haircut unsecured creditors.

19. We welcomed the substantial progress that has been made regarding the development of supervisory colleges and crisis management groups for the major complex financial institutions identified by the FSB.

20. We continue to work together to develop robust agreed-upon institution-specific recovery and rapid resolution plans for major cross-border institutions by the end of 2010. We further committed to continue working on ensuring cooperation among jurisdictions in financial institution resolution proceedings.

Financial Sector Responsibility

21. We agreed the financial sector should make a fair and substantial contribution towards paying for any burdens associated with government interventions, where they occur, to repair the financial system or fund resolution.

22. To that end, we recognized that there is a range of policy approaches. Some countries are pursuing a financial levy. Other countries are pursuing different approaches. We agreed the range of approaches would follow these principles:

- Protect taxpayers;
- Reduce risks from the financial system;
- Protect the flow of credit in good times and bad times;
- Take into account individual countries' circumstances and options; and,
- Help promote a level playing field.

23. We thanked the IMF for its work in this area.

Financial Market Infrastructure and Scope of Regulation

24. We agreed on the need to strengthen financial market infrastructure in order to reduce systemic risk, improve market efficiency, transparency and integrity. Global action is important to minimize regulatory arbitrage, promote a level playing field, and foster the widespread application of the principles of propriety, integrity, and transparency.

25. We pledged to work in a coordinated manner to accelerate the implementation of over-thecounter (OTC) derivatives regulation and supervision and to increase transparency and standardization. We reaffirm our commitment to trade all standardized OTC derivatives

contracts on exchanges or electronic trading platforms, where appropriate, and clear through central counterparties (CCPs) by end-2012 at the latest. OTC derivative contracts should be reported to trade repositories (TRs). We will work towards the establishment of CCPs and TRs in line with global standards and ensure that national regulators and supervisors have access to all relevant information. In addition we agreed to pursue policy measures with respect to haircut-setting and margining practices for securities financing and OTC derivatives transactions that will reduce procyclicality and enhance financial market resilience. We recognized that much work has been done in this area. We will continue to support further progress in implementing these measures.

26. We committed to accelerate the implementation of strong measures to improve transparency and regulatory oversight of hedge funds, credit rating agencies and over-the-counter derivatives in an internationally consistent and non-discriminatory way. We also committed to improve the functioning and transparency of commodities markets. We call on credit rating agencies to increase transparency and improve quality and avoid conflicts of interest, and on national supervisors to continue to focus on these issues in conducting their oversight.

27. We committed to reduce reliance on external ratings in rules and regulations. We acknowledged the work underway at the BCBS to address adverse incentives arising from the use of external ratings in the regulatory capital framework, and at the FSB to develop general principles to reduce authorities' and financial institutions' reliance on external ratings. We called on them to report to our Finance Ministers and Central Bank Governors in October 2010.

28. We acknowledged the significant work of the International Organization of Securities Commission (IOSCO) to facilitate the exchange of information amongst regulators and supervisors, as well as IOSCO' principles regarding the oversight of hedge funds aimed at addressing related regulatory and systemic risks.

29. We called on the FSB to review national and regional implementation of prior G-20 commitments in these areas and promote global policy cohesion and to assess and report to our Finance Ministers and Central Bank Governors in October 2010 if further work is required.

Accounting Standards

30. We re-emphasized the importance we place on achieving a single set of high quality

improved global accounting standards. We urged the International Accounting Standards Board and the Financial Accounting Standards Board to increase their efforts to complete their convergence project by the end of 2011.

31. We encouraged the International Accounting Standards Board to further improve the involvement of stakeholders, including outreach to emerging market economies, within the framework of the independent accounting standard setting process.

Assessment and Peer Review

32. We pledged to support robust and transparent independent international assessment and peer review of our financial systems through the IMF and World Bank' Financial Sector Assessment Program and the FSB peer review process. The mutual dependence and integrated nature of our financial system requires that we all live up to our commitments. Weak financial systems in some countries pose a threat to the stability of the international financial system. International assessment and peer review are fundamental in making the financial sector safer for all.

33. We reaffirmed the FSB' principal role in the elaboration of international financial sector supervisory and regulatory policies and standards, co-ordination across various standardsetting bodies, and ensuring accountability for the reform agenda by conducting thematic and country peer reviews and fostering a level playing field through coherent implementation across sectors and jurisdictions. To that end, we encourage the FSB to look at ways to strengthen its capacity to keep pace with growing demands.

34. We called upon the FSB to expand upon and formalize its outreach activities beyond the membership of the G-20 to reflect the global nature of our financial system. We recognized the prominent role of the FSB, along with other important organizations including, the IMF and World Bank. These organizations, along with other international standard setters and supervisory authorities, play a central role to the health and well-being of our financial system.

35. We fully support the FSB' thematic peer reviews as a means of fostering consistent crosscountry implementation of financial and regulatory policies and to assess their effectiveness in achieving their intended results. We welcomed the FSB' first thematic peer review report on compensation, which showed progress in the implementation of the FSB' standards for sound compensation, but full implementation is far from complete. We

encouraged all countries and financial institutions to fully implement the FSB principles and standards by year-end. We call on the FSB to undertake ongoing monitoring in this area and conduct a second thorough peer review in the second quarter of 2011. We also look forward to the results of the FSB' thematic review of risk disclosures.

36. We acknowledged the significant progress in the FSB' country review program. These reviews are an important complement to the IMF/World Bank Financial Sector Assessment Program and provide a forum for peer learning and dialogue to address challenges. Three reviews will be completed this year.

Other International Standards and Non-cooperative Jurisdictions

37. We agreed to consider measures and mechanisms to address non-cooperative jurisdictions based on comprehensive, consistent and transparent assessment, and encourage adherence, including by providing technical support, with the support of the international financial institutions (IFIs).

38. We fully support the work of the Global Forum on Transparency and Exchange of Information for Tax Purposes, and welcomed progress on their peer review process, and the development of a multilateral mechanism for information exchange which will be open to all interested countries. Since our meeting in London in April 2009, the number of signed tax information agreements has increased by almost 500. We encourage the Global Forum to report to Leaders by November 2011 on progress countries have made in addressing the legal framework required to achieve an effective exchange of information. We also welcome progress on the Stolen Asset Recovery Program, and support its efforts to monitor progress to recover the proceeds of corruption. We stand ready to use countermeasures against tax havens.

39. We fully support the work of the Financial Action Task Force (FATF) and FATF-Style Regional Bodies in their fight against money laundering and terrorist financing and regular updates of a public list on jurisdictions with strategic deficiencies. We also encourage the FATF to continue monitoring and enhancing global compliance with the anti-money laundering and counter-terrorism financing international standards.

40. We welcomed the implementation of the FSB' evaluation process on the adherence to prudential information exchange and international cooperation standards in all jurisdictions.

ANNEX III

Enhancing the Legitimacy, Credibility and Effectiveness of the IFIs and Further Supporting the Needs of the Most Vulnerable

1. The global economic and financial crisis has demonstrated the value of the International Financial Institutions (IFIs) as instruments for coordinating multilateral action. These institutions were on the front-line in responding to the crisis, mobilizing $985 billion in critical financing. In addition, the international community and the IFIs mobilized over $250 billion in trade finance.

2. The crisis also demonstrated the importance of delivering further reforms. As key platforms for our cooperation, we are committed to strengthening the legitimacy, credibility and effectiveness of the IFIs, to ensure that they are capable of helping us maintain global financial and economic stability and supporting the growth and development of all their members.

3. To enhance the legitimacy and effectiveness of the IFIs, we committed in London and Pittsburgh to support new open, transparent and merit-based selection processes for the heads and senior leadership of all International Financial Institutions. We will strengthen these processes in the lead up to the Seoul Summit in the context of broader reform.

MDB Financing

4. Since the start of the global financial crisis, the MDBs have been playing an important role in the global response by exceeding our London commitment, in providing $235 billion in lending, more than half of which has come from the World Bank Group. At a time when private sector sources of finance were diminished, this lending was critical to global stabilization. Now more than ever, the MDBs are key development partners for many countries.

5. We have fulfilled our commitment to ensure that the MDBs have appropriate resources through capital increases for the major MDBs, including the Asian Development Bank (AsDB), the African Development Bank (AfDB), the Inter-American Development Bank (IADB), the European Bank for Reconstruction and Development (EBRD), the World Bank Group, notably the International Bank for Reconstruction and Development (IBRD) and the International Finance Corporation (IFC). As major shareholders at these institutions, we have worked together with other members to increase their capital base by 85%, or approximately

$350 billion. Overall, their total lending to developing countries will grow from $37 billion per year to $71 billion per year. This will improve their ability to address the increasing demand in the short and medium terms and to have enough resources to support their members. We support efforts to implement these agreements as quickly as possible.

MDB	Capital Increase	Pre-Crisis Annual Lending[a]	New Annual Lending[b]
AfDB	200% increase	$1.8 B	$6 B
AsDB	200% increase	$5.8 B	$10 B
EBRD[c]	50% increase	$5.3 B	$11 B
IADB[d]	70% increase	$6.7 B	$12 B
IBRD	30% increase	$12.1 B	$15 B
IFC	$200M selective capital increase	$5.4 B	$17 B
Total	85% increase in MDB capital	$37 B	$71 B

* All dollar figures USD

a 2000-2008. b 2012-2020. c mostly callable, of a temporary nature, for CRR4; d Includes agreement to relieve Haiti' debt to the IADB

6. We recognize the acute development needs in Africa, the region the furthest behind on the Millennium Development Goals. For this reason, the African Development Bank will be capitalized for substantial growth, with a 200% increase in its capital and corresponding tripling of its annual lending levels, to strengthen capacity to support the region' long-term growth and development.

7. To ensure that the IFC has the resources necessary for its continued growth, we will consider a long-term hybrid instrument to shareholders and earnings retention, to complement the recent selective capital increase linked to voice reforms.

8. In order to support low income countries, given their need to borrow at more concessional terms, we will fulfill our commitment to ensure an ambitious replenishment for the concessional lending facilities of the MDBs, especially the International Development Association (IDA) and the African Development Fund, which are undergoing financial

replenishments this year. We welcome the fact that many G-20 members have taken important steps to join as donors to these institutions. We reiterated our support for fairer and wider burden sharing.

MDB Reforms

9. We have also fulfilled our commitment to ensure that these capital increases are joined to ongoing and important institutional reforms to make the MDBs more effective, efficient and accountable. These include:

- Commitments to further support the poorest countries in a financially prudent way, including by transferring resources, where feasible, from MDB net income to their respective lending facilities for low income countries and increasing their investment activities in low income countries and frontier regions. This will ensure that the new capital resources benefit both low income and middle income countries.

- Specific actions for greater transparency, stronger accountability, improved institutional governance deeper country ownership, more decentralization and use of country systems where appropriate, and enhanced procurement guidelines, new ways of managing and tracking results and financial contributions, strengthen knowledge management, ensuring the right human resources with appropriate diversity, better implementing environmental and social safeguards, sound risk management, and ensuring financial sustainability with pricing linked to expenses, and a commitment to continue to reduce administrative expenses and make them more transparent.

- Deeper support for private sector development, including through more private sector operations and investment, as a vital component of sustainable and inclusive development.

- Recommitting to their core development mandates and taking up a greater role in the provision of global solutions to transnational problems, such as climate change and food security.

10. With these reform commitments, we are building not just bigger MDBs, but better MDBs, with more strategic focus on lifting the lives of the poor, underwriting growth, promoting security, and addressing the global challenges of climate change and food security. Implementation of these reforms has already begun, and we will continue to ensure that this work is completed and that further reforms are undertaken where necessary.

World Bank Group Voice Reforms

11. We welcomed the agreement on the World Bank' voice reform to increase the voting power of developing and transition countries by 3.13% consistent with the agreement at the Pittsburgh Summit. When combined with the 1.46% increase agreed in the previous phase of the reforms, this will provide a total shift of 4.59% to DTCs, bringing their overall voting power to 47.19%. We committed to continue moving over time towards equitable voting power, while protecting the smallest nations, by arriving at a dynamic formula which primarily reflects countries' evolving economic weight and the World Bank' development mission. We also endorsed voice reforms at the IFC which will provide a total shift of 6.07%, to bring DTC voting power to 39.48%.

Debt Relief for Haiti

12. We stand united with the people of Haiti as they struggle to recover from the devastation wrought by the earthquake in January, and we join other donors in providing assistance in this difficult time, including through the Haiti Reconstruction Fund set up by the World Bank, the Inter-American Development Bank and the United Nations. To ensure that Haiti' recovery efforts can focus on its reconstruction action plan, rather than the debt obligations of its past, our Finance Ministers agreed last April to support full cancellation of Haiti' debts to all IFIs, including through burden sharing of the associated costs, where necessary. We are pleased that an agreement on a framework for cancelling such debt has been reached at the IMF; the World Bank, the International Fund for Agriculture Development, and soon at the Inter-American Development Bank. We will contribute our fair shares of the associated costs as soon as possible. We will report on progress at the Seoul Summit.

IMF Reforms

13. We are committed to strengthening the legitimacy, credibility and effectiveness of the IMF to ensure it succeeds in carrying out its mandate. Important actions have been taken by the G-20 and the international community since the onset of the crisis, including the mobilization of $750 billion to support IMF members' needs for crisis financing. The IMF raised $250 billion in new resources through immediate bilateral loans and note purchase agreements, to be

subsequently incorporated into a $500 billion expansion of the New Arrangements to Borrow (NAB). The IMF also implemented a $250 billion new general allocation of SDRs to bolster the foreign exchange reserves of all members. Along with important surveillance and lending reforms, including a new early-warning exercise and the creation of new precautionary instruments such as the Flexible Credit Line, these actions have significantly increased the IMF' crisis response capacity. However, important work remains to be completed to fully reform the IMF.

14. We called for an acceleration of the substantial work still needed for the IMF to complete the quota reform by the Seoul Summit and in parallel deliver on other governance reforms, in line with commitments made in Pittsburgh. Modernizing the IMF' governance is a core element of our effort to improve the IMF' credibility, legitimacy, and effectiveness. We recognize that the IMF should remain a quota-based organization and that the distribution of quotas should reflect the relative weights of its members in the world economy, which have changed substantially in view of the strong growth in dynamic emerging market and developing countries. To this end, we are committed to a shift in quota share to dynamic emerging market and developing countries of at least five percent from over-represented to under-represented countries using the current IMF quota formula as the basis to work from. We are also committed to protecting the voting share of the poorest in the IMF. As part of this process, we agree that a number of other critical issues will need to be addressed, including: the size of any increase in IMF quotas, which will have a bearing on the ability to facilitate change in quota shares; the size and composition of the Executive Board; ways of enhancing the Board' effectiveness; and the Fund Governors' involvement in the strategic oversight of the IMF. Staff diversity should be enhanced.

15. We underscored our resolve to ensure the IMF has the resources it needs so that it can play its important role in the world economy. The majority of G-20 members have ratified the 2008 IMF Quota and Voice Reforms, fulfilling an important commitment made in London. Those members who have yet to ratify commit to doing so by the Seoul Summit. This action will not just enhance the legitimacy of the IMF by increasing the voice and participation of developing countries, it will also provide the IMF with $30 billion in new quota resources. We call on all IMF members to ratify the agreement this year.

16. A number of G-20 members have already formally accepted the recently agreed reforms

to the expanded NAB, which will provide a significant back-stop to IMF quota resources, consolidating over $500 billion for IMF lending to countries in crisis. Other participating G-20 members will complete the acceptance process by the next meeting of G-20 Finance Ministers and Central Bank Governors. We call on all existing and new NAB participants to do the same.

17. G-20 members committed to ensure that the IMF' concessional financing for the poorest countries be expanded by $6 billion through the proceeds from the agreed sale of IMF gold, consistent with the IMF' new income model, and the employment of internal and other resources. We are delivering. Some G-20 members have supported this commitment with additional loan and subsidy resources for the Poverty Reduction and Growth Trust (PRGT) and some others plan to contribute in the coming months.

18. We acknowledged a need for national, regional and international efforts to deal with capital flow volatility, financial fragility, and prevent crisis contagion. We task our Finance Ministers and Central Bank Governors to prepare policy options, based on sound incentives, to strengthen global financial safety nets for our consideration at the Seoul Summit. In line with these efforts, we also call on the IMF to make rapid progress in reviewing its lending instruments, with a view to further reforming them as appropriate. In parallel, IMF surveillance should be enhanced to focus on systemic risks and vulnerabilities wherever they may lie. Our goal is to build a more stable and resilient international monetary system.

Further Supporting the Needs of the Most Vulnerable

19. We have made significant progress in supporting the poorest countries during the crisis and must continue to take measures to assist the most vulnerable and must ensure that the poorest countries benefit from our efforts to restore global growth. We recognize the urgency of this, and are committed to meeting the Millennium Development Goals by 2015 and will reinforce our efforts to this end, including through the use of Official Development Assistance.

20. We have made concrete progress on our commitment to improving access to financial services for the poor and to increasing financing available to small- and medium-sized enterprises (SMEs) in developing countries.

21. Adequately financed small and medium-sized businesses are vital to job creation and a growing economy, particularly in emerging economies. We have launched the SME Finance Challenge aimed at finding the most promising models for public-private partnerships that

catalyze finance for SMEs. We are committed to mobilizing the funding needed to implement winning proposals, including through the strong support of the MDBs. We welcome the strong support of the MDBs for scalable and sustainable SME financing proposals, including those from the Challenge in partnership with the private sector. We look forward to announcing the winning proposals of the SME Finance Challenge and to receiving recommendations to scale-up successful SME finance models at the Seoul Summit.

22. We have developed a set of principles for innovative financial inclusion, which will form the basis of a concrete and pragmatic action plan for improving access to financial services amongst the poor. This action plan will be released at the Seoul Summit.

23. At the Pittsburgh Summit, we recognised the importance of sustained funding and targeted investments to improve long-term food security in low income countries. We welcome the launch of the Global Agriculture and Food Security Program (GAFSP), which will provide predictable financing for low income countries to improve agricultural productivity, raise rural incomes, and build sustainable agricultural systems. We are particularly pleased that the fund has approved inaugural grants totalling $224 million for Bangladesh, Rwanda, Haiti, Togo, and Sierra Leone. We also support the development of the private sector window of the GAFSP, which will increase private sector investments to support small and medium sized agri-businesses and farmers in poor countries. We welcome the support already received, and encourage additional donor contributions to both the public and private sector windows of the GAFSP.

24. There is still an urgency to accelerate research and development to close agricultural productivity gaps, including through regional and South-South cooperation, amidst growing demands and mounting environmental stresses, particularly in Africa. The private sector will be critical in the development and deployment of innovative solutions that provide concrete results on the ground. We commit to exploring the potential of innovative, resultsbased mechanisms such as advance market commitments to harness the creativity and resources of the private sector in achieving breakthrough innovations in food security and agriculture development in poor countries. We will report on progress at the Seoul Summit.

KI신서 2698

G20의 탄생과 세계경제

1판 1쇄 인쇄 2010년 9월 30일
1판 1쇄 발행 2010년 10월 5일

지은이 강동호 **펴낸이** 김영곤 **펴낸곳** (주)북이십일 21세기북스
출판콘텐츠사업부문장 정성진 **출판개발본부장** 김성수 **경제경영팀장** 류혜정
해외기획 김준수 조민정 **외주편집** 임정량 **본문디자인** 에이틴
마케팅·영업본부장 최창규 **마케팅·영업** 김보미 김용환 이경희 허정민 김현유
출판등록 2000년 5월 6일 제10-1965호
주소 (우413-756) 경기도 파주시 교하읍 문발리 파주출판단지 518-3
대표전화 031-955-2100 **팩스** 031-955-2151 **이메일** book21@book21.co.kr
홈페이지 www.book21.co.kr **커뮤니티** cafe.naver.com/21cbook

책 값은 뒤표지에 있습니다.
ISBN 978-89-509-2651-9 03320